COURS

DE DROIT CIVIL

FRANÇAIS.

COURS
DE DROIT CIVIL
FRANÇAIS,

Par J.-E.-D. BERNARDI,

Chef de la Division civile du Ministère du Grand Juge,

TOME TROISIÈME.

A PARIS,

Chez GARNERY, Libraire, rue de Seine.

An XII. — 1804.

TABLE

DES LIVRES ET CHAPITRES

DU TOME TROISIÈME.

LIVRE SEIZIÉME.

Des successions testamentaires.

LIVRE XVII.

Des diverses espèces de testamens et de leur
forme.

LIVRE XX.

De la transmission de la propriété par la voie des échanges.

LIVRE XXI.

Des contrats de bienfaisance.

Fin de la Table du troisième Volume.

COURS

DE DROIT CIVIL

FRANÇAIS.

LIVRE XVI.

DES SUCCESSIONS TESTAMENTAIRES.

CHAPITRE PREMIER.

Observations générales sur la faculté de tester.

Nous avons vu dans le livre précédent la manière dont la loi distribue les biens des personnes décédées, et quelles sont celles qu'elle appelle à les recueillir. Cette distribution est entièrement son ouvrage ; la volonté du défunt n'y concourt en rien.

C'est tout l'opposé dans le livre que nous commençons. Le législateur abdique ici en

quelque sorte sa puissance, et permet à chacun de disposer de ce qu'il possède, pour le
tems même où il ne sera plus.

Si elle met quelques entraves aux dispositions des pères à l'égard de leurs enfans, ou de
ceux-ci envers leurs ascendans, elles sont libres pour tous les autres ; la volonté d'un
défunt devient la loi de la famille.

La faculté de tester, et l'inégalité qu'elle introduisait nécessairement dans le partage des
successions, ont eu, comme il arrive toujours,
leurs détracteurs et leurs partisans.

Les premiers en ont contesté la justice et
l'équité; ils ont prétendu que l'égalité des partages convenait mieux à l'égalité d'affection qu'on
doit supposer à un père pour ses enfans, à l'é-
ducation qu'il leur a donnée également à tous,
et à cette égalité de co-propriété qu'ils ont eue
de son vivant. De très-grands philosophes, tels
que Platon chez les anciens, Montaigne, la
Bruyère parmi nous, ont adopté cette opinion.
Les partages réglés par la loi, sont, suivant eux,
toujours justes, impartiaux ; ceux ordonnés par
la volonté des hommes ne sont la plupart du
tems que l'ouvrage de la partialité, du caprice,
de la prévention, et souvent de la surprise et de
la suggestion.

Ceux, au contraire, qui veulent laisser la
liberté de tester, prétendent que l'égalité d'affection qu'un père porte à ses enfans, exige
qu'il mette quelque inégalité dans la distribu-

tion qu'il leur fait de ses biens. Il n'y a pas toujours parmi ces enfans égalité de force, de tempérament et d'industrie. La faculté de tester fournit le moyen de réparer cette inégalité; elle sert aussi d'instrument pour encourager la vertu et pour réprimer le vice; et elle donne plus de consistance à la puissance paternelle, en mettant à sa disposition des peines et des récompenses. Ainsi, quoique la possibilité de l'abus existe, l'intérêt que les pères, même les plus vicieux, ont que leurs enfans soient vertueux, fait qu'elle doit être plus souvent utile que nuisible.

En collatérale, la faculté de tester fait respecter davantage la vieillesse, en lui assurant d'une manière plus efficace les secours qui lui sont indispensables. Car elle aggrandit sous un certain rapport, et elle double la propriété de celui à qui elle est accordée. On étend ainsi le pouvoir de la génération présente sur une portion de l'avenir; et au moyen d'une assignation sur un tems où il ne sera plus, le propriétaire peut se procurer une infinité d'avantages par-delà ses facultés actuelles.

Ces considérations philosophiques, quelque graves qu'elles paraissent, influèrent cependant peu sur les décisions des anciens législateurs, qui se dirigeaient moins d'après des spéculations, que d'après la situation politique où ils se trouvaient. Dans les tems et les lieux où les richesses territoriales étaient les seuls biens que l'on connût, on s'attacha à mettre dans la distribution que l'on en fit, la plus parfaite égalité. Les lois tendirent ensuite à maintenir cette égalité.

Quoique la faculté de tester eût été admise de la manière la plus illimitée dans les derniers tems de la législation romaine, elle n'y était pas reçue dans les commencemens. Les premiers législateurs Romains se trouvaient d'accord en cela avec celui des Hébreux, avec les auteurs de notre ancien droit coutumier ; c'est même une chose bien singulière que ces trois législations, quoique appartenant à des pays si éloignés les uns des autres, aient été dirigées en ce point par le même esprit.

Montesquieu a consacré un livre entier à examiner les lois romaines sur les successions (1) ; mais ils s'en faut bien qu'il ait relevé tout ce qu'elles avaient de remarquable.

Romulus ou les premiers législateurs de Rome, avaient fait un partage égal des terres entre les diverses familles ou les diverses tribus. L'objet des lois qu'ils firent ensuite fut de maintenir ces partages, et d'empêcher que la portion d'une famille ne passât dans une autre. Ce fut là l'esprit qui dicta la plupart des lois de l'antiquité sur les successions, telles, par exemple, que celles de Moïse. C'est de cette

____

(1) Esprit des Lois, liv. 27.

source que dérivait notre ancien droit coutumier, suivant lequel non-seulement on ne pouvait disposer de ses biens par acte de dernière volonté, mais encore l'aliéner par des actes entre-vifs, sans le consentement de ses plus proches héritiers. De-là venait encore le retrait lignager, consacré par les lois de Moïse, et si usité dans toute la France coutumière.

A Rome, on n'admettait à la succession que les enfans qui vivaient sous l'autorité du père; on en excluait les parens par femmes, qui auraient porté les biens d'une famille dans une autre.

La loi des douze tables consacra, à la vérité, la faculté de tester, mais l'exercice en était rare et difficile. On ne pouvait l'exercer que dans une assemblée du peuple. Chaque testament était en quelque sorte un acte de la puissance législative, dont le concours était nécessaire pour déroger à la loi, qui défendait de tester.

Mais les hommes sont si impatiens des entraves qui peuvent gêner leurs volontés ou leurs passions, que les assemblées du peuple n'étant point assez fréquentes pour tous ceux qui voulaient tester, on imagina d'y suppléer par des ventes fictives et par quelques subtilités, au moyen desquelles on éluda la sagesse des anciennes lois, et qu'on peut voir dans tous les livres qui ont traité de ces matières.

Il n'en est pas moins vrai que, de l'aveu

de Montesquieu même, la destruction des premières lois romaines sur les successions entraîna celle de la république. Il se conserva cependant encore quelques vestiges de ces lois jusqu'au tems de Justinien, qui acheva de les détruire, et qui donna une telle latitude au droit de tester, qu'il décida que la volonté d'un homme à demi-mort, et qui ne fait plus que balbutier, doit être respectée (1).

C'est ainsi que la loi romaine avait passé d'un extrême à l'autre. Il en est arrivé de même parmi nous. Lorsque la législation romaine devint celle d'une grande partie de la France, elle y porta cette faculté presque illimitée de tester que Justinien avait établie : elle se trouvait en opposition avec les coutumes qui en régissaient l'autre, et dont les principes conservateurs des propriétés dans les familles, excluaient rigoureusement une faculté qui leur était absolument contraire.

Mais les maximes du droit romain acquirent un tel crédit, qu'elles firent fléchir peu à peu la rigueur du droit coutumier. Il admit insensiblement en plusieurs lieux la faculté de tester, d'abord pour les meubles, ensuite pour les acquêts, et même pour une partie des propres.

Dans la lutte qui a eu lieu pendant la réforme révolutionnaire entre ces deux droits

----

(1) *Leg.* 15. *Cod. de testament.*

différens qui régissaient la France, la loi coutumière triompha entièrement de la loi romaine dans celle du 17 nivôse. L'égalité absolue des partages convenait parfaitement aux dominateurs d'alors : ils durent l'établir dans toute sa sévérité. La loi du 4 germinal an 8, redonna quelque vigueur aux principes de la loi romaine; mais leur triomphe a été complet dans celle du 13 floréal. Ils ont entièrement prévalu, et les titres du droit romain, dont elle a nécessité l'étude, sont en quelque sorte innombrables.

Ce n'était pas seulement quant à l'étendue du droit de disposer que les diverses parties de la France différaient autrefois entre elles.

La forme des testamens était bien différente dans les pays de droit romain et dans les pays de droit coutumier : elle était uniforme dans les premiers; mais dans les seconds, il y avait presque autant de formes différentes que de coutumes : cela venait de ce que la faculté de tester n'avait pas par-tout la même étendue; que si dans le pays régi par le droit romain elle était presque illimitée, dans les pays coutumiers elle était plus ou moins resserrée. On avait augmenté les formalités des testamens, à mesure qu'on donnait plus de liberté au testateur.

L'ordonnance de 1735 sur les testamens ne fit que peu de changemens aux usages locaux, soit sur l'étendue du droit de disposer, soit

sur les formes extérieures des actes qui ren-
fermaient ces dispositions.

La loi du 17 nivôse, qui anéantit presque
la faculté de tester, s'inquiéta peu des formes qu'on donnerait aux actes par lesquels
on transmettrait la faible portion de bien, dont
elle permettait de disposer.

La loi du 4 germinal an 8, en étendant la
faculté de donner ou de tester, ne dit rien
sur la forme des testamens. Chacun continua
à suivre celle qui avait été usitée jusqu'alors.

La loi du 13 floréal est donc la première
qui nous ait donné un système complet et
uniforme de législation, tant sur l'étendue de
la faculté de disposer, soit par donation, soit
par testament, que sur la forme extérieure de
ces actes.

Un des défauts de cette loi est peut-être
d'avoir entremêlé ce qui concerne les donations, les testamens, et même ce qu'on a jugé
à propos de conserver des substitutions. Ce sont
les sujets les plus abstraits et les plus subtils de
toute la science du droit. Ce passage et ce
retour continuels de l'une à l'autre de ces matières d'une nature si différente, doivent mettre nécessairement de la confusion dans les
idées, sur-tout chez ceux qui n'ont de tout
cela que des connaissances superficielles.

Dans un tems où ces connaissances étaient
bien plus répandues qu'elles ne le sont aujour-
d'hui, le chancelier d'Aguesseau fit rédiger

séparément les trois ordonnances sur les donations, les testamens et les substitutions. Ces ordonnances parurent successivement, et à d'assez grands intervalles les unes des autres, en
1731, 1735 et 1747.

Il paraît que le motif que l'on a eu de confondre, dans la même loi, les donations et
les testamens, et de les considérer comme des
actes d'une même nature, c'est que, par l'un
comme par l'autre, on dispose de ses biens à
titre gratuit (1).

Mais, sous ce rapport même, ces actes ne
se ressemblent pas. La donation, comme nous
le ferons voir ailleurs, tient de la nature du
contrat : c'est un acte par lequel une personne
transmet à une autre ses biens en totalité ou
en partie, sans exiger d'autre retour que celui
de sa reconnaissance. La donation, sous ce
point de vue, doit être rangée parmi les contrats d'échange, par lesquels les hommes se
transmettent mutuellement, pendant leur vie,
les choses dont ils ont la propriété.

Le testament, au contraire, est un acte de
législation domestique, par lequel une personne,
usant de la faculté que la loi lui accorde, dispose de ses biens pour le tems où il ne sera
plus. On n'a pas besoin, pour la perfection de
cet acte, du concours et de l'acceptation de
l'héritier ou du légataire, comme ceux du

____

(1) Loi du 13 floréal an 11, art. 183.

donataire sont nécessaires pour la validité de la donation. Le testateur dispose, et sa volonté tient lieu de la loi (1).

De-là la grande différence qu'il y a entre la donation et le testament; l'une, comme contrat d'échange, est irrévocable de sa nature. Une fois que le donateur a consenti à se dépouiller, son consentement ne peut être révoqué, à moins que le donataire ne manque aux conditions de la donation, et ne se rende coupable d'ingratitude envers son bienfaiteur.

Le testateur, au contraire, n'est jamais lié par ses dispositions, qui sont une pure émanation de sa volonté seule ; il peut les changer à son gré, jusqu'à ce que la mort vienne y mettre le dernier sceau.

L'héritier qu'il institue n'est pas tenu envers lui d'une reconnaissance proprement dite ; car le testament ne s'exécutant qu'après la mort, on ne peut exercer sa gratitude envers celui qu'on ne compte plus au nombre des vivans. On exige seulement que celui qui a reçu des bienfaits de quelqu'un ne s'en soit pas rendu indigne par des injures graves contre sa personne pendant sa vie, ou par des outrages faits à sa mémoire après sa mort. On annulle la donation pour cause d'ingratitude ; on prive de la succession l'héritier qui s'en est rendu indigne.

____

(1) *Disponat testator et erit lex.*

Quant à l'origine et à l'ancienneté, ces deux actes diffèrent encore beaucoup entre eux.

Justinien cite des vers d'Homère pour prouver que du tems de la guerre de Troie la donation était déjà en usage (1); mais c'est là de l'érudition superflue. Dès qu'il a existé des réunions d'hommes, le commerce des bienfaits doit leur avoir été permis.

Il n'en a pas été de même des testamens. On en cite quelques exemples très-anciens; mais ils ne prouvent pas que la pratique en fût bien étendue, et qu'elle s'appliquât sur-tout à toute sorte de biens.

On connaît même à-peu-près l'époque où la faculté de tester s'est introduite dans chaque législation. On ne la trouve jamais dans ses premières institutions; et s'il fallait en croire ceux dont nous avons rapporté plus haut l'opinion, l'introduction des testamens, dans une législation quelconque, serait un signe certain de sa dégénération.

Ce mélange de matières disparates a moins d'inconvéniens dans une loi, dont l'application doit se faire par des personnes, auxquelles l'objet sur lequel elle dispose, est censé être familier. Mais il ne saurait subsister dans un ouvrage élémentaire, où l'on ne saurait mettre trop de méthode et donner des idées

______

(1) *Instit. III.* 7.

trop claires et trop précises de chacune des choses dont on y traite.

Nous parlerons donc d'abord des testamens et de tout ce qui y est relatif ; et nous renverrons ce qui concerne les donations à la place qui doit y être assignée.

CHAPITRE II.

De la capacité de donner ou de recevoir par testament.

LA première chose qu'il y a à examiner dans la matière des testamens, est de connaître qui sont ceux qui ont la capacité nécessaire pour tester, et ceux qui ont la capacité de recevoir ce qui leur est donné de cette manière.

La loi dit que toutes personnes peuvent disposer ou recevoir, soit par donation entre-vifs, soit par testament, excepté celles qu'elle en déclare incapables (1).

Pour la perfection d'une donation ou d'un testament, il y a trois choses à considérer, la capacité de celui qui donne et de celui qui reçoit ; le fond des dispositions, et les formes extérieures des actes qui les renferment. La loi s'occupe d'abord du premier de ces trois objets. Il y a deux espèces de capacités, l'une qu'on peut appeler active ; c'est celle de la personne

____

(1) Loi du 13 floréal an 11, art. 192.

qui dispose : l'autre qu'on nomme passive ; c'est celle de la personne qui reçoit. Dans les successions *ab intestat*, la capacité passive est seule requise. Celui qui décède sans testament, ne faisant que délaisser ses biens, sans manifester aucune volonté spéciale sur les distributions à faire après sa mort, n'avait pas besoin d'aucune espèce de capacité pour cela. La capacité de l'héritier suffit pour recevoir l'hérédité.

Dans la succession testamentaire, il faut le concours des deux capacités. Le testament est nul, si celui qui l'a fait n'en avait pas le pouvoir ; il est comme non avenu, si l'héritier ou le légataire ne pouvaient être institués.

La loi du 29 germinal an 11, sur les successions, indique les qualités nécessaires pour former la capacité passive, ou qui rendent quelqu'un capable de succéder *ab intestat.* Elles sont également requises pour être capable de recevoir en vertu d'une disposition à cause de mort et même entre-vifs (1). Il y a cependant entre ces deux capacités quelques différences que nous remarquerons plus bas.

La loi du 13 floréal s'est occupée de la capacité active, qui entrait plus spécialement dans son objet.

La capacité du testateur est nécessaire à deux époques, celle où il fait le testament,

----

(1) Loi du 29 germinal an 11, art. 15. 16.

et celle où la succession est ouverte par sa mort. S'il n'avait pas la capacité de tester lorsqu'il fait ses dispositions, elles seraient nulles, quand même il l'acquerrait dans la suite. Ce qui est nul dans le principe ne peut devenir valable par le laps du tems. C'est la fameuse règle Catonienne du droit romain (1).

Cette règle ne doit s'entendre qu'à l'égard du testateur. Car pour le légataire ou l'héritier, il suffit qu'il soit capable à l'époque de l'ouverture de la succession et **du décès du donateur** (2).

La capacité du testateur se compose de diverses qualités; il faut les rappeler successivement.

La première qualité que la loi exige dans un donateur ou un testateur, c'est qu'il soit sain d'esprit (3).

Cette disposition semble, au premier coup-d'œil, avoir quelque chose de singulier. Pourquoi exiger d'une manière spéciale que celui qui veut faire une donation ou un testament soit sain d'esprit? cette qualité n'est-elle pas requise dans tous ceux qui font un acte quelconque? Des contrats faits par une personne dont l'esprit aurait éprouvé quelque altération,

----

(1) *Leg.* 1. *ff. de regul. Caton. Leg.* 210. *ff. de regul. jur. Leg.* 19. *ff. qui testam. facer.*

(2) Loi du 13 floréal an 11, art. 196.

(3) *Ibid.* art. 191.

ne sont-ils pas dans le cas d'être rescindés? En quoi peut donc consister cette intégrité de raison que la loi exige plus spécialement dans un donateur ou dans un testateur? Comment saisir les diverses nuances qui peuvent distinguer un esprit vraiment sain d'avec celui qui ne l'est pas tout-à-fait? Les singularités ou les bizarreries de caractère ne suffisent pas toujours pour établir qu'un homme n'est pas sain d'esprit. « Les « testamens des plus grands hommes, dit « d'Aguesseau, ne seraient pas en sûreté, s'il « suffisait, pour leur donner atteinte, de rap- « porter quelque preuve de la bizarrerie ou de « la singularité de l'esprit du testateur (1). »

La santé de l'esprit, si l'on peut se servir de cette expression, est sans contredit nécessaire aux donateurs et aux testateurs ; qui dit santé, dit un esprit que rien n'agite ni ne trouble, qui se possède parfaitement, autant que les passions ordinaires des hommes peuvent le permettre. Mais de même qu'à l'égard du corps, on ne peut pas dire qu'une personne n'est pas malade que quand elle a une grosse fièvre ou quelque autre maladie violente, de même aussi il serait absurde de prétendre que l'esprit n'a perdu la santé requise pour la validité des testamens, que lorsqu'il est agité par la fureur, ou abruti entièrement par la démence.

D'un autre côté, on ne peut pas dire qu'un

______

(1) Plaidoyer, 29.

homme soit devenu incapable de disposer ; parce qu'il sera d'un esprit moins subtil et un peu plus faible que le commun des hommes, s'il conserve cette lumière nécessaire pour la conduite des affaires et les devoirs ordinaires de la vie.

Si, pour juger de la validité d'un testament, il fallait entrer dans un examen aussi approfondi de la capacité des hommes, quels embarras un tel jugement ne présenterait-il pas ? Que de nuages à dissiper ! Il faudrait le concours, non-seulement des jurisconsultes, mais encore des médecins et des philosophes.

Au reste, il est si reconnu qu'un testateur doit être sain d'esprit et d'entendement, que les notaires ne manquent jamais de le déclarer en tête des testamens ; ce qui n'empêche pas qu'on n'admette la preuve de l'imbécillité ou de la démence du testateur, si on peut en avoir des preuves. La sagesse de la disposition n'est pas même toujours regardée comme prouvant celle de la personne qui l'a faite, ainsi que nous l'avons remarqué plus haut ( ).

En pareille ocasion, tout l'avantage qu'à un héritier institué, est qu'à son égard le testament sert de titre, et que la présomption est pour la sagesse du testateur, jusqu'à ce qu'on prouve le contraire.

On ne peut, au reste, après la mort d'un

____

(1) Ci-dessus, Liv. XI. Chap. II.

individu,

individu, attaquer, pour cause de démence, les actes qu'il a faits de son vivant, qu'autant que son interdiction aurait été prononcée ou provoquée avant son décès, à moins que la preuve de la démence ne résulte de l'acte même qui est attaqué.

Chez les Romains il n'y avait que ceux qui jouissaient des droits de citoyen, qui eussent la faculté de tester. Cette faculté étant regardée chez nous comme une dérivation du droit civil, tous ceux qui jouissent des droits civils, ont le pouvoir de disposer par testament (1). Quant aux étrangers, ils ne peuvent ni disposer, ni recevoir de cette manière, qu'autant que la même faculté serait accordée aux Français par des traités avec la nation à laquelle ces étrangers appartiendraient (2).

Les mineurs étant incapables d'aliéner leurs biens, même à titres onéreux, le sont bien davantage de le faire à titre gratuit. La loi déclare que lorsqu'ils sont âgés de moins de seize ans, ils ne peuvent disposer de leurs biens, à quelque titre que ce soit (3). Elle n'en excepte qu'un cas, celui où ils se marieraient durant leur minorité. Alors ils deviennent capables de donner à leur conjoint, en remplissant les formalités requises, comme nous le dirons ailleurs.

---

(1) Loi du 17 ventôse an 11, art. 13, 25.

(2) *Ibid*, art. 11 ; et loi du 29 germinal an 11, art. 15, 16 ; et loi du 13 floréal an 11, art. 202.

(3) *Ibid*. art. 193.

Tome III. B

La loi est plus indulgente à l'égard des dispositions par acte de dernière volonté. Il y avait autrefois une grande diversité en France sur l'époque à laquelle il était permis de tester. Dans les pays où l'on suivait la loi romaine, qui était devenue si favorable aux testamens, on suivait exactement la disposition de cette loi, qui permettait de tester dès qu'on était devenu pubère, c'est-à-dire, à quatorze ans accomplis pour les hommes, et à douze ans pour les femmes (1).

Le mineur ou même en général celui qui était sous la puissance paternelle, ne pouvait pas faire de testament, même avec la permission de son père. Il pouvait seulement, avec cette autorisation, disposer par donation à cause de mort, ou par codicile (2). Nous parlerons ailleurs de la différence qu'il y avait entre ces divers actes.

Dans les pays coutumiers, où la faculté de tester était si opposée à la loi qui les régissait, il n'était permis de tester qu'en majorité. Quelques jurisconsultes avaient tenté d'y introduire les règles de la loi romaine à ce sujet ; mais leurs efforts avaient été infructueux. Dans la coutume de Paris, qui servait de règle pour toutes celles qui n'avaient point de dispositions

(1) *Leg.* 5, *ff. qui testam. facer. poss. Instit. quib. non est perm.* §. I.
(2) *Leg.* 6. *Ibid. et leg.* 25, *ff. de mort. caus. donat.*

contraires sur cette matière, on ne pouvait tester de ses meubles et acquêts qu'à vingt ans, et des propres qu'à 25 ans (1).

Il y avait encore une très-grande diversité dans la forme des testamens, comme nous le verrons ailleurs.

L'ordonnance de 1735, qui avait respecté les lois et les usage suivis dans les diverses provinces de la France, sur l'étendue de la faculté de tester, n'avait rien changé également sur l'âge où il était permis de faire des testamens, et sur la forme extérieure de ces actes.

Mais il est bien extraordinaire que la loi du 17 nivôse et celle du 4 germinal an 8, qui avaient réglé d'une manière uniforme jusqu'où s'étendaient les pouvoirs du testateur, eussent laissé subsister la diversité des règles, soit sur l'âge où l'on pourrait tester, soit sur la forme extérieure du testament.

La loi du 13 floréal a rempli cette lacune. La faculté de tester, qu'elle introduit, ne pourra s'exercer en entier qu'à la majorité; le mineur seulement, parvenu à l'âge de seize ans, pourra disposer par testament de la moitié des biens dont la loi permet au majeur de disposer (2). Il n'aura pas besoin du consentement de son père comme autrefois en pays de droit écrit.

---

(1) Journ. du Pal. tom. 1. p. 203. *Denisart.* V. testament. Argou, *institut.* Liv. 2. Chap. 12.

(2) Loi du 13 floréal an 11, art. 194.

Mais cet âge de seize ans devra-t-il être accompli ou seulement commencé? Les expressions de la loi semblent faire pencher pour la dernière opinion : elle dit, le mineur qui sera parvenu à l'âge de seize ans, c'est-à-dire, qui aura commencé la seizième année.

Cependant la loi romaine, qui permettait au mineur de tester à 14 ans pour les hommes, et à 12 pour les femmes, voulait qu'ils fussent accomplis; et elle le disait expressément. Il suffisait cependant que le dernier jour de la quatorzième ou de la douzième année fût commencé (1).

L'année bissextile ne comptait que comme les années ordinaires; car on les calculait d'un jour à un autre jour, et non d'un instant à un autre (2). Ainsi, parmi nous, les jours complémentaires faisant partie de l'année, elle n'est complète qu'autant que ces jours sont expirés.

Ce n'est pas seulement la faiblesse de l'âge qui restreint la faculté de tester ou l'empêche absolument; celle d'esprit ou de corps, qui est telle, que celui qui en est atteint est dans l'impuissance de manifester sa volonté, produit le même effet (3).

Ainsi les insensés, les furieux, ceux qui ne

---

(1) *Leg.* 5. *ff. qui testam. facer. poss.*
(2) *Leg.* 134. *ff. de verb. Signif.*
(3) *Leg.* 17. *ff. qui testam. facer. poss.* ·

jouissent point de l'intégrité de leur raison, n'ont pas la faculté de tester, comme nous l'avons déjà dit.

La loi romaine voulait que dans le testament des aveugles, on appelât un témoin de plus (1). L'ordonnance de 1735 adopta cette règle (2). La loi du 13 floréal ne statue rien à cet égard.

Les muets ne peuvent tester qu'avec les restrictions dont il sera question tout-à-l'heure.

La femme ne pouvant priver son mari, pendant la durée du mariage, de la jouissance et de l'administration des biens dotaux, ne peut les aliéner sans sa permission.

Mais comme le testament ne reçoit d'exécution qu'à une époque où le mariage est dissous par la mort de la femme, le mari n'a plus d'intérêt à l'empêcher, son consentement est donc inutile, et la femme n'en a pas besoin pour pouvoir tester (3).

Après avoir parlé des qualités requises pour former la capacité de celui qui dispose par testament, il faut dire quelles sont celles que la loi exige pour former la capacité de recevoir.

Pour être capable de recevoir par testament, il faut exister à l'époque du décès du testateur et de l'ouverture de la succession; il

____

(1) *Leg. 8. Cod. qui testam. fac. poss.*
(2) Art. 8.
(3) Loi du 13 floréal an 11, art. 195.

B 3

suffit cependant d'être conçu à cette époque.
Nous avons parlé ailleurs de la maxime qu'un
enfant conçu est censé né toutes les fois qu'il
s'agit de son intérêt. Mais en ce cas, le testament n'a d'effet qu'autant que l'enfant est né
viable (1).

La règle que, pour pouvoir hériter de
quelqu'un, il faut être au moins conçu à
l'époque de l'ouverture de la succession, est
commune aux successions testamentaires et
ab in testat.

« L'institution d'un héritier qui n'est ni né
» ni conçu au tems de la mort du testateur,
» loin d'être approuvée par le droit civil, est
» au contraire rejetée par toutes les lois, qui
» exigent que l'héritier institué soit capable
» au tems de la mort du testateur, et à plus
» forte raison qu'il soit existant, avec cette
» différence, que le défaut de capacité civile
» peut s'effacer par des fictions favorables,
» au lieu qu'il est impossible de feindre qu'un
» homme ait existé avant que de naître ou
» d'être conçu (2). »

D'Aguesseau fit de cette maxime une loi,
dans l'ordonnance de 1735 (3); et c'est de-là
que la loi du 13 floréal a tiré la disposition
qu'elle contient à ce sujet.

---

(1) Loi du 13 floréal an 11, art. 196, 328.
(2) D'Aguess. t. 9. *Lett.* 324, 333.
(3) Art. 49.

On s'écarte cependant quelquefois de la sévérité de la règle dans les successions testamentaires ; car la disposition du testateur est pure, ou elle est conditionnelle. Dans le premier cas, soit qu'il s'agisse d'une institution d'héritier ou d'un simple legs , on suit la même règle que pour les successions légitimes : il faut être capable dans le tems que la succession est déférée , c'est-à-dire, à l'époque de la mort du testateur.

Mais si la disposition testamentaire est conditionnelle, alors ce n'est plus dans le moment de la mort que l'on examine la capacité de l'héritier ; elle n'est nécessaire que dans le tems de l'échéance, de l'évènement et de l'existence de la condition. Jusques-là, comme l'héritier ne peut rien acquérir, il ne peut aussi rien perdre. La capacité, dans le tems que l'attente de la condition tient tous ses droits en suspens, lui serait inutile; il n'est pas juste que son incapacité lui nuise (1).

La mort civile produit le même effet que la mort naturelle ; celui qui en est frappé ne saurait succéder (2).

Outre les incapacités générales , il en est de particulières à certaines personnes ; ainsi le mineur, quoique parvenu à l'âge de seize ans,

----

(1) *Leg. 4. ff. quand. dies legat. vel fideicom. Ced.* D'Aguesseau, plaid. 53.
(2) Loi du 17 ventôse an 11, art. 25.

ne peut, par testament, disposer au profit de son tuteur.

Le mineur, devenu majeur, ne peut aussi disposer, soit par donation entre-vifs, soit par testament, au profit de celui qui a été son tuteur, si le compte définitif de la tutelle n'a été préalablement rendu et apuré. On excepte seulement de ces deux prohibitions, les ascendans des mineurs qui ont été leurs tuteurs (1).

La loi, dit d'Aguesseau, voulant que les donations et les testamens fussent l'ouvrage de la volonté libre et entière du testateur, n'a pas cru que la libéralité d'un pupille envers son tuteur, ou de toute autre personne envers ses administrateurs, pût porter avec elle les caractères de cette parfaite liberté qu'elle demande dans tous les actes qui tendent à dépouiller des héritiers (2). C'est sur ce motif que l'ordonnance de 1539 déclara nulles les dispositions entre-vifs ou testamentaires, faites par des mineurs en faveur de leurs tuteurs, curateurs, etc. (3), et qu'un édit postérieur de 1549, comprit dans la même prohibition, celles qui seraient faites à des personnes interposées (4). Les réformateurs de la coutume de Paris y insérèrent ces dispositions des ordonnances de 1539

---

(1) Loi du 13 floréal an 11, art. 197.
(2) Plaidoyer. 1.
(3) Art. 131.
(4) Journ. du Pal. tom. 1, pag. 799.

et 1549. Elle porte que les mineurs et autres personnes étant en puissance d'autrui, ne peuvent donner ou tester, directement ou indirectement, au profit de leurs tuteurs, curateurs, pédagogues, ou autres administrateurs, et des enfans desdits administrateurs pendant le tems de leur administration, et jusqu'à ce qu'ils aient rendu compte (1).

On voit que les dispositions de la loi du 13 floréal ont été tirées de ces anciennes règles. Il y a cependant quelques différences qu'il est important de remarquer.

L'ordonnance de 1539 et la coutume parlent, non-seulement des tuteurs, mais encore des curateurs. La loi du 13 floréal ne fait la prohibition qu'à l'égard des tuteurs, et elle l'étend jusqu'à ce qu'ils aient rendu leur compte. Cela paraît plus raisonnable, puisque les tuteurs ont une administration, et doivent par conséquent un compte. Le curateur n'administre point; il n'est donc jamais comptable.

L'édit de 1549 prohibait également les dispositions qu'on ferait à des personnes interposées pour éluder la loi. Mais il n'explique pas qui l'on doit entendre par personnes interposées. La coutume de Paris ne regarde comme telles que les enfans du tuteur. Mais la loi du 13

____

(1) Art. 276.

floréal y comprend d'autres personnes, comme nous le verrons plus bas.

Elle excepte néanmoins les ascendans des mineurs, qui sont ou ont été leurs tuteurs. Cette exception se trouve aussi dans la coutume de Paris. Mais la coutume exigeait, pour que les ascendans pussent jouir du bénéfice de cette loi, qu'ils ne fussent pas remariés ; cette condition, dure par elle-même, et dont on n'aperçoit pas l'utilité, n'était admise ni dans les autres coutumes, ni en pays de droit écrit (1). Elle ne doit l'être nulle part aujourd'hui.

Les tuteurs honoraires et les subrogés tuteurs étaient encore exceptés autrefois de la prohibition de la loi, parce qu'ils n'ont point d'administration, et qu'ils servent seulement de conseil aux tuteurs onéraires.

Les enfans des tuteurs après la mort de leur père étaient aussi capables de recevoir, quoiqu'ils n'eussent pas rendu compte, parce qu'ils n'avaient sur les mineurs aucune autorité dont on pût craindre l'influence (2).

L'incapacité de succéder à leurs mineurs, dont les ordonnances avaient frappé les tuteurs et curateurs, fut étendue par la jurisprudence à tous ceux qui, par leur état et leur profession, pouvaient avoir de l'influence et maî-

---

(1) Henrys, tom. 1, liv. 5, quest. 38. Ricard, des donat. liv. 1, chap. 3, sect. 9.

(2) Ricard, *ibid.*

triser la volonté de ceux de qui ils recevaient des libéralités. La raison de la loi étant générale, l'application devait l'être aussi. Dans cette classe, on rangeait avec raison les Médecins, Chirurgiens, et autres qui exercent l'art de guérir, et qui ont tant de moyens de dominer la volonté d'une personne affaiblie par la maladie, et qui, par le desir de guérir, se prête facilement à toutes les illusions, et se laisse dominer par toutes les craintes.

Les legs ou autres libéralités faits en leur faveur par les malades qu'ils avaient traités étaient déclarés nuls. On distinguait cependant les legs ou donations faits en santé et ceux qui l'avaient été en maladie : il n'y avait que les derniers qui fussent proscrits (1); et encore fallait-il que ce fût la maladie dans le cours de laquelle le donateur ou le testateur était mort.

La loi du 13 floréal, en admettant la règle de l'ancienne jurisprudence, a admis l'exception.

Elle en établit deux autres, qui étaient reçues également autrefois : la première est celle où le donateur ou le testateur récompenserait par un don, ou un legs particulier, les services qu'on lui aurait rendus. Le don qui est fondé sur un motif de reconnaissance, est dif-

---

(1) Journ. des Audienc. tom. 1, liv. 4, chap. 32, tom. 2, liv. 4, chap. 43, liv. 7, chap. 31.

férent de celui qui est l'effet de la seule libéralité du donateur (1).

Par la seconde, elle permet même les dispositions à titre universel, si celui en faveur
de qui elle est faite, se trouve parent du testateur jusqu'au quatrième degré inclusivement.

Cette exception n'a lieu cependant qu'autant que le testateur n'a pas d'héritier en ligne
directe ; à moins que celui au profit duquel
la disposition est faite, soit du nombre de ses
héritiers. Mais cette prévoyance de la loi est
ici superflue, puisque celui qui a des héritiers
en ligne directe ne peut faire de disposition
universelle.

L'incapacité que la loi maintient à l'égard
des Médecins, Chirurgiens, etc. ; s'étendait, en
certains cas, à l'égard de quelques personnes
qui, par leur état, pouvaient avoir de l'empire
sur ceux envers qui ils l'exerçaient : ainsi on
doutait si un maître pouvait recevoir de legs
de son domestique ou de son apprenti, un
officier de son soldat, un Avocat ou un Procureur de son client, etc. On décidait les questions de cette espèce suivant les circonstances (2).

---

(1) *Munus est donum cum causâ. Leg.* 194. §. 5. *ff. et
leg.* 214. *ff. de verb. signif.*

(2) Voyez, quant aux Avocats et aux Procureurs,
Henrys, tom. 2, liv. 4, quest. 55. D'Aguess. *plaid.* 13.

La loi, ne parlant pas de ces diverses incapacités, est censée ne pas les adopter. Elle ajoute seulement que les règles qu'elle vient d'établir à l'égard des Médecins et autres, seront observées à l'égard des Ministres du culte.

Autrefois les legs faits par un pénitent à son confesseur étaient nuls (1); et lorsque ce confesseur était un moine, la nullité s'étendait aux legs faits à son couvent (2).

La disposition de la nouvelle loi semble s'étendre à tous les Ministres du culte en général, même à ceux qui n'admettent point la pratique de la confession. C'était cependant cette pratique qui avait été le motif de la jurisprudence introduite à ce sujet.

Au demeurant, les questions concernant les Ministres du culte doivent se décider d'après les mêmes règles que celles touchant les Médecins, etc. Il faut que le Ministre du culte, pour être incapable, ait été appelé dans la dernière maladie du testateur, qu'il ne soit pas son parent, etc.

---

(1) Journ. du Palais, tom. 1, p. 461.

(2) Journ. des Aud. tom. 2, liv. 1, ch. 19. Henrys, tom. 2, liv. 4, quest. 54.

CHAPITRE III.

Des dispositions en faveur des communes ou des établissemens publics.

La loi permet les dispositions entre-vifs ou par testament au profit des hospices, des pauvres d'une commune, ou d'établissement d'utilité publique, mais elles n'ont leur effet qu'autant qu'elles sont autorisées par un arrêté du Gouvernement (1).

Cet article concerne les donations et les testamens en faveur de ceux qu'on appelait autrefois gens de main-morte, expression qui semblait en sens inverse de ce que l'on voulait dire, puisque ces gens de main-morte étaient précisément des gens qui ne mouraient jamais, et dont les biens, par cette raison, ne pouvaient ni être aliénés, ni transmis par succession.

Les plus anciens Jurisconsultes Romains, sévères dans leurs maximes, pensaient que toutes les espèces de communautés, étant en quelque sorte des personnes incertaines, ne pouvaient être l'objet des libéralités d'un donateur ou d'un testateur. On fut long-tems à revenir de ce préjugé ; on en était tellement entiché, que, lorsque le roi Attale institua

____

(1) Loi du 13 floréal an 11. art. 200.

le peuple romain son héritier, l'on crut qu'il était nécessaire d'interposer l'autorité du sénat pour accepter et pour confirmer cette institution.

On s'aperçut avec le tems de l'erreur où l'on était. Les communautés, quelles qu'elles soient, ne sont jamais que des réunions d'hommes : or si des hommes isolés sont capables de propriété, et de recevoir des donations et des legs, pourquoi la perdraient-ils étant réunis? Les familles ne sont-elles pas des espèces de communautés ?

Ce ne fut cependant que sous l'empire d'Adrien, ou même de Marc-Aurèle, qu'on se relâcha de la rigueur de l'ancien droit. On permit d'abord les legs particuliers en faveur des communautés; on autorisa ensuite les dispositions universelles. Tous les colléges licites, toutes les compagnies approuvées par les lois, furent comprises dans ce bienfait des empereurs. Les églises chrétiennes, qui en avaient été exclues jusqu'à Constantin, y participèrent alors. La liberté excessive que ce prince accorda de laisser en mourant tous ses biens aux églises, donna lieu à de grands abus. Les empereurs Valens et Valentinien essayèrent d'en arrêter les progrès; Théodose, Martien et Justinien après lui, renouvelèrent la loi de Constantin. Les fidèles donnèrent leurs biens aux églises avec profusion. On vit les plus grands évêques les refuser, quand les donateurs avaient des enfans ou de proches parens. Cette sage réserve ne fut pas toujours imitée. On trouve dans nos anciennes lois, et principalement dans les Capitulaires de Charlemagne, des défenses aux ecclésiastiques de recevoir les biens qui leur sont offerts, au préjudice des parens et des plus proches héritiers. Cette ancienne loi fut souvent rappelée dans les jugemens des cours souveraines (1).

Les propriétés de gens de main-morte, et sur-tout de l'église, ont été de tous les tems un objet de convoitise. Dans le cours de l'existence de la monarchie française, on les a vus, à diverses reprises, tantôt dépouillés par la force, et ensuite réparant, par la patience et l'adresse, les pertes qu'ils avaient éprouvées. C'était, quoi qu'on en dise, une institution salutaire dans les pays où il y a une grande inégalité dans les fortunes. Ces biens étaient essentiellement destinés au soulagement de ceux qui n'en avaient pas d'autres ; et si cette destination n'était pas toujours exactement remplie, elle n'était jamais entièrement trompée.

Le pauvre en avait toujours sa portion d'une manière ou d'autre. Ces propriétés, en quelque sorte ambulantes, qui se promenaient alternativement dans toutes les familles, ser-

____

(1) D'Aguess. *plaid.* 1.

vaient

vaient à y réparer les erreurs ou les accidens de la fortune.

Les gouvernemens avaient fait plus sage-ment, lorsqu'en cessant de convoiter les biens des mains-mortes, ils avaient cherché à empê-cher leur multiplication, et à mettre des bor-nes à leurs acquisitions : on employait plusieurs moyens pour cela. On les avait soumis à des droits d'amortissement, et aucun établissement n'était valide, s'il n'avait été approuvé par des lettres-patentes. Sans cette précaution, il n'a-vait pas d'existence politique, et il était in-capable de recevoir des donations et des suc-cessions.

Un édit de Louis XIV, de 1666, réunit les anciennes règles à ce sujet, qu'on n'avait pas toujours été exact à observer.

Les dispositions de cet édit furent renouve-lées, et même accrues sous Louis XV, en 1749; mais ce fut dans un esprit différent. Cette pré-caution était d'autant plus inutile, que dès-lors, bien loin de donner aux gens de main-morte, on méditait de les dépouiller. L'édit de 1749 donna le premier ébranlement à l'édifice qui a croulé cinquante ans après.

On porta l'exagération jusqu'à comprendre les établissemens d'instruction publique, et même les hôpitaux dans ses dispositions, comme on l'a vu pratiquer encore dans ces derniers tems. Mais alors comme à présent, on s'aperçut bientôt qu'il y a eu des pauvres de tous les tems, et que les établissemens destinés à les secourir ne pouvaient être confondus avec ceux qui n'avaient pas pour objet aussi direct le soulagement de l'humanité. On fut contraint d'établir des exceptions en leur faveur, ainsi qu'on y a été encore obligé de le faire de nos jours.

L'assemblée constituante déclara que les biens des gens de main-morte appartenaient à la nation. Depuis lors, ceux qui ont échappé au naufrage, sont confondus avec le domaine de l'État, qui se régissait auparavant par des règles différentes.

Elles sont les mêmes aujourd'hui; ainsi qu'un bien appartienne à l'État, à l'église, à une commune, il est censé toujours domaine national. La destination n'en est seulement pas toujours la même.

Il est administré sous l'inspection de l'autorité publique, par ceux à qui elle a voulu en confier le soin. Les procès qui s'intentent à ce sujet, quand il est question de la propriété, ne peuvent l'être qu'avec l'assentiment de l'autorité administrative. Si on a des prétentions à former, il faut d'abord adresser un mémoire au préfet, représentant aujourd'hui les anciennes administrations (1).

Le préfet ou le conseil de préfecture doit y délibérer dans le mois.

On ne peut s'adresser aux tribunaux dans

____

(1) Loi du 5 novembre 1790.

les matières de leur compétence, qu'après avoir rempli ce préalable.

Quand il ne s'agit uniquement que des revenus, ceux qui jouissent des revenus nationaux ou qui les administrent, peuvent en poursuivre le recouvrement avec l'autorisation du conseil de préfecture ; si c'est la propriété foncière qui est contestée, le préfet doit être mis en cause.

On voit, d'après cela, l'application de la règle générale établie par cet article, que toutes les dispositions entre-vifs, ou par testament en faveur de tout établissement d'utilité publique, n'ont d'effet qu'autant qu'elles sont autorisées par un arrêté du gouvernement.

Le ministre de l'intérieur, sur l'avis du préfet, fait un rapport sur l'utilité de l'établissement en faveur duquel la disposition a été faite, et le gouvernement approuve ou rejette.

Il y a pour les dons faits aux hospices un arrêté du gouvernement, du 15 brumaire an 12 (1).

On ne peut rien exiger avant l'approbation de la disposition. Le préfet doit seulemnet prendre les mesures conservatoires.

---

(1) Par un arrêté du 4 pluviôse an 12, l'autorisation du gouvernement n'est pas nécessaire pour l'acceptation des dons et legs faits aux hospices à titre gratuit, quand ils n'excèdent pas 300 francs de capital ; celle du sous-préfet suffit.

Les mêmes règles s'observent pour les fondations pieuses permises par la loi du 18 germinal an 11.

CHAPITRE IV.

De quelques autres incapacités.

Les enfans naturels ne pourront, par donation entre-vifs ou par testament, rien recevoir au-delà de ce qui leur est accordé au titre *des successions* (1).

La loi du 29 germinal ayant fixé la portion des biens qu'un enfant naturel serait appelé à recueillir dans la succession de ses père et mère, il fallait nécessairement interdire à ceux-ci la faculté d'augmenter cette portion par des actes entre-vifs ou de dernière volonté. Autrement, la loi aurait pu être sans cesse violée ; et l'on aurait souvent vu se renouveler le scandale, dont on a été si souvent témoins depuis la loi du 12 brumaire, d'enfans naturels mis sur le même niveau que les enfans issus d'un mariage légitime. La faculté de donner ou de tester est superflue à l'égard des enfans naturels : elle ne pourrait du moins s'exercer pour eux qu'à leur préjudice, puisque la loi du 29 germinal leur interdit toute réclamation, lorsqu'ils ont reçu, du

______

(1) Loi du 13 floréal an 11, art. 198.

vivant de leur père ou de leur mère, la moitié de ce qui leur est attribué par la loi, avec déclaration expresse, de la part de leur père ou mère, que leur intention est de réduire la portion de l'enfant naturel qu'ils lui ont assignée (1).

Cette déclaration peut se faire dans l'acte même de donation ou par un acte postérieur, on même par un testament.

On ne peut encore disposer au profit d'un étranger, que dans le cas où cet étranger pourrait disposer au profit d'un Français (2).

Cette disposition de la loi du 13 floréal, se réfère à l'art. XI de la loi du 17 ventôse, sur la jouissance et la privation des droits civils, portant que l'étranger jouira en France des mêmes droits civils que ceux qui sont ou seront accordés aux Français par les traités de la nation à laquelle cet étranger appartiendra.

Le droit d'aubaine existe donc à l'égard d'un étranger quelconque, lorsqu'il n'a pas été aboli par des traités avec le gouvernement de la nation à laquelle il appartient. Il n'y a de droits à cet égard, que ceux qui sont réciproques. On a aperçu l'abus de l'imprudente générosité de l'assemblée constituante, qui avait admis tous les étrangers à succéder en France, tandis que les Français ne jouissaient

____

(1) Loi du 29 germinal an 11, art. 51.
(2) Loi du 13 floréal an 11, art. 202.

C 3

pas, la plupart du tems, du même droit chez eux.

Par le droit Romain, ceux qui servaient de témoins pour la forme du testament, ne pouvaient pas être institués héritiers ; mais ils pouvaient recevoir des legs, et nul ne pouvait écrire un legs à son profit, pas même par l'ordre exprès du testateur, sans encourir la peine prononcée contre les faussaires. Dans nos coutumes, on ne pouvait rien léguer aux témoins qui avaient signé le testament, encore moins aux notaires qui l'avaient reçu (1).

L'Ordonnance de 1735 ne permettait pas aux héritiers de servir de témoins dans le testament où ils étaient institués ou substitués ; les légataires universels ou particuliers pouvaient l'être dans l'acte de suscription des testamens mystiques (2).

La loi du 13 floréal porte que les légataires, à quelque titre que ce soit, ni leurs parens ou alliés jusques au quatrième degré inclusivement, ne pourront être témoins dans un testament par acte public (3). Elle ne dispose rien relativement à l'acte de suscription des testamens mystiques, d'où l'on peut conclure qu'il n'y a pas d'incapacité pour ceux qui y seraient appelés comme témoins.

____

(1) *Leg.* 20. *ff. qui testam. facer. poss. Instit. de testam. ordin.* Coutum. de Paris, art. 289.
(2) Art. 43.
(3) Art. 265.

D'après la même loi, le testament fait sur mer ne pourra contenir aucune disposition au profit des officiers du vaisseau, s'ils ne sont parens du testateur (1).

Les dispositions faites à des incapables étant nulles, les choses qui y étaient comprises ne peuvent être réclamées par celui à qui le testateur les avait destinées ; elles restent aux héritiers du sang ou à ceux institués par le testament.

La loi ne s'est pas arrêtée là ; elle a voulu empêcher, non-seulement qu'on ne pût l'enfreindre, mais encore elle a voulu ôter les moyens de l'éluder. Ces moyens se réduisent à deux principaux ; le premier consiste à déguiser la libéralité sous la forme d'un contrat onéreux, tel qu'une vente simulée; l'autre, au lieu de la faire directement à la personne incapable, de la laisser à une personne interposée. La vente simulée a été employée très-souvent pour éluder les dispositions de la loi du 17 nivôse sur les successions; et bien des procès se sont élevés à ce sujet. Il ne suffit pas d'alléguer la simulation, il faut la prouver. Les conjectures les plus vraisemblables ne sont pas toujours une preuve. Il n'est pas possible de donner des règles précises sur ce point. Ce sont souvent les circonstances qui décident, comme dans toutes les matières conjecturales.

------

(1) Art. 287.

Quant au second moyen concernant les personnes interposées, la loi répute comme telles, toutes celles qui sont dans une telle liaison avec l'incapable, que donner à elles, c'est donner à lui-même.

On répute personnes interposées, les pères et mères, les enfans et descendans, et l'époux de la personne incapable (1).

La loi parle encore ailleurs des personnes interposées et de celles qui doivent être réputées telles. Le nombre en est même plus grand (2).

Si l'interposition des personnes s'était faite par le moyen de quelqu'un non compris dans la disposition de la loi, la libéralité n'en serait pas moins nulle. Mais dans ce cas, il faudrait prouver l'interposition que la loi présume dans l'autre

C'est une règle générale bien digne de remarque en matière d'incapacité, que ceux qui sont incapables de succéder sont réputés pour morts, et ne peuvent faire obstacle à ceux qui suivent (3). La succession se trouve déférée alors à ceux qui auraient été appelés, si l'incapable n'avait pas existé.

---

(1) Loi du 13 floréal an 11, art. 201.
(2) *Ibid.* art. 389.
(3) *Leg.* 1. §. 11. *ff. de success. edict. Leg.* 1. *Cod. eod. Leg.* 1. §. 6. *de suis et legitim.*

CHAPITRE V.

De la quotité disponible.

La grande latitude que la loi du 13 floréal laisse à la faculté de tester, exigeait qu'on établît des règles pour fixer la portion disponible, et la manière d'en faire la réduction, au cas où le donateur ou le testateur l'auraient excédée. Les pouvoirs du testateur ou du donateur ne sont pas les mêmes dans tous les cas. Il est donc essentiel de connaître les limites dans lesquelles ils sont circonscrits. Au reste, les règles qu'on a faites à ce sujet ne concernent que les parens dans la ligne directe, qui se doivent mutuellement une portion de leurs biens. Elles sont inutiles en collatérale, où chacun pouvant donner à ses libéralités l'étendue qu'il juge à propos, il n'y a jamais de réduction à faire.

Les deux parties de la France, connues sous le nom de pays de droit écrit et de droit coutumier, étaient régies autrefois à cet égard, par des lois dont l'esprit était le même, quoiqu'il y eût quelque différence dans leurs dispositions.

Le droit primitif romain, comme nous l'avons déjà dit, adjugeait les successions aux parens les plus proches par mâles. La faculté de tester était d'abord très-restreinte et soumise à des formes compliquées. Elle devint très-facile et très-illimitée avec le tems. Un père avait le pouvoir de disposer de la totalité de ses biens au détriment de ses enfans, et de les transporter en entier à des étrangers. On trouva une pareille faculté extrêmement dure. Les pères furent obligés de laisser au moins à leurs enfans une portion de leurs biens qu'on appela la légitime. Ils ne pouvaient les en priver qu'en les exhérédant ; et l'exhérédation totale n'avait lieu que pour des motifs graves déterminés par la loi.

Par les dernières lois romaines sur cette matière, la portion des biens du père, qui devait fournir la légitime des enfans, était le tiers de l'hérédité, quand il y avait quatre enfans ; ce qui leur donnait à chacun le tiers de ce qu'ils auraient eu s'ils avaient succédé *ab intestat.* Quand il y avait plus de cinq enfans, cette portion légitimaire était de la moitié de l'hérédité (1).

Telle était la bizarrerie de cette fixation, que la légitime de chaque enfant était plus forte quand ils étaient cinq, que quand ils étaient quatre.

Dans ce premier cas, le père pouvait disposer à son gré de la moitié de ses biens, et des deux tiers de l'autre.

En pays coutumier, le principe fondamen-

---

(1) *Novell.* 18, cap. ‡ *Authentic. novissima. cod. de inoffic. testament.*

tal était d'adjuger à chaque ligne les biens qui en était provenus. C'était ce qu'on appelait les propres; et celui qui les possédait, en était plutôt, en ce sens, l'usufruitier que le propriétaire. Dans les tems les plus anciens il ne pouvait les aliéner sans le consentement de ses plus proches parens. Il acquit ce pouvoir avec le tems; mais l'interdiction d'en disposer par testament subsista toujours.

La coutume de Paris permit seulement de tester du quint des propres; elle accorda la même faculté pour la totalité des meubles et des acquêts. Dans les successions composées uniquement de biens de cette dernière espèce, la légitime qu'on devait laisser aux enfans, était la moitié de la part que chaque enfant aurait eue, dans la succession de ses père et mère, et autres ascendans, s'ils n'avaient fait aucune disposition entre-vifs ou testamentaire. (1).

Les autres coutumes, ou suivaient celle de Paris, ou elles avaient adopté ou modifié la règle du droit romain,

Dans l'un et l'autre droit, les enfans avaient donc une légitime à prétendre sur les biens de leurs père et mère, et autres ascendans.

La différence était, qu'en pays coutumier les plus proches du sang étaient toujours les héritiers de droit, et se trouvaient saisis de l'hérédité par le décès du testateur; celui en fa-

---

(1) Coutume de Paris, art. 298.

veur duquel il avait disposé de la portion disponible, ne la prenait qu'à titre particulier de légataire, et était obligé d'en demander la délivrance aux héritiers de droit.

En pays de droit écrit, au contraire, l'héritier institué succédait à l'universalité des droits du défunt. Les légitimaires étaient obligés de lui en demander la délivrance : la légitime, cependant, devait être laissée à titre d'héritier à ceux qui y avaient droit; le testateur devait leur donner ce titre dans son testament, à peine de nullité, comme nous le dirons ailleurs. Les légitimaires étaient censés co-héritiers, ce qui leur donnait des droits plus étendus qu'au simple légataire, dont les prétentions n'excédaient pas la chose qui lui était léguée; tandis que la légitime devait se prendre sur l'universalité des biens du défunt. La différence entre les deux droits consistait donc, sur ce point, en bien peu de chose.

Elle cessa par la loi du 17 nivôse an 2, qui fit prévaloir les principes les plus rigoureux de la jurisprudence coutumière, en privant les parens du droit de disposer de leurs biens, et d'avantager leurs enfans au détriment les uns des autres.

Ils furent réduits à la plus exacte égalité : les pères, non plus que tous les autres, n'eurent dans aucune partie de la France, le pouvoir de créer des héritiers ; la loi seule donnait cette qualité. Les enfans, et, à leur défaut, les parens les plus proches, furent saisis de droit de la succession, et c'était à eux qu'il fallait s'adresser pour demander la délivrance de la faible portion dont la loi permettait de disposer.

La loi du 4 germinal an 8, sans changer à ce principe, qui détruisait l'institution d'héritier, au moins en ligne directe, agrandit la faculté de disposer; elle accorda aux père et mère celle que leur avait refusée la loi du 17 nivôse, de pouvoir donner, à l'un de leurs enfans, la partie de leurs biens, qu'on laissait à leur disposition.

La loi du 13 floréal exclut également l'institution d'héritier en ligne directe. Les enfans sont les héritiers de droit de leurs père et mère; les père et mère le sont de leurs enfans. Les uns et les autres ont le droit de disposer d'une partie de leur bien, soit en faveur de l'un de leurs héritiers légitimes, soit en faveur d'étrangers; mais ceux qui sont appelés à recueillir ces libéralités, ne les ont qu'en qualité de légataires. Ils doivent en demander la délivrance aux héritiers de droit du testateur.

La loi détermine la portion de biens dont les père et mère pourront disposer; elle est plus ou moins forte, suivant le nombre de leurs enfans: ainsi les ascendans qui laisseront un enfant légitime pourront disposer de la moitié de leurs biens, soit par acte entre-vifs, soit par testament; ils disposeront du tiers s'ils en laissent deux, et du quart s'ils en laissent trois, ou un plus grand nombre (1).

Les enfans naturels ayant, en certain cas, une légitime à prétendre sur les biens de leurs parens, il est certain que ceux-ci n'en peuvent pas disposer à leur préjudice.

On entend en général, dans la langue du droit, par le mot enfans, ceux que les Romains appelèrent *liberi*, et qui étaient, non-seulement les enfans au premier degré, mais encore ceux qui descendaient d'eux, soit par les mâles, soit par les femelles (2).

Ainsi, quand la loi borne la faculté de disposer d'après le nombre des enfans que l'on a, cette règle s'applique, non-seulement lorsqu'il y a des enfans au premier dégré, mais quand il existe des enfans descendans d'eux, en quelque degré que ce soit : mais alors les descendans ne sont comptés que pour l'enfant qu'ils représentent dans la succession du disposant (3).

Nous avons parlé plus haut de la nature de la représentation et de ses effets. Il suffit d'observer ici que les petits-enfans, en prenant la place de leur père ou de leur mère, et en les représentant, n'opèrent pas un effet différent que s'il existait lui-même. Ainsi un testateur qui, n'ayant qu'un seul enfant, peut disposer de la moitié de ses biens, conserve la même faculté,

----

(1) Loi du 13 floréal an 11, art. 205.
(2) *Leg.* 56. §. 1. *ff. de verb. signif. et Leg.* 220. *ibid.*
(3) Loi du 13 floréal an 11, art. 204.

bien que son enfant prédécédé ait laissé plusieurs enfans; mais l'existence de ces petits-enfans, comme celle de leur père, empêche qu'il ne puisse disposer au-delà de cette moitié (1).

Le droit romain, en obligeant les pères de laisser une légitime à leurs enfans, imposait la même obligation aux enfans envers leurs pères.

Les règles que l'on suivait en pays coutumiers, sur la distinction et le partage des biens, ne permettaient pas de donner une légitime aux ascendans. Ils étaient exclus de tous les biens propres de leurs enfans, qui devaient retourner à la ligne d'où ils étaient provenus. On trouvait, en pays de droit écrit, cette exclusion bien dure.

Une intrigue de cour arracha en 1567 au chancelier de l'Hôpital un édit qui, dans les pays même de droit écrit, privait les mères de la succession de leurs enfans, et portait que les biens de ces enfans provenus du père de l'aïeul, d'oncles collatéraux ou autres parens du côté paternel, retourneraient aux parens les plus proches de cette ligne. L'intérêt de la noblesse en fut le principal motif; cet édit, qu'on appela l'édit des mères, et à qui le nom d'édit contre les mères aurait mieux convenu, se trouvait en opposition avec le système général de la jurisprudence romaine; il ne fut point admis dans la plupart des pays de droit écrit;

---

(1) Loi du 13 floréal an 11, art. 204.

et dans ceux où il le fut, il y produisit une telle confusion de l'esprit du droit français avec celui du droit romain, et la difficulté de les accorder l'un avec l'autre y occasionna tant de procès, et une telle incertitude dans la jurisprudence, que le chancelier d'Aguesseau fut obligé de le révoquer par un autre du mois d'août 1729. Les mères rentrèrent dans le droit de recueillir ces tristes successions.

La loi du 17 nivôse, suivant en cela l'esprit de la jurisprudence coutumière, ne fit rien en faveur des ascendans. Elle abolit la distinction des biens en propres et en acquêts ; elle partagea les successions en deux portions égales, dont elle adjugea l'une aux parens de la ligne paternelle, et l'autre à ceux de la ligne maternelle.

Mais dans ce partage les ascendans furent toujours exclus par les héritiers collatéraux, qui descendaient d'eux ou d'autres ascendans au même degré.

Un père et une mère n'avaient rien à prétendre dans la succession de leur enfant, lorsqu'il laissait des frères ou des sœurs.

La loi du 13 floréal, en conservant le partage de la loi du 17 nivôse des biens entre la ligne paternelle et maternelle, a corrigé la dure exclusion des ascendans par les collatéraux. Ils sont admis en concours, comme ils l'étaient par la loi romaine dans la succession *ab intestat*, comme nous l'avons vu ci-dessus.

Ils

Ils ne sont point oubliés dans les successions testamentaires. Les enfans qui laissent des ascendans, ne peuvent disposer de la totalité de leurs biens; ils doivent leur laisser une légitime, comme les ascendans sont tenus de le faire à leur égard.

Les ascendans sont héritiers de droit, comme les descendans le sont aussi. Les légataires de la partie disponible sont obligés de leur en demander la délivrance.

Lorsqu'à défaut d'enfans, le défunt laisse un ou plusieurs ascendans dans les lignes paternelle et maternelle, il ne peut disposer que de la moitié de ses biens, l'autre moitié est réservée aux ascendans; il dispose des trois quarts, s'il ne laisse des ascendans que dans une ligne.

Après avoir ainsi déterminé la portion réservée aux ascendans, la loi veut qu'elle soit partagée entre eux dans l'ordre où elle les appelle à succéder. Les enfans recueillent également la portion dont les parens n'ont pu disposer, dans l'ordre où ils sont admis à succéder (1).

Il faut donc se reporter, pour cette distribution, à la loi du 29 germinal sur les successions, qui règle l'ordre dans lequel les ascendans sont appelés à succéder à leurs descendans, comme nous l'avons vu plus haut.

Le projet de la loi du 13 floréal portait : S'il n'y a d'ascendans que dans une des lignes,

---

(1) Loi du 13 floréal an 11, art. 205.

Tome III.   D

ils auront seuls droit à la réserve, dans tous les cas où un partage en concurrence avec des collatéraux ne leur donnerait pas la quotité de bien à laquelle elle est fixée.

Dans la rédaction définitive on a retranché, comme superflus sans doute, ces mots : *s'il n'y a d'ascendans que dans une des lignes*. L'article ne laisse pas que de présenter quelque obscurité.

La loi avait déjà dit que la réserve, au cas où il n'y aurait d'ascendant que dans une ligne, ne serait que d'un quart des biens.

Ici elle suppose que l'ascendant se trouve en outre en concours avec des frères et sœurs ou descendans d'eux, qui, par la loi du 29 germinal, sont appelés concurremment avec les ascendans à succéder à leurs frères ou sœurs décédés. Si ces frères ou sœurs ont testé de toute la portion disponible, moins la réserve des ascendans, cette réserve leur appartient en entier. Les collatéraux n'ont rien à prétendre; il n'y a pas de partage à faire avec eux.

La loi ne veut donc dire autre chose, sinon que l'enfant prédécédé a bien pu tester de la portion qui revenait à ses frères ou sœurs, mais non de celle que la loi réservait aux ascendans, qui doit leur demeurer entière.

Pour revenir à notre sujet, le droit romain donnait encore une légitime sur la succession des frères ou des sœurs, lorsqu'ils avaient institué par leur testament une personne *hon-*

teuse (1); et cela s'était conservé dans les pays de droit écrit.

On voit, par les motifs de la loi du 13 floréal que, tout examen fait, une réserve en pareil cas était inutile, et qu'il valait mieux, comme on l'a fait, donner une liberté illimitée (2).

Ainsi s'est terminée la longue lutte entre les principes du droit écrit et du droit coutumier, dont les uns tendaient à rendre illimitée la faculté de tester, et les autres à la restreindre. Les premiers l'ont emporté.

La quotité disponible, au lieu d'être donnée ou léguée en propriété, peut l'être en usufruit ou en rente viagère. On n'a pas alors une règle bien certaine pour connaître si le testateur a excédé les limites que la loi lui imposait. On estime ordinairement l'usufruit au tiers de la propriété. Mais ici la loi prescrit un mode plus facile pour faire cesser toute contestation à ce sujet. Lorsque le testateur aura donné en usufruit la quotité disponible, les héritiers auront l'option, ou d'exécuter la disposition, ou bien d'abandonner au légataire usufruitier la valeur de la quotité disponible (3).

La loi du 17 nivôse portait que toutes donations à charge de rentes viagères ou rentes à

____

(1) *Leg.* 27. *Cod. de inoffic. testam.*
(2) Loi du 13 floréal an 11, art. 206, et les motifs.
(3) *Ibid.* art. 207.

D 2

fonds perdus en ligne collatérale, à l'un des héritiers présomptifs, ou à ses descendans, étaient interdites, à moins que les parens du degré de l'acquéreur, et de degrés plus prochains, n'y fussent intervenus, et n'y eussent consenti (1).

Cette disposition était une conséquence de l'égalité que l'intention de cette loi était d'établir entre les successibles, soit en ligne directe, soit en ligne collatérale. Elle ne voulait pas qu'on pût l'éluder par des donations à rentes viagères ou de rentes à fonds perdus faites à des successibles. Ces donations et ces rentes étaient déclarées nulles, et le donataire était obligé de rapporter dans la succession les effets donnés ou vendus, à moins que ceux au préjudice de qui ces donations ou ces rentes avaient été faites, n'y fussent intervenus ou n'y eussent consenti.

La loi du 13 floréal an 11, a une disposition à-peu-près pareille, avec la différence qui existe entre les dispositions de ces deux lois, sur l'étendue de la faculté de tester.

La loi du 13 floréal établit une portion dont elle laisse le droit de disposer en ligne directe. Mais on ne peut aller au-delà, et tous les moyens qu'on prendrait pour l'éluder, en déguisant les libéralités sous le titre de donation, ou de rente à fonds perdus, ne servi-

---

(1) Art. 26.

raient de rien. Les co-successibles peuvent en demander l'imputation sur la quotité disponible, et exiger qu'on rapporte ce qui excède: ils seraient privés de ce droit s'ils y avaient consenti.

Dans cette loi, ce droit n'appartient point aux successibles en ligne collatérale, comme dans celle du 17 nivôse, puisqu'il n'y a plus aujourd'hui de réserve en leur faveur (1).

La loi du 13 floréal confirme encore la faculté que la loi du 4 germinal an 8 avait restituée aux ascendans, et que leur ôtait la loi du 17 nivôse, de disposer de la quotité disponible en faveur d'un de leurs enfans successibles; mais, pour qu'elle ne soit pas sujette à rapport, il faut qu'ils déclarent expressément, soit par l'acte qui contient la disposition, soit par un acte séparé, dans la forme des dispositions entre-vifs ou testamentaires, que leur intention est que celui qu'ils gratifient de leur réserve, l'ait à titre de préciput ou hors de part (2).

Sans cela, il serait tenu de le rapporter dans la succession, ou du moins de la prendre à compte de la portion qui lui reviendrait.

La donation, en ce cas, ne serait regardée que comme une démission en avancement d'hoirie; et l'effet d'une disposition testamentaire, car il faut bien qu'elle en ait quelqu'un,

----

(1) Loi du 13 floréal an 11, art. 208.
(2) *Ibid.* art. 209.

se réduirait à donner au légataire le droit de prendre la chose léguée en en tenant compte sur sa portion.

Cette disposition fait cesser toutes ces discussions qui avaient lieu autrefois dans les pays coutumiers, pour savoir si on pouvait être héritier et donataire tout ensemble. L'égalité que ce droit tendait à établir entre les successibles semblait y résister : la rigueur de la règle avait éprouvé quelques modifications.

Cette réunion des deux qualités avait toujours été admise dans le droit romain; et ses maximes, qui avaient commencé à prévaloir dans la loi du 4 germinal an 8, sont pleinement adoptées par celle du 13 floréal an 11.

Il faut encore observer que le plus ancien droit romain ne dispensait du rapport que lorsque le testateur l'avait ordonné d'une manière positive. On s'écarta dans la suite de cette règle, et on se décida d'après les conjectures.

Les dispositions, soit entre-vifs, soit à cause de mort, qui excèdent la quotité disponible, ne sont pas nulles pour cela, mais seulement réductibles (1). Il était d'autant plus important de régler cette question, que l'on avait mal-à-propos élevé des doutes à ce sujet, relativement à la loi du 4 germinal an 8. Il en sera parlé ailleurs.

______

(1) Loi du 13 floréal an 11, art. 210.

LIVRE XVII.

DES DIVERSES ESPÈCES DE TESTAMENS ET DE LEUR FORME.

CHAPITRE I.

Des testamens du Droit Romain.

APRÈS avoir parlé de la capacité nécessaire pour donner ou recevoir par testament ; de la quotité de biens dont il est permis de disposer par cette voie, il est essentiel d'entrer dans quelques détails sur la nature du testament, et de connaître les formes dont il doit être revêtu.

La loi romaine définissait le testament une juste manifestation de notre volonté sur ce qui doit être fait après notre mort (1). Les dispositions testamentaires s'appliquaient à tout ce qui appartenait au testateur : il avait le droit d'établir des héritiers, de faire des legs, de nommer des tuteurs à ses enfans, de donner la liberté à ses esclaves. Ses pouvoirs n'étaient cependant pas toujours illimités ; les lois y ap-

_____

(1) *Leg.* 1 , *ff. qui testam. facer. poss.*

portaient quelques restrictions en certains cas (1).

La loi du 13 floréal dit que le testament est un acte par lequel le testateur dispose, pour le tems où il n'existera plus, de tout ou partie de ses biens, et qu'il peut révoquer (2).

La définition de la loi française est plus précise : elle indique mieux la nature du testament, qui consiste principalement à pouvoir être révoqué au gré du testateur, jusqu'à ce que sa mort y mette le dernier sceau.

Nous avons déjà remarqué que le testament est un acte de législation domestique, et que le testateur, en manifestant sa volonté, la substitue à la disposition de la loi. Mais pour produire un pareil effet, une volonté manifestée d'une manière quelconque ne suffit pas. Il n'y a de vrai testament aux yeux de la loi, que celui qui est revêtu des formes qu'elle prescrit.

Suivant la loi du 13 floréal, un testament peut être olographe, ou fait par acte public, ou dans la forme mystique (3).

Toutes ces espèces de testamens dérivent du droit romain, d'où ils avaient passé, avec quelques modifications, dans les pays de droit coutumier. La faculté de tester étant entièrement

---

(1) *Leg.* 120. *ff. de verb. signific.*
(2) Loi du 13 floréal an 11, art. 185.
(3) *Ibid.* art. 259.

opposée à l'esprit de ce dernier, et y étant même dans le principe entièrement inconnue, il ne devait pas y avoir aussi de testament ; c'est lorsque le droit de tester s'y fut introduit, qu'on s'occupa à établir les formes dans lesquelles il serait permis de l'exercer ; mais comme ce droit fut toujours beaucoup plus restreint dans les pays coutumiers que dans les pays de droit écrit; qu'il ne s'y appliquait pas comme dans celui-ci à toute sortes de biens, on y fut moins rigoureux pour les formes.

Dans les pays régis par la loi romaine, on avait scrupuleusement conservé les formes solennelles qu'elle exigeait de la part de ceux à qui elle permettait de s'ériger en quelque sorte en législateurs, en disposant arbitrairement de leurs biens : ces formes avaient beaucoup varié chez les Romains. Elles étaient extrêmement bizarres dans le principe : comme leur législation primitive n'était pas très-favorable, ainsi que nous l'avons dit, à la faculté de tester, on ne l'accordait qu'à ceux qui étaient sur le point de partir pour l'armée, et encore étaient-ils obligés de manifester leur volonté dans une assemblée du peuple.

Pour rendre ensuite les testamens plus faciles, on les déguisa sous la forme d'une vente, dans laquelle le testateur feignait de vendre son bien à celui en faveur de qui il avait l'intention d'en disposer. Comme tous les actes

se faisaient alors verbalement, il fallait nécessairement y appeler des témoins pour en conserver le souvenir; il en fallait cinq dans la
vente fictive qui tenait lieu de testament, et
ces cinq témoins réunis au testateur qui était
censé vendre, et à l'héritier qui faisait le rôle
d'acheteur, formaient le nombre de sept personnes qui concouraient à cet acte (1).

La jurisprudence prétorienne et sur-tout les
ordonnances des empereurs, débarrassèrent
les testamens des formes singulières dont ils
avaient d'abord été accompagnés ; mais elles
laissèrent subsister le nombre de sept témoins,
et à cet égard comme à quelques autres, ces
formes antiques servirent de base et de modèle à celles qu'on exigea pour les diverses
sortes de testamens qu'on conserva.

Il y en avait de plusieurs espèces : le testament écrit, le nuncupatif et les testamens privilégiés.

Le testament écrit devait être signé par les
témoins, qui y apposaient en outre leur sceau,
et par le testateur : si le testateur ne pouvait
ou ne savait écrire, on appelait un huitième
témoin.

Le testament nuncupatif se faisait sans écrit,
comme son nom l'indique, en présence de sept
témoins qui attestaient la volonté du testateur.

____

(1) *Heinecc. parat. ff. part.* V, §. 3, 13 et 14.

Justinien, qui simplifia les anciennes formes, régla celles que l'on observerait dans ces deux sortes de testamens, par sa célèbre loi, *Hâc consultissimâ* (1). Il établit aussi par la même loi, les testamens mystiques ou secrets.

Les testamens privilégiés n'étaient pas soumis à des formes aussi rigoureuses et aussi solennelles que les autres. Tels étaient d'abord les testamens des parens entre enfans; leurs dispositions, quoique imparfaites, devaient être observées (2).

Pour faciliter, même aux parens, la faculté de disposer entre leurs enfans, Justinien imagina le testament olographe qui, étant écrit et signé par le testateur, valait pour les enfans, quoique non revêtu des formes requises dans les autres testamens (3).

Il y avait encore les testamens militaires, ceux faits en tems de peste, que les circonstances avaient obligé d'exempter de la plupart des formalités que l'on suivait dans les testamens ordinaires.

____

(1) *Leg.* 21. *Cod. de testam.*
(2) *Ibid.* §. 1.
(3) *Novell.* 107.

CHAPITRE II.

Des testamens du Droit Français.

Toutes les espèces de testamens dont il a été question dans le chapitre précédent, s'étaient conservés en France, dans les pays régis par la loi romaine, avec les formes dont nous avons parlé ; on exigeait seulement que le testament solennel et nuncupatif fût rédigé par écrit et reçu par un notaire. Il y avait cependant des provinces, telles que celles dépendant du parlement de Toulouse, où le testament nuncupatif non écrit s'était maintenu jusqu'à l'ordonnance de 1735 ; mais comme ces testamens non écrits étaient sujets à de grands inconvéniens, cette ordonnance les prohiba ; et depuis on ne connut en France que les testamens écrits. Il fallait en pays de droit écrit qu'ils fussent reçus par un notaire. Les testamens olographes y étaient connus, mais ils avaient conservé la destination que Justinien leur avait donnée ; ils n'étaient exécutés qu'à l'égard des enfans ; et les dispositions qu'ils contenaient en faveur de l'étranger, étaient censées non écrites.

Dans les pays coutumiers au contraire, où, à raison des entraves qu'y éprouvait la faculté de tester, on était moins attentif à la solennité des formes, le testament olographe y était pratiqué pour les étrangers comme pour les enfans; et dans les coutumes où la faculté de tester était très-étendue, ou quand il était question d'une succession composée de biens, pour lesquels la faculté de tester était illimitée, on pouvait la transporter à qui on voulait, par cette manière très-légère de disposer.

Quand on testait par écrit, l'intervention d'un notaire n'était pas par-tout nécessaire. Les curés, en plusieurs lieux, pouvaient remplir ce ministère; il ne fallait pas un aussi grand nombre de témoins que dans les pays de droit écrit: deux suffisaient presque par-tout. L'ordonnance de 1735 ne changea rien aux formes extérieures des testamens, comme elle avait respecté les limites que les usages anciens avaient imposées à la faculté de tester.

La loi du 13 floréal, après avoir établi des règles uniformes sur ce dernier point, était nécessairement obligée d'établir aussi l'uniformité pour la rédaction des actes contenant les dispositions de dernière volonté.

Elle veut qu'un testament soit ou olographe, ou par acte public, ou dans la forme mystique. Ce sont toujours les formes du droit romain; mais on n'en a pas toujours fait la même application.

Les Romains, en imaginant les testamens olographes, qui étaient seulement écrits et signés par le testateur, et étaient dispensés des autres formalités des testamens solennels, en avaient borné l'exercice entre les enfans, de manière que les parens pouvaient bien distribuer, par ce testament, leurs biens à leurs enfans, mais les dispositions faites en faveur des étrangers étaient considérées comme non écrites.

On pensait, avec quelque fondement, que rien n'était plus contraire aux principes et à l'importance des testamens, que de les affranchir ainsi de toutes sortes de formalités publiques. Si un testateur paraît plus libre et moins exposé à la surprise et aux suggestions étrangères, lorsque, seul et sans témoins, il trace lui-même le plan de ses dernières volontés, il est souvent livré sans confusion et sans remords aux mouvemens injustes de ses passions, qui sont les plus ordinaires et les plus dangereux des séducteurs. S'il se met au-dessus de la loi par l'autorité de sa disposition, il ne doit pas moins s'élever au-dessus, par la justice et par la sagesse de ce qu'il ordonne. C'est pour cette raison que les premiers testamens chez les Romains ne se faisaient pas avec moins d'appareil que les lois publiques, et ils ne devaient rien contenir dont le testateur eût pu rougir en présence du peuple. Il semble que plus les formalités que les lois ont substituées à cette ancienne solennité lui sont inférieures, moins on doit s'en écarter. Un testateur, prêt à faire une injustice dans l'intérieur de sa maison, a souvent honte de la revêtir d'une formalité publique.

C'est d'après ces considérations que l'empereur Justinien rejeta de son code la novelle quatrième de Valentinien, qui introduisait les testamens olographes, qui n'avaient d'autres formalités que d'être écrits et signés par le testateur ; et lorsque l'édit de 1629 eut tenté d'établir dans toute la France cette manière de disposer, il ne fut point reçu dans les pays de droit écrit, où le testament olographe continua seulement à servir pour les dispositions entre enfans, pour les testamens militaires ou ceux faits en tems de peste ; il ne fut adopté que dans les pays de coutumes, où cette forme avait moins d'inconvéniens à raison des entraves que presque toutes les coutumes mettaient à la faculté de tester.

Dans le nouveau Code même on a aperçu le danger d'admettre des actes privés et clandestins, pour les cas, qui donnant le plus d'accès aux mouvemens des passions, sont les plus exposés à la séduction. La loi du 2 germinal an 11, exige que la reconnaissance d'un enfant naturel soit faite par un acte authentique, lorsqu'elle n'aura pas été faite dans l'acte de naissance ; et dans les motifs on dit que cela est établi ainsi, pour que les familles soient, à cet égard, à l'abri de toute surprise (1).

En donnant à la faculté de tester une étendue aussi illimitée qu'on a fait, il était, ce

____

(1) Art. 328.

semble , nécessaire d'accroître les formes des testamens au lieu de les diminuer ; et l'usage du testament olographe devait être borné, comme chez les Romains , aux dispositions d'un père entre ses enfans, qui, en les rédigeant, est censé n'être inspiré que par sa tendresse pour eux.

Il est effrayant , quand on pense qu'un homme peut être entraîné à transporter toute sa fortune à des étrangers, avec moins de formalité qu'il n'en faut pour faire l'obligation la plus simple (1).

Quoi qu'il en soit, le testament olographe est parfait lorsqu'il est écrit, daté et signé de la main du testateur.

L'ordonnance de 1735 avait déjà fait de la date une des formes essentielles de toutes les espèces de testamens : elle ne fit que confirmer en cela la règle générale établie par deux Novelles de Justinien (2). Tout testament d'ailleurs, suivant les principes du droit romain, est regardé comme une loi, et les lois faites *sine die et consule* sont nulles (3).

La date est utile, non-seulement quand il y a plusieurs testamens, mais même quand il n'y en a qu'un seul, pour savoir si, lorsqu'il a été fait, le testateur avait l'âge fixé par la loi, et la capacité de tester, ou la liberté d'es-

(1) Voyez d'Aguess, tom. 9 , lett. 331.
(2) *Novell.* 47 *et* 107. *cap.* 1.
(3) D'Aguess. *ibid.*

prit et le degré de raison nécessaires pour disposer de ses biens; s'il avait l'usage de la parole et celui de la vue, etc. (1).

Une chose essentielle à connaître, est de savoir ce que la date doit contenir pour être parfaite : suffit-il qu'elle fasse mention de l'an ou du jour que l'acte est passé , ou faut-il encore qu'elle indique le lieu où on le passe? Les auteurs étaient beaucoup divisés à ce sujet (2).

Mais les lois anciennes, et celle du 25 ventôse an 11, relative au notariat et aux actes notariés, exigeant que les notaires fassent mention, non-seulement du jour et de l'an, mais encore du lieu où l'acte est passé, il s'ensuit qu'une date n'est complète qu'autant qu'elle comprend toutes ces choses.

CHAPITRE II.

Du testament par acte public.

Le testament par acte public est celui qui est reçu par deux notaires, en présence de deux témoins, ou par un notaire, en présence de quatre témoins (3).

-----

(1) D'Aguess. tom. 9. lett. 318 et 333.
(2) Journal du Palais , tom. 1. p. 909.
(3) Loi du 13 floréal an 11 , art. 261.

Le testament par acte public remplace aujourd'hui le testament nuncupatif écrit du
droit romain, dont nous avons parlé plus haut,
et dont l'ordonnance de 1735 réglait les formes
de la manière suivante : « Lorsque le testateur
» voudra faire un testament nuncupatif écrit,
» il en prononcera intelligiblement toutes les
» dispositions, en présence au moins de sept
» témoins, y compris le notaire et tabellion,
» lequel écrira lesdites dispositions, à mesure
» qu'elles seront prononcées par le testateur,
» après quoi sera fait lecture du testament
» entier audit testateur ; de laquelle lecture
» il sera fait mention par le notaire ou tabel-
» lion, et le testament sera signé par le testa-
» teur, ensemble par le notaire ou tabellion et
» par les autres témoins, le tout de suite, et
» sans divertir à autres actes ; et en cas que
» le testateur déclare qu'il ne sait ou ne peut
» signer, il en sera fait mention » (1).

En rapprochant cet article de l'ordonnance,
de la disposition de la loi du 13 floréal, que
nous venons de rapporter, on voit qu'on a
abrégé plusieurs des formes du testament solennel du droit romain, et qu'on s'est rap-
proché de la simplicité des formes qu'on y
mettait dans les pays coutumiers, où la faculté de tester n'était pas aussi étendue. En

____

(1) Ordonn. de 1735, art. 5.

agrandissant cette faculté, il semble qu'on aurait dû prendre une marche opposée.

La loi ajoute que si le testament est reçu par deux notaires, il leur est dicté par le testateur, et qu'il doit être écrit par l'un de ces notaires, tel qu'il est dicté.

S'il n'y a qu'un notaire, il doit également être dicté par le testateur, et écrit par ce notaire.

Dans l'un et l'autre cas, il doit en être donné lecture au testateur, en présence des témoins.

Il est fait du tout mention expresse (1).

Le testament étant la manifestation de la volonté du testateur, on ne la considère comme telle, qu'autant qu'il l'a exprimée et dictée lui-même, et qu'elle ne lui a pas été suggérée par des interrogations. Un testament serait donc nul, si un testateur, au lieu de dicter lui-même ses dispositions, ne faisait que répondre par oui ou par non aux questions qui lui seraient faites par le notaire. Celui-ci doit écrire lui-même les dispositions à mesure qu'elles sont prononcées par le testateur; il ne peut les faire écrire par un autre. D'Aguesseau blâmait le parlement de Provence d'avoir toléré l'usage contraire (2).

----

(1) Loi du 13 floréal an 11, art. 262.
(2) D'Aguess. tom. 9, lett. 344, 345.

Après que le testateur a achevé de dicter ses dispositions, et qu'elles ont été écrites par le notaire ou par un des notaires, s'ils sont deux à les recevoir, il doit en être donné lecture au testateur en présence des témoins, et il faut faire, dans l'acte même, *mention expresse* de l'observation de toutes ces formalités.

On était fort scrupuleux dans l'ancienne jurisprudence sur la manière dont on devait énoncer cette lecture. On ne regardait pas comme remplissant le vœu de la loi, la mention que le testament avoit été *publié* en présence des témoins et du testateur. D'Aguesseau pensait que cette formule ne signifiait pas tout-à-fait que le testament avait été lu (1); de même aujourd'hui, quand il serait constant que c'est le notaire ou l'un des notaires qui a écrit le testament, si on avait oublié d'en faire mention expresse, la loi n'en serait pas moins violée.

On trouvait même à redire, lorsqu'au lieu de faire mention qu'on avait fait *lecture*, on disait seulement, fait et lu, etc. (2).

Toutes ces formalités minutieuses qui ne sont pas toujours de sûrs garants de la validité d'un acte, viennent du droit coutumier (3).

La loi veut encore que le testament soit signé

____

(1) Tom. 9. Lett. 339.

(2) Gazette des Tribun. , tom. 5, pag. 97, 217, et tom. 6, pag. 47 et suiv.

(3) Journal des Audiences, tom. 6, liv. 7, chap. 5.

par le testateur : s'il déclare qu'il ne sait ou ne peut signer, il sera fait dans l'acte mention expresse de sa déclaration, ainsi que de la cause qui l'empêche de signer (1).

L'ordonnance de 1735 n'est pas si sévère à cet égard, comme on le voit par l'article V, que nous avons rapporté ci-dessus. Quand le testateur ne savait ou ne pouvait signer, il suffisait qu'il en fût fait mention, sans qu'on fût obligé d'ajouter la cause qui l'empêchait de signer.

Une formalité ancienne, à laquelle le testament solennel était soumis par le droit romain, et qui avait été conservée par l'ordonnance de 1735, était que le testament devait être écrit *uno contextu*; c'est-à-dire, qu'on ne pouvait l'interrompre pour vaquer à une autre affaire, et distraire ainsi l'attention qu'un acte aussi important exigeait. Cela cependant, dit d'Aguesseau, dans l'ordonnance comme dans les lois romaines, s'entend d'une continuité morale, et non pas physique (2).

La loi du 13 floréal n'en parle point pour le testament par acte public; elle le suppose sans doute, car on l'exige expressément pour l'acte de suscription du testament mystique, comme nous le verrons plus bas.

Un testament ne peut être fait dans le même

----

(1) Loi du 13 floréal an 11, art. 263.
(2) Tom. 9, lett. 333.

acte par deux ou plusieurs personnes, soit au profit d'un tiers, soit à titre de disposition réciproque et mutuelle (1).

L'ordonnance de 1735 avait déjà proscrit les testamens faits par deux ou plusieurs personnes, soit au profit d'un tiers, soit à titre de disposition réciproque et mutuelle (2). Les motifs de cette prohibition paraissent avoir été, que le testament étant un acte révocable de sa nature, cette liberté, que chacun a de changer ses dispositions à son gré, recevait nécessairement des entraves dans les testamens mutuels: on doutait si l'un des testateurs, révoquant ses dispositions, celles de l'autre étaient aussi révoquées de plein droit; ou bien, si l'un étant décédé sans avoir révoqué son testament, l'autre était ou non autorisé à changer le sien. Il y avait beaucoup de difficultés, quelque parti qu'on prît; il n'y en avait point d'abolir ce genre de testament, absolument contraire à la vraie nature de cet acte.

L'ordonnance de 1735, en abrogeant les testamens mutuels ou faits conjointement, n'exceptait pas même ceux faits entre mari et femme : la loi du 13 floréal n'est pas plus indulgente à cet égard (3).

---

(1) Loi du 13 floréal an 11, art. 258 et 386.
(2) Art. 77.
(3) D'Aguess., tom. 9, lett. 324.

CHAPITRE III.

Du testament mystique.

Le testament mystique fut introduit, ou du moins régularisé par la fameuse loi *hâc consultissimâ*, qui veut que le testateur écrive ou fasse écrire son testament; qu'ensuite il le plie et l'enveloppe d'un papier; qu'il le cachète; qu'il le présente à sept témoins appelés pour cet effet; qu'il leur déclare que dans ce papier est son testament; qu'il signe et les prie de signer sur cette enveloppe et d'y apposer leurs cachets. Si le testateur ne sait pas signer, il faut appeler un huitième témoin qui signe pour lui. (1).

Ce testament est appelé mystique, parce qu'il est mystérieux et secret : on le confondait quelquefois avec le testament olographe, dont il diffère cependant, en ce que le testament olographe n'est point secret de sa nature. Dans quelques lieux on l'appelait testament solennel; dans d'autres, testament secret, ou clos et cacheté.

Cette espèce de testament fut principalement introduite pour donner le moyen de cacher leurs dispositions de dernière volonté, à ceux qui ne voulaient pas qu'elles fussent connues.

---

(1) *Leg.* 21. *Cod. de testament.*

E 4

Mais cette loi, en admettant les gens illettrés à tester de cette manière, les exposait à des surprises. Celui qu'ils chargeaient d'écrire leurs dispositions, pouvait les tromper et les rédiger à sa propre fantaisie.

Aussi, les interprètes du droit romain, qui non-seulement en ont éclairci les difficultés, mais en ont aussi corrigé les erreurs, cherchèrent un remède à celle-là. Le savant Godefroi, dans ses notes sur la loi *hâc consultissimâ*, prétend que, lorsqu'elle parle de celui qui est ignorant dans les lettres, ces paroles ne doivent point s'entendre de celui qui ne sait ni lire ni écrire, mais seulement de ceux qui, sachant lire, ne peuvent néanmoins signer, par ignorance ou par infirmité.

Cette distinction n'est exacte que pour le cas d'infirmité ; car, pour celui d'ignorance, elle est trop subtile. L'art de lire et celui d'écrire ont tant de connexité entre eux, qu'ils ne peuvent guères exister l'un sans l'autre.

D'ailleurs, s'il s'élève la question de savoir si un testateur savait écrire, il est aisé de la résoudre en produisant de son écriture ; mais si l'on agite celle de savoir s'il savait lire, je ne sais comment on s'y prendrait pour le prouver; la lecture étant un acte fugitif, qui ne laisse pas de trace après lui. Du moins la distinction de Godefroi sauvait une contradiction à Justinien, qui, dans une autre loi, *hâc consultissimâ*, ne permettait à un aveugle que de faire un testament public et nuncupatif, pour prévenir les surprises que son infirmité pouvait favoriser (1). Un homme illettré est aveugle pour ce qui concerne l'écriture.

Une autre loi ne veut point encore que les rustiques, qui sont dans une ignorance absolue des lettres, puissent tester autrement qu'en déclarant publiquement le nom de leur héritier, en présence de cinq témoins (2). On ne peut donc concevoir comment on aurait permis à des personnes totalement illettrées de faire un testament mystique.

Ce testament était usité dans tous les pays régis par la loi romaine ; et si l'on excepte l'apposition des cachets, qui avait été abolie, les autres formalités prescrites par la loi *hâc consultissimâ* y étaient observées. Mais il y avait des parlemens, tels que ceux de Provence et de Toulouse, où l'on avait eu la sagesse de l'interdire aux personnes qui ne savaient ni lire ni écrire. A Bordeaux et à Paris, pour les pays du ressort où l'on suivait le droit romain, on le leur permettait en appelant un témoin de plus (3).

Le testament mystique était inconnu dans la presque totalité des pays coutumiers, où le testament olographe en tenait lieu. Celui qui teste de cette dernière façon, étant le maître

(1) *Leg.* 8. *Cod. de testam.*
(2) *Leg.* 31, *Cod. de testam.*
(3) Bretonnier, quest. de droit du testament. Journ. du Pal. tom. 1, p. 173.

de cacher son testament comme il le trouve bon, de le garder chez lui ou de le déposer ailleurs, le testament mystique était superflu. Il ne l'était point dans les pays de droit écrit, où le testament olographe n'était reçu qu'entre les enfans.

La loi du 13 floréal, en rendant le testament olographe commun à toute la France, aurait pu, sans inconvénient, supprimer le testament mystique, ou en l'adoptant, il fallait n'y ajouter que les formes qui fussent en harmonie avec les autres dispositions de dernière volonté qu'elle maintenait.

On s'est contenté de copier mot à mot les dispositions de l'ordonnance de 1735, qui avait adopté elle-même les dispositions de la loi *hâc consultissimâ*, avec quelques modifications.

Cette ordonnance porte que lorsque le testateur voudra faire un testament mystique ou secret, il sera tenu de signer ses dispositions, soit qu'il les ait écrites lui-même, ou qu'il les ait fait écrire par un autre ; que le papier qui contiendra ces dispositions, ou le papier qui servira d'enveloppe, s'il y en a une, sera clos et scellé ; que le testateur le présentera ainsi clos et scellé au notaire, et à six témoins au moins, ou il le fera clore et sceller en leur présence ; et il déclarera que le contenu en ce papier est son testament écrit et signé de lui ; le notaire en dressera l'acte de suscription, qui sera écrit sur ce papier ou sur la feuille qui servira d'enveloppe; cet acte sera signé tant par le testateur que par les notaires, ensemble par les témoins. Tout ce que dessus, ajoute la loi, sera fait de suite et sans divertir à autres actes; et en cas que le testateur, par un empêchement survenu depuis la signature du testament, ne puisse signer l'acte de suscription, il sera fait mention de la déclaration qu'il en aura faite, sans qu'il soit besoin, en ce cas, d'augmenter le nombre des témoins (1).

Mais l'article IX de l'ordonnance se trouvait en accord avec ceux qui le précédaient, et qui réglaient la forme des testamens nuncupatifs et solennels. Elle exigeait, pour l'acte de suscription du testament mystique, le nombre de sept témoins, le notaire compris, comme elle l'exigeait dans les testamens nuncupatifs écrits. En copiant littéralement cet article, et en voulant qu'il y ait sept témoins, le notaire compris, pour cet acte de suscription, il arrive qu'on exige plus de formalité pour faire une enveloppe que pour faire un testament par acte public, où deux notaires et deux témoins, ou un notaire et quatre témoins sont suffisans. L'ordonnance de 1735 n'était pas tombée dans une pareille incongruité; car, dans les coutumes où les testamens mystiques étaient reçus, elle n'exige qu'un témoin de plus au-

---

(1) Ordonn. de 1735, art. 9. Loi de 13 floréal an 11, art. 266.

dessus du nombre requis pour les testamens publics (1).

Il y a plus : la loi du 13 floréal, d'après l'ordonnance de 1735, porte : *Que tout ce que dessus sera fait de suite et sans divertir à autre acte*, c'est-à-dire, que, pour la validité d'un testament, il faut qu'il soit fait de suite, et, qu'après l'avoir commencé, on ne l'interrompe point pour vaquer à une autre affaire et le reprendre ensuite.

Cela était tiré de la loi *hâc consultissimâ*; et, d'après cette loi et l'ordonnance de 1735, on devait l'observer dans les testamens publics, comme dans les mystiques. La loi du 13 floréal n'en faisant mention que pour les derniers, il semble que ce n'est que pour eux qu'on exige cette continuité. Elle était cependant essentielle dans tous les testamens, pour fixer l'attention du testateur et des témoins, et empêcher qu'ils ne fussent distraits par d'autres objets.

La loi *hâc consultissimâ* entendait, par cette continuité de l'acte, que, dans le même tems et dans le même jour, sans s'occuper d'aucun autre acte, le testateur et les témoins signassent le testament. Cette continuité, ainsi que nous l'avons dit plus haut, doit s'entendre comme l'entendaient les lois romai-

----

(1) Art. 15.

nes, d'une continuité morale et non d'une continuité physique (1).

C'est la suscription qui rend le testament mystique parfait et solennel (2). Mais s'il était entièrement écrit, daté et signé par le testateur, et qu'il renfermât par conséquent toutes les formalités exigées pour la validité du testament olographe, ne vaudrait-il pas, en cette dernière qualité, au cas où l'on aurait omis quelqu'une des formalités requises pour l'acte de suscription ? Une loi romaine décide qu'un testateur qui a eu l'intention de faire une sorte de testament, n'est pas censé y avoir renoncé, pour y avoir recherché une plus grande solennité que ce testament n'exige (3). Ainsi le testament olographe parfait vaudrait toujours, quand même les formalités du testament mystique, qu'on aurait voulu y ajouter, n'auraient pas été exactement observées. Un testament olographe, revêtu de sa forme, peut bien prendre une nouvelle qualité, mais sans extinction de la première. La date que la loi exige pour le testament mystique, doit se trouver non-seulement dans l'acte de suscription, mais encore dans l'acte intérieur contenant la disposition (4).

---

(1) D'Aguess. tom. 9, lett. 233.
(2) *Ibid.* lett. 333.
(3) *Leg.* 3. *ff. de testam. milit.* Henrys, tom. 1, liv. 5, chap. 1, quest. 3.
(4) Ordonn. de 1735, art. 38.

La loi du 13 floréal dit ensuite que ceux qui ne savent ou ne peuvent lire, ne pourront faire de disposition dans la forme du testament mystique (1).

Cela est encore tiré de l'ordonnance de 1735, qui avait copié la loi *hâc consultissimâ*. Nous avons déjà vu que cette loi, contredisant d'autres textes du même Code, admettait les illettrés à faire un testament mystique. Les commentateurs, entre autres Godefroi, apercevant les inconvéniens d'une telle faculté, avaient interprété les mots de cette loi, *quod si litteras testator ignoret*, dans le sens qu'il ne savait pas écrire, mais qu'il savait du moins lire. Cette distinction était absurde, comme nous l'avons vu précédemment. C'était cependant beaucoup qu'on eût osé s'écarter jusqu'à ce point d'un texte qui paraissait très-précis, dans un tems où cette audace était très-rare.

Mais à mesure qu'on s'est écarté de cette déférence que l'on avait d'abord montrée pour les textes, souvent les plus déraisonnables de la loi romaine, l'on aurait dû supprimer cette distinction de ceux qui savent seulement lire, sans savoir écrire. Des parlemens de droit écrit en avaient donné l'exemple, en ne permettant les testamens mystiques qu'à ceux qui savaient tout-à-la-fois lire et écrire.

L'ordonnance de 1735 n'adopta point cette

______

(1) Art. 268, et Ordonn. de 1735, art. 11.

sage opinion : elle préféra celle fondée sur la loi *hâc consultissimâ,* avec la modification de Godefroi. La loi du 13 floréal, qui a copié en cela l'ordonnance de 1735, a pris le même parti.

On dit même, dans les motifs, que l'usage des testaméns mystiques ou secrets, inconnu dans les pays de coutumes, *était une institution à propager en faveur de ceux qui ne savent pas écrire.*

On ne s'en dissimule cependant pas les inconvéniens. « On doit craindre, ajoute-t-on, » dans ces actes, les substitutions de personnes » ou de pièces; il faut que les formalités soient » telles, que les manœuvres les plus subtiles » soient déjouées; et c'est sur-tout le nombre » des témoins qui peut garantir que tous ne » sauraient entrer dans un complot criminel.»

Mais comme lorsque les témoins sont appelés le testament est clos et cacheté, et que personne ne peut savoir ce qu'il renferme, il s'ensuit que le nombre des témoins, quelque considérable qu'il soit, n'est aucunement propre à déjouer les manœuvres de la cupidité.

Le testateur ne sachant écrire, est obligé de s'en rapporter à autrui pour rédiger ses dispositions; et c'est ce rédacteur dont l'infidélité est à craindre. On suppose que le testateur sachant lire, s'assurera par ce moyen qu'il n'a pas été trompé. Mais celui qui, après avoir appris à lire, n'a pu arriver jusqu'à savoir écrire, n'annonce pas un esprit assez éclairé pour se garantir des manœuvres d'un fripon adroit, de la main duquel il est obligé de se servir. C'est lorsqu'on rédige les dispositions, qu'on les enveloppe et qu'on les cachette, que les manœuvres sont à craindre. Tout est consommé quand on appelle les témoins.

Si le testateur ne sait signer, ou s'il n'a pu le faire lorsqu'il a fait écrire ses dispositions, il sera appelé à l'acte de suscription un témoin, outre le nombre porté par l'article précédent, lequel signera l'acte avec les autres témoins; et il y sera fait mention de la cause pour laquelle ce témoin aura été appelé (1).

Quoi qu'il en soit, il est essentiel de remarquer une différence qui se trouve entre cette disposition et celle de l'article 266, où, lorsque le testament est signé par le testateur, et que, par un empêchement survenu depuis la signature du testament, il ne peut signer l'acte de suscription, on se contente d'ordonner la mention dans l'acte de suscription que le testateur a déclaré ne pouvoir signer, sans qu'il soit nécessaire de faire signer l'acte de suscription par un autre témoin. Mais ici, où il s'agit d'un testament qui n'est ni écrit, ni signé du testateur, on ordonne non-seulement d'appeler un huitième témoin pour signer en la place du

____

(1) Loi du 13 floréal an 11, art. 267.

testateur;

testateur, mais on veut encore qu'il soit fait mention de la cause pour laquelle le témoin aura été appelé.

En cas que le testateur ne puisse parler, mais qu'il puisse écrire, il pourra faire un testament mystique; à la charge que le testament sera entièrement écrit, daté et signé de sa main; qu'il le présentera au notaire et aux témoins, et qu'au haut de l'acte de suscription il écrira, en leur présence, que le papier qu'il présente est son testament : après quoi le notaire écrira l'acte de suscription, dans lequel il sera fait mention que le testateur a écrit ces mots, en présence du notaire et des témoins. On doit au surplus observer les autres formes du testament mystique (1).

Ceci est tiré encore de l'article douzième de l'ordonnance de 1735. Ceux qui n'ont pas l'usage de la parole, soit naturellement, soit accidentellement, ne peuvent faire un testament public; mais s'ils savent écrire, ils peuvent faire un testament mystique.

Le testament du muet doit être écrit, daté et signé de sa main. Il ne pourrait le faire écrire par une main étrangère, comme on en a la faculté pour les autres testamens mystiques. Cela est conforme à la loi romaine, qui ne per-

____

(1) Loi du 13 floréal an 11, art. 259.

Tome III. F

mettait pas, même **au muet**, de tester de cette manière, s'il n'en avait auparavant obtenu la permission du prince (1).

Le testament olographe, entièrement écrit, daté et signé par une personne qui n'aurait pas l'usage de la parole, devrait également être valable, puisqu'il réunirait toutes les formes que la loi exige pour cette espèce de testament.

CHAPITRE IV.

Des testamens militaires.

Lors même que les lois romaines avaient laissé subsister des entraves pour les testamens des simples citoyens, elles avaient donné la plus grande facilité pour ceux des militaires. Ainsi, tandis que les uns ne pouvaient tester que dans une assemblée du peuple, les autres pouvaient le faire lorsqu'ils étaient revêtus de l'habit militaire, et qu'ils étaient armés pour combattre *in procinctu*. On leur laissait la liberté d'exprimer leur volonté de la manière qu'ils trouvaient bon. Si un soldat blessé, dit une loi, marque avec son sang, soit sur son bouclier, soit sur le fourreau de son épée, sa

---

(1) *Leg.* 6. §. 1. *Leg.* 7. *ff. qui testam. facer. poss.* *Leg.* 10. *Cod. eod.*

dernière volonté, ou qu'il la trace sur la poussière avec son épée, au moment où il est prêt à expirer dans un combat, qu'une telle volonté soit exécutée (1).

Ni l'écriture, ni aucun acte public ou privé n'étaient nécessaires pour la validité de ce testament. Il suffisait que le militaire exprimât sa volonté en présence de quelques témoins (2).

On a suivi cette règle dans la plupart des pays de droit écrit jusqu'à l'ordonnance de 1735.

Le testament militaire ne s'introduisit qu'avec peine et bien tard dans les pays coutumiers. Au parlement de Paris, depuis l'ordonnance de Moulins, qui défendait la preuve par témoins pour les sommes au-delà de cent francs, on ne reconnaissait d'autre testament, même militaire, que lorsqu'il était rédigé par écrit (3).

L'ordonnance de 1735, dont la loi du 13 floréal n'a fait que copier les dispositions, donna la première une forme stable et fixe au testament militaire (4).

L'expérience avait prouvé que les militaires eux-mêmes étaient intéressés à ce qu'on établît

---

(1) *Leg.* 15. *Cod. de testam. milit.*
(2) *Instit. de militar. testam.*
(3) Henrys, tom. 1, liv. 5, chap. 4, quest. 37.
(4) Ordonn. de 1735, art. 27 et suiv.

pour leurs testamens des formes telles, qu'il ne
fût pas possible de leur supposer des dispositions qu'ils n'auraient pas faites ; ce qui était
très-aisé quand le testament militaire était livré
au témoignage de deux ou trois personnes, de
la sincérité desquelles on n'était jamais assuré (1).

L'ordonnance voulut donc que le testament
militaire fût rédigé par écrit. De-là, les militaires
peuvent, comme tous les autres, faire un testament olographe, écrit, daté et signé par eux.
S'ils ne savent écrire, ils peuvent tester de la
manière suivante.

Les testamens des militaires et des individus
employés dans les armées pourront, en quelque
pays que ce soit, être reçus par un chef de ba-
taillon ou d'escadron, ou par tout autre officier d'un grade supérieur, en présence de deux
témoins, ou par deux commissaires des guerres,
ou par un de ces commissaires en présence de
deux témoins (2).

Le privilége du testament militaire n'est pas
seulement accordé à ceux qui portent les armes, mais encore à tous ceux qui se trouvent
dans le camp, soit qu'ils rendent quelque service dans l'armée ou non. C'est du moins le
sens que quelques interprètes donnent à la loi

---

(1) *Leg.* 24, *ff. de testam. milit. Instit. ib.* D'Aguess.
tom. 9, lett. 324
(1) Loi du 13 floréal an 11, art. 271.

dernière du digeste, au titre du testament militaire.

D'autres pensaient, au contraire, qu'elle ne devait pas être entendue dans ce sens, et que le privilége du testament militaire ne pouvait être communiqué qu'à ceux qui avaient fonction et emploi dans le camp, pour y rendre service à l'état et favoriser les armes des soldats (1).

L'ordonnance de 1731 se déclara pour cette dernière opinion, et exigea que, pour pouvoir jouir du privilége militaire, on fût, ou attaché à l'armée par quelque emploi, ou employé à la fourniture des vivres ou munitions des troupes, ou du moins que l'on fût au service de quelques officiers en particulier (2).

La loi du 13 floréal parle vaguement des individus employés dans l'armée; elle peut être éclaircie par l'ordonnance, qui s'explique d'une manière plus détaillée.

Tous ceux qui n'ont dans les troupes aucune fonction publique ou particulière, n'ont pas le droit de tester militairement, parce qu'aucun obstacle ne les empêche de se rendre dans un lieu où l'on puisse tester en la forme ordinaire.

---

(1) *Leg. unic. ff. de bonor. posses. ex testam.milit. et Leg.* 20., *ff. de militar. testam.*

(2) Ordonn. de 1735, art. 27, 31. Loi du 13 floréal an 11, art. 231

Au reste, on voit que le privilége du testament militaire n'est pas aujourd'hui fort considérable, puisqu'on y requiert à peu-près les mêmes formalités que dans les testamens par acte public. Toute la différence qu'il y a, c'est que celui-ci doit être reçu par un notaire, tandis que l'autre doit l'être par les officiers ou commissaires de guerre désignés dans la loi.

Si le testateur est malade ou blessé, son testament peut être reçu par l'officier de santé en chef, assisté du commandant militaire chargé de la police de l'hospice.

Ceci est encore pris de l'ordonnance de 1735, avec cette différence, qu'au lieu de l'officier de santé dont il est parlé ici, c'était l'aumônier qui devait recevoir le testament.

Les lois romaines, en établissant le testament militaire, ne permettaient pas aux soldats d'en faire usage dans toutes les circonstances. Il fallait qu'ils fussent en campagne et dans une expédition militaire (2).

Comme on n'y exigeait aucune sorte de formalité, c'était en quelque sorte un acte de nécessité, dont il fallait réduire l'usage au cas précis pour lequel il avait été établi.

Avant l'ordonnance de 1735, les jurisconsultes étaient fort partagés à ce sujet : les uns voulant que les militaires ne pussent tester mi-

______

(1) Loi du 13 floréal an 11, art. 272, et ordon. de 1735, art. 27.

(2) *Leg.* 17. *cod. de testam. militar.*

litairement que lorsqu'ils étaient sur le point de combattre ; d'autres, donnant dans un extrême opposé, prétendaient que les soldats pouvaient user du privilége du testament militaire, indistinctement dans tous les cas et dans toutes les circonstances; d'autres enfin soûtenaient qu'il fallait être dans une expédition ; ce qui est d'ailleurs plus conforme aux lois romaines rappelées ci-dessus.

L'ordonnance de 1735 adopta cette dernière opinion, et la loi du 13 floréal l'a imitée en cela. Elle porte que les dispositions concernant les testamens militaires, n'auront lieu qu'en faveur de ceux qui seront en expédition militaire, ou en quartier, ou en garnison hors du territoire de la République, ou prisonniers chez l'ennemi, sans que ceux qui seront en quartier ou en garnison dans l'intérieur puissent en profiter, à moins qu'ils ne se trouvent dans une place assiégée, ou dans une citadelle et autres lieux, dont les portes soient fermées, et les communications interrompues à cause de la guerre (1).

La loi refuse avec raison à ceux qui sont en garnison dans l'intérieur de la France en tems de paix, le droit de tester militairement. Rien ne les empêche de recourir, en ce cas, aux

____

(1) Ordonn. de 1735, art. 30, et loi du 13 floréal an 11, art. 273.

fonctionnaires chargés par la loi de recevoir les testamens.

Le testament fait dans la forme ci-dessus établie, est nul six mois après que le testateur est revenu dans un lieu, où il a la liberté d'employer les formes ordinaires (1).

Ce sont là les expressions de l'ordonnance de 1735; mais le sens en est bien différent. L'ordonnance ne déclarait nuls, six mois après que le testateur était revenu dans un lieu où il avait la liberté d'employer les formes ordinaires, que les testamens, non pas des militaires, mais des employés à la suite de l'armée. Quant à ceux des militaires, ils avaient leur effet tout le tems qu'ils restaient au service, et quelque longue que leur vie pût être. C'était à peu-près la disposition de la loi romaine, qui n'annullait le testament d'un militaire qu'un an après qu'il avait obtenu son congé (2).

La loi du 13 floréal n'a pas fait de distinction entre les testamens faits par les militaires ou par les employés dans les armées : ils sont tous nuls six mois après que les testateurs sont revenus dans un lieu où ils peuvent employer les formes ordinaires.

---

(1) Loi du 13 floréal an 11 , art. 274. Ordon. de 1735, art. 32.

(2) *Instit. de testam. milit. §. Hactenus.*

CHAPITRE V.

Des testamens en tems de peste.

Le législateur s'occupe à présent des testamens faits dans un lieu avec lequel toute communication est interceptée, à cause de la peste ou de toute autre maladie contagieuse. C'est une matière qui est toute particulière au droit français. On ne trouve qu'un seul texte du droit romain qui en ait parlé, et toute la faveur qu'il accorde aux testamens faits en pareil lieu, est de dispenser les témoins de se trouver tous ensemble réunis, lors de la confection du testament (1). Mais il fallait toujours qu'ils fussent au nombre requis pour les testamens ordinaires.

Le droit canonique, dont Godefroi indique les textes sur la loi que nous venons de citer, introduisit d'autres règles à ce sujet, dans le moyen âge. Il se contenta d'un moindre nombre de témoins que pour les testaméns ordinaires. Mais cette autorité, qui prévalut dans presque tous les pays régis par la loi romaine, ne fut pas suivie par le parlement de Paris, pour la partie de son ressort où cette loi était observée. On crut toujours, dans ce tribunal que, bien loin de se relâcher dans de telles occasions de la rigueur des solennités

____

(1) *Leg.* 8. *cod. de testam.*

ordinaires, on devait au contraire y tenir la main avec d'autant plus de soin, qu'un homme atteint d'une maladie contagieuse était, ou abandonné de tout le monde, ou se trouvait à la merci de deux ou trois personnes, qui pouvaient profiter des terreurs extraordinaires que cause ce fléau, pour lui faire prendre toutes les impressions qu'ils voudraient, soit en leur faveur, soit en faveur d'autres qui les auraient gagnés.

Dans les parlemens de droit écrit, on pensait au contraire que l'état d'abandon où sont ceux qui se trouvent atteints d'une maladie contagieuse, méritait une indulgence particulière, et que ce serait pousser la rigidité jusqu'à la barbarie, que d'exiger d'eux pour leurs testamens les mêmes formalités qui ont lieu dans les tems ordinaires.

Cela supposait que c'est une chose fort nécessaire de faire un testament, qui ne peut jamais être équitable, que quand on a la liberté et la tranquillité d'esprit indispensables pour la validité d'un acte de cette espèce.

La différence des principes qui dirigeaient les anciennes cours de justice se devait faire remarquer sur-tout dans les jugemens qu'elles rendaient sur les questions de cette espèce. Ce fut l'ordonnance de 1735 qui établit la première sur ce point une jurisprudence uniforme.

La loi du 13 floréal n'a fait, à peu de chose

près, qu'en copier les dispositions comme pour les testamens militaires.

Elle dit d'abord que les testamens faits dans un lieu avec lequel toute communication sera interceptée à cause de la peste ou autre maladie contagieuse, pourront être faits devant le juge de paix, ou devant l'un des officiers municipaux de la commune, en présence de deux témoins (1).

Toute la différence qu'il y a entre cette disposition et celle de l'ordonnance, c'est qu'elle admettait les officiers de justice ou ceux de l'administration municipale , et encore les Curés, vicaires et autres desservans pour recevoir les testamens des personnes attaquées d'une maladie contagieuse, tandis que la loi du 13 floréal n'admet que le juge de paix, ou l'un des officiers municipaux, assisté de deux témoins.

La loi ensuite veut que cette disposition ait lieu, tant à l'égard de ceux qui seraient attaqués de ces maladies, que de ceux qui seraient dans les lieux qui en sont infectés, encore qu'ils ne fussent pas actuellement malades (2).

Ceci est encore tiré de l'ordonnance de 1735. Ceux qui résident dans les lieux infectés d'une maladie contagieuse, sont souvent dans

____

Ordonn. de 1735, art. 33 et suiv. Loi du 13 floréal an 11 , art. 275.

(2) *Ibid.* art. 276 , Ordonn. de 1735, art. 36.

une impuissance égale à celle de ceux qui en sont attaqués, pour remplir les formalités prescrites pour les tems ordinaires ; ils doivent donc jouir des mêmes priviléges.

Avant l'ordonnance de 1735, les jurisconsultes étaient d'avis que le testament d'un pestiféré n'avait plus d'effet un an après sa guérison, s'il n'était fait suivant le droit commun ; à l'exemple du testament du militaire, qui perdait toute sa force un an après son congé.

L'ordonnance réduisit ce délai à six mois, à compter, non du jour de la guérison du testateur, qui pourrait être fort antérieure au rétablissement du commerce dans le lieu infecté, mais seulement du jour où ce commerce aurait été rétabli, ou que le testateur eût passé dans un lieu où le commerce n'était pas interdit.

La loi du 13 floréal a encore adopté cette disposition (1).

Si cependant le testament était revêtu des formes exigées dans les testamens ordinaires, il conserverait toute sa force, même après le délai de six mois. La dernière disposition de l'article XXXVII de l'ordonnance, le portait ainsi ; et on ne l'a pas copié, comme le reste, dans la loi du 13 floréal, parce qu'on a sans doute supposé qu'il était inutile de le dire.

____

(1) Ordonn. de 1735, art. 37. Loi du 13 floréal an 11, art. 277.

CHAPITRE VI.

*Des testamens faits sur mer dans le cours
d'un voyage ou en pays étranger.*

On n'avait pas **en** jusques à présent l'idée
de s'occuper des testamens qui seraient faits
sur mer, pendant le cours d'un voyage ;
ainsi la faculté de tester, après avoir été long-
tems resserrée et combattue en France, et y
avoir éprouvé même un instant d'anéantisse-
ment, reçoit par la loi du 13 floréal une extension et une facilité qu'elle n'avait jamais
eues nulle part.

Elle règle donc que les testamens faits sur
mer pendant le cours d'un voyage, pourront
être reçus, savoir, à bord des vaisseaux et
autres bâtimens de l'Etat, par l'officier commandant le bâtiment, ou, à son défaut, par
celui qui le supplée dans l'ordre du service,
l'un ou l'autre conjointement avec l'officier
d'administration, ou avec celui qui en remplit les fonctions ;

Et à bord des bâtimens de commerce,
par l'écrivain du navire ou celui qui en fait
les fonctions, l'un ou l'autre conjointement
avec le capitaine, le maître ou le patron,
ou, à leur défaut, par ceux qui les rempla-
cent.

Dans tous les cas, ces testamens devront

être reçus en présence de deux témoins (1).

Les passagers, comme tous ceux qui sont employés dans le vaisseau, peuvent tester de la manière qui est réglée ici. La loi n'excepte personne (2).

Après avoir désigné les personnes par qui seront reçus les testamens de ceux qui sont employés en sous-ordre dans un vaisseau, ou de ceux qui y sont passagers, la loi détermine la forme dont se feront les testamens de ceux qu'on préposait pour recevoir ceux des autres. Les formalités sont les mêmes; il n'y a que les personnes de différentes.

Ainsi sur les bâtimens de l'État, le testament du capitaine, ou celui de l'officier de l'administration; et, sur les bâtimens de commerce, celui du capitaine, du maître ou patron, ou celui de l'écrivain, pourront être reçus par ceux qui viennent après eux dans l'ordre du service (3).

Dans tous les cas, il sera fait un double original des testamens dont on vient de parler (4).

Il semble que cette formalité, n'étant qu'une simple précaution pour assurer l'existence du testament et en prévenir la perte, ne devrait

----

(1) Loi du 13 floréal an 11, art. 278.
(2) *Ibid.* art. 285.
(3) *Ibid.* art. 279.
(1) *Ibid.* art. 280.

pas être exigée, à peine de nullité. Cependant la loi semble prononcer la nullité pour cette omission, comme pour les autres, ainsi que nous le verrons tout à l'heure.

Comment pouvoir faire dépendre la validité d'un testament d'une forme, que ni le testateur ni l'héritier ne sont les maîtres de remplir ?

La loi veut ensuite que si le bâtiment aborde dans un port étranger, dans lequel se trouve un commissaire des relations commerciales de France, ceux qui ont reçu le testament soient tenus de déposer l'un des originaux, clos et cacheté, entre les mains de ce commissaire, qui le fera parvenir au ministre de la marine, et celui-ci en fera faire le dépôt au greffe de la justice de paix du lieu du domicile du testateur (1).

C'est encore ici une simple précaution, et non une formalité, dont l'omission puisse annuller le testament.

Au retour du bâtiment en France, soit dans le port de l'armement, soit dans un port autre que celui de l'armement, les deux originaux du testament, également clos et cachetés, ou l'original qui resterait, si, conformément aux dispositions précédentes, l'autre avait été déposé pendant le cours d'un voyage,

-----

(1) Loi du 13 floréal an 11, art. 281.

seront remis au bureau du préposé de l'inscription maritime ; ce préposé les fera passer sans délai au ministre de la marine, qui en ordonnera le dépôt (1).

Il sera fait mention sur le rôle du bâtiment, à la marge du nom du testateur, de la remise qui aura été faite des originaux du testament, soit entre les mains d'un commissaire des relations commerciales, soit au bureau d'un préposé de l'inscription maritime (2).

Pour que le testament soit réputé fait en mer, il faut qu'il l'ait été pendant le cours du voyage ; car s'il avait été rédigé après que le navire aurait abordé une terre soit étrangère, soit de la domination française où il y auroit un officier public français, il ne serait valable qu'autant qu'il aurait été dressé suivant les formes prescrites en France, ou suivant celles usitées dans le pays où il aurait été fait (3).

Cela suppose qu'un navire abordera toujours dans des pays civilisés, où l'usage des testamens soit pratiqué, et où l'on suive des formes analogues aux nôtres. Or, les pays que nos bâtimens fréquentent ne sont guère de cette classe. Il s'élevera des difficultés, non-seulement pour savoir si l'on fait

----

(1) Loi du 13 floréal an 11, art. 282.
(2) *Ibid*, art. 283.
(3) *Ibid.* art. 284.

des

des testamens dans les pays où l'on a abordé, mais encore pour constater les formes que l'on y suit. Cela ne sera pas toujours aisé pour les pays situés hors du continent européen.

Les dispositions dont on vient de parler, sont communes aux testamens faits par les simples passagers qui ne feront point partie de l'équipage (1).

De même que les testamens militaires ou ceux faits en tems de peste deviennent nuls, dans un certain délai, après que le motif qui les a occasionnés a cessé; ainsi, les testamens faits dans un voyage maritime perdent toute leur force quand le testateur n'est point décédé pendant le voyage, ou pendant les trois mois depuis qu'il sera descendu à terre (2).

Le délai qu'on donne en ce cas, est de moitié moins long que celui qui est accordé dans les deux autres.

La loi établit une incapacité de la part des officiers du vaisseau pour les dispositions qui seraient faites en leur faveur, dans les testamens faits à bord des bâtimens. Ils ne peuvent les recevoir, s'ils ne sont parens du testateur. On craint l'influence que leur place leur donnerait nécessairement, dans une position pareille.

---

(1) Loi du 13 floréal an 11, art. 285.
(2) Le même, art. 286.

Tome III. G

Ces testamens doivent en outre être signés par les testateurs, et par ceux qui les auront reçus.

Si le testateur déclare qu'il ne sait ou ne peut signer, il sera fait mention de sa déclaration, ainsi que de la cause qui l'empêche de signer.

Dans les cas où la présence de deux témoins est requise, le testament sera signé au moins par l'un d'eux, et il sera fait mention de la cause pour laquelle l'autre n'aura pas signé (1).

Ces dernières dispositions concernent, non-seulement les testamens faits sur mer, mais encore les testamens militaires, et ceux faits dans les lieux infectés d'une maladie contagieuse ; à l'exception des personnes préposées pour les recevoir, ils sont assimilés sur tout le reste.

Un Français se trouvant en pays étranger, et voulant faire un testament, a deux moyens pour cela ; il peut, ou tester en forme olographe, ou par acte authentique, avec les formes usitées dans le lieu où il fait son testament (2).

Cette disposition termine beaucoup de discussions qu'il y avait eues dans l'ancienne jurisprudence, pour savoir quelle force devait

____

(1) Loi du 13 floréal an 11, art. 287.
(2) *Ibid.* art. 288.

avoir en France , non-seulement les testamens, mais encore les autres actes passés en
pays étranger.

La plupart ne voulaient les regarder
que comme de simples actes sous seing-
privé, qui ne pouvaient donner aucun droit,
qu'après avoir été enregistrés ou reconnus en
justice.

Il peut s'élever encore des doutes sur la nature et l'étendue des formalités requises en pays
étranger pour les testamens ; et il est tel pays
où il ne serait pas aisé de s'en assurer. Les
testamens faits en pays étranger doivent être
légalisés par les agens diplomatiques français
ou ceux des relations commerciales, quand
il y en a.

Les testamens faits en pays étranger ne
pourront être exécutés sur les biens situés en
France, qu'après avoir été enregistrés au bureau du domicile du testateur, s'il en a conservé un, sinon au bureau de son dernier
domicile connu en France ; et dans le cas où
le testament contiendrait des dispositions d'immeubles qui y seraient situés, il devra être en
outre enregistré au bureau de la situation de
ces immeubles, sans qu'il puisse être exigé un
double droit (1).

C'était une formalité requise autrefois
pour les actes en général passés en pays étran-

____

(1) Loi du 13 floréal an 11 , art. 289.

gers. Elle est encore plus nécessaire pour les testamens.

Les formalités auxquelles les divers testamens sont assujettis par les diverses dispositions qu'on vient de rapporter, doivent être observées à peine de nullité.

Le Code civil, par une disposition générale, prononce la nullité pour l'omission de toutes les formalités exigées dans les testamens, soit militaires, soit faits en tems de peste ou sur mer (1) ; mais cela ne doit, ce semble, s'entendre que des formalités intrinsèques et inhérentes à l'acte, et non des formalités extérieures, ainsi que nous l'avons remarqué ci-dessus, et qu'il n'est pas toujours possible d'observer, soit par celui qui fait le testament, soit par celui qui le reçoit.

CHAPITRE. VII.

Des codicilles et des donations à cause de mort.

Quoiqu'il ne soit pas question dans nos lois nouvelles des codicilles et des donations à cause de mort, et que ces deux actes de dernière volonté se trouvent aujourd'hui confondus avec les testamens, il était nécessaire d'en parler,

______

(1) Loi du 13 floréal an 11, art. 290.

soit pour completter ce que nous avions à dire au sujet des actes de dernière volonté, et pour suivre les progrès du droit sur cette matière, soit parce que quelques-unes des règles des codicilles ont été conservées pour les testamens actuels.

Le codicille et la donation à cause de mort prenaient leur origine du droit romain ; le *codicile*, comme le mot même l'indique en latin, était au commencement une simple lettre que celui qui avait fait un testament adressait à l'héritier institué, et par laquelle il le priait d'exécuter les dispositions qu'elle contenait (1). Ces prières ne furent pas d'abord obligatoires ; elles le devinrent dans la suite, de sorte que les codicilles étaient une manière de disposer par acte de dernière volonté, moins solennelle qu'un testament. Il n'y fallait pas tant de formalités ; cinq témoins y suffisaient. Mais on ne pouvait faire que des legs par un codicille ; et on ne pouvait y instituer des héritiers. Les codicilles du droit romain étaient les testamens du droit coutumier (2).

On faisait des codicilles à la suite d'un testament, ou bien *ab intestat*. Dans le premier cas, la prière ou les dispositions contenues dans le codicille, devaient s'exécuter par l'héritier

____

(1) *Heinecc. parat. ff. de jur. codic.*

(2) *Institut. tit. de codic. et Gotofr. ad titul. ff. de jur. codic.*

institué; dans le second , par les hérétiers de droit.

Les codicilles faits à la suite d'un testament en étaient le correctif et le supplément ; ils en suivaient le sort. Les codicilles *ab intestat* subsistaient par eux-mêmes et tenaient lieu de testament, jusques à un certain point. On pouvait faire plusieurs codicilles, qui ne se détruisaient pas l'un et l'autre, comme les testamens, quand ils n'avaient rien de contraire. En cas de contrariété, les derniers corrigeaient les premiers (1).

Dans beaucoup de testamens on insérait la clause que s'ils ne valaient comme testament, ils vaudraient comme codicille; c'était ce qu'on appelait la clause codicillaire : elle avait un tel effet , que si le testament était nul par défaut de formalités , pourvu qu'on y eût observé celles requises pour le codicille, il était réputé codicille, et les héritiers du sang appelés à recueillir la succession, devaient la rendre à celui qui avait été institué dans le testament (2).

La donation à cause de mort était aussi, comme le codicille, un acte de dernière volonté, moins solennel que le testament; on ne pou

---

(1) *Leg.* 5. *ff. ibid.*
(2) *Leg.* 41. §. 3. *ff. de vulg. et pupill. substit. Leg.* 3. *ff. de testam. milit. Leg.* 3. §. 1. *ff. qui testam. facer. poss.* Ordonn. de 1735 , art. 57. D'Aguess. plaid. 37.

vait, par donation à cause de mort, instituer un héritier ou un successeur qui recueillît tous les droits du donateur (1).

La seule différence qu'il y avait entre la donation à cause de mort et le codicille, c'est que celui-ci était l'ouvrage d'un seul, tandis que dans la donation à cause de mort, il fallait le concours d'un donataire qui acceptât.

Ces deux actes étaient également révocables de leur nature. L'ordonnance de 1735 les confondit, en quelque sorte, en annullant toutes les donations à cause de mort, qui ne seraient pas faites dans les formes des testamens ou des codicilles. Depuis lors, on ne put disposer en France que dans l'une ou l'autre de ces formes (2).

La loi du 17 nivôse an 2, anéantit les testamens, et ne les laissa subsister qu'entre les époux sans enfans.

Il n'y eut plus qu'eux qui eussent le droit de s'instituer héritiers; ce qui est le propre du testament. Dans tous les autres cas, il n'y avait d'héritiers que ceux qui l'étaient de droit.

Les actes par lesquels on donnait la faible portion de biens, dont la loi permettait de disposer, n'étaient que des codicilles.

Il n'y eut depuis lors en France que des codicilles, jusques à la loi du 4 germinal an 8,

---

(1) *Titul. ff. de donat. caus. mort.*
(2) Ordonn. de 1735, art. 3.

G 4

qui permit en certain cas de faire des testamens et d'instituer des héritiers. Celle du 13 floréal a donné encore une plus grande étendue au droit de tester. Mais il n'y a plus de codicilles proprement dits ; toutes les dispositions de dernière volonté doivent être faites dans les formes prescrites pour les testamens, soit qu'elles comprennent la totalité des biens du testateur, ou seulement une partie.

La différence de ces actes ne vient plus aujourd'hui de leur forme extérieure ou des termes qu'on y emploie et des noms qu'on leur donne, mais seulement de l'intention du testateur, qui a voulu disposer de tous ses biens ou seulement d'un partie, comme on le verra dans le livre suivant.

CHAPITRE VIII.

Des témoins dans les testamens et de leurs qualités.

L'assistance des témoins est une des formes les plus importantes des actes de dernière volonté. Nous avons vu que, chez les Romains, les testamens se faisaient d'abord dans les assemblées du peuple ; et comme on ne les rédigeait pas par écrit, c'était le moyen le plus propre à leur donner de la publicité. Par un semblable motif, dans le moyen âge, on faisait tous les actes, ou à la porte des églises, ou en jugement. Quand les actes devinrent plus fréquens, on y appela un certain nombre de personnes pour en être témoins, et remplacer en quelque sorte tout le peuple, qui ne s'assemblait pas aussi souvent que l'exigeait la commodité des affaires.

Lorsqu'on eut commencé à rédiger les actes par écrit, on ne laissa pas que d'y appeler encore des témoins, soit par l'effet des anciennes habitudes, soit pour donner à l'acte écrit une plus grande authenticité.

Jusqu'à la loi du 13 floréal, la loi n'était point uniforme en France sur le nombre de témoins requis dans un testament.

On mettait tant d'importance à l'assistance des témoins, qu'il fallait, suivant la loi romaine, qu'ils eussent été convoqués pour cela, et non qu'ils se fussent présentés volontairement. Il devait en être fait mention expresse. Le témoignage de gens pris au hasard, ou qu'on aurait retenus malgré eux, n'aurait pas été valable. C'est l'ordonnance de 1735, qui statua la première, qu'il suffirait que les témoins qui assisteraient au testament nuncupatif écrit, y fussent présens tous ensemble, sans qu'il fût nécessaire de faire mention qu'ils avaient été priés et convoqués à cet effet (2).

------

(1) *Leg.* 20. §. *ultim. Leg.* 21. §. 2. *ff. qui testam. facer. poss.*
(2) Art. 6.

Il faut que les témoins soient présens tous ensemble tant que dure le testament. Ils ne peuvent se retirer que quand il est entièrement terminé (1). Ils doivent en outre le signer avec le testateur (2).

L'ordonnance de 1735 prononçait des peines très-sévères contre les notaires ou les témoins qui auraient signé des testamens sans avoir vu le testateur et lui avoir entendu prononcer ses dispositions (3).

Quant à la nécessité de la signature, la loi établit une exception pour les lieux où il n'est pas toujours possible de trouver des témoins qui sachent signer. Ainsi dans les testamens faits sur mer, comme nous l'avons déjà dit, lorsque la présence de deux témoins est requise, il suffit que l'un d'eux signe (4). La loi porte encore que dans les campagnes, il suffira qu'un des deux témoins signe, si le testament est reçu par deux notaires, et que deux des quatre témoins signent, s'il est reçu par un notaire (5).

Le mot *campagne*, que la loi a employé, est bien vague. Sont-ce des villages ou seulement des hameaux ou même des campagnes isolées, qu'on a entendu par là ? Si ce sont des villages, comment les distinguera-t-on des

---

(1) *Leg.* 20 , §. 8, *ff. qui testam. fac. poss.*
(2) Loi du 13 floréal an 11 , art. 264.
(3) Art. 48.
(4) Loi du 13 floréal an 11 , art. 207.
(5) *Ibid.* art. 264. *Leg. ultim. cod. de testament.*

bourgs ? Combien faudra-t-il d'habitations pour constituer un village, et le distinguer du hameau ?

La signification en est toute relative, et ne peut par conséquent jamais être bien déterminée. Versailles est campagne à l'égard de Paris ; Corbeil à l'égard de Versailles, et ainsi desuite. Les anciennes ordonnances, qui avaient établi la même exception, s'étaient exprimées d'une manière plus positive. L'ordonnance de Blois n'exigeait la signature de tous les témoins que pour les villes et gros bourgs (1) ; celle de 1735, que pour les villes, ou bourgs fermés (2), ce qui était à-peu-près la même chose.

Dans le cas même où la signature de tous les témoins n'était exigée que pour les villes et gros bourgs, il s'élevait souvent des doutes pour savoir si leurs faubourgs ou habitations adhérentes, mais placées hors de l'enceinte commune, étaient comprises dans l'exception ou dans la règle.

L'article du Code, qui contient l'exception dont nous venons de parler, se trouvant à la suite des dispositions concernant les testamens par acte public, semble en borner l'application aux testamens de cette espèce, et l'exclure de l'acte de suscription des testamens mystiques. Elle serait cependant plus nécessaire dans ces

____

(1) Art. 166.
(2) Art. 44.

derniers, où le nombre des témoins est beaucoup plus considérable et leur présence moins
importante. Dans l'ordonnance de 1735, l'exception s'applique à tous les testamens où le
concours des témoins est nécessaire. Elle avait
ôté toute équivoque à cet égard, en plaçant ce qui
regarde la capacité des témoins, à la suite de ce
qui concernait les formes de tous les testamens.

Les témoins n'étant appelés au testament
que pour y donner plus d'authencité, et pour
assurer, par leur présence, la liberté du testateur et celle de ses dispositions, il est bien
évident que leur qualité doit être telle, qu'elle
exclue de leur part tout soupçon de partialité ou de suggestion. Les législateurs Romains
n'avaient pas négligé cette précaution. Il fallait, suivant eux, pour pouvoir servir de témoin dans un testament, être au moins majeur,
citoyen romain, et avoir la jouissance de tous
les droits civils ; les femmes ne pouvaient l'être
ainsi que les furieux, excepté dans les intervalles lucides. Il n'était pas permis aussi d'être
témoin dans un testament à celui qui y était
institué héritier. On le permettait aux légataires
et aux fidéi-commissaires (1). C'était la règle
que l'on suivait en France dans les pays de
droit écrit, et même dans les pays coutumiers,
à quelques différences près.

______

(1) *Leg.* 20. *ff. qui testam. facer. poss. Institut. de*
testam. ordinand.

Dans les coutumes qui ne prohibaient pas aux femmes le droit d'être témoin dans un testament, elles pouvaient y être admises (1). L'ordonnance de 1735 les exclut expressément, mais elle laissa subsister la différence, quant à l'âge des témoins, qui existait entre les pays coutumiers (2).

Le Code civil a établi l'uniformité sur ce point comme sur tout le reste. Mais la manière dont les dispositions à ce sujet sont classées, y jette quelque incertitude.

Dans un endroit il dit, en règle générale, que les témoins appelés pour être présens au testament devront être mâles, majeurs, républicoles, jouissant des droits civils (3). Quoique l'article qui contient cette disposition soit placé à la suite de celles qui concernent le testament mystique, il est bien clair que ce sont là des qualités requises pour tous les témoins appelés dans quelque testament que ce soit.

Il suit de là que, pour être témoin dans un testament, il suffit d'avoir la jouissance des droits civils, et qu'il n'est pas nécessaire d'avoir la qualité de citoyen français.

Ainsi, l'étranger qui aurait obtenu du Gouvernement la permission de s'établir en France, et qui aurait acquis par là la jouissance des

---

(1) Ricard, des donat. part. 1, chap. 5, sect. 8.
(2) Art. 45 et suiv.
(3) Loi du 13 floréal an 11, art. 270.

des droits civils, pourrait être témoin, quoiqu'il n'eût point encore acquis la qualité de citoyen français.

Un homme condamné à une peine emportant la mort civile ne pourrait être témoin (1). La loi exclut en outre, de la faculté de servir de témoin dans un testament par acte public, les légataires, à quelque titre qu'ils soient, et leurs parens ou alliés jusqu'au quatrième degré exclusivement, et les clercs des notaires par lesquels les actes seront reçus.

Toutes ces règles sont tirées en grande partie des anciennes ordonnances ou des coutumes.

L'ordonnance de 1735, outre les clercs des notaires, excluait encore leurs serviteurs ou domestiques (2); la coutume de Paris excluait les légataires (3).

Le Code civil ne veut pas qu'on prenne pour témoins du testament par acte public, ni les légataires à quelque titre qu'ils soient, ni leurs parens ou alliés jusqu'au quatrième degré inclusivement, ni les clercs des notaires par lesquels les actes seront reçus (4).

Mais ces dispositions ne semblent concerner que les testamens par acte public, et ne peuvent s'appliquer, au moins en entier, aux testamens mystiques.

---

(1) Loi du 17 ventôse an 11, art. 25.
(2) Art. 42.
(3) Art. 289.
(4) Loi du 13 floréal an 11, art. 265.

La nature de ces derniers testamens étant d'être secrets, on excluait bien autrefois les héritiers institués ou substitués, de la faculté de servir de témoins dans l'acte de suscription; mais les légataires, qu'on ne pouvait pas toujours ni connaître ni soupçonner, y étaient admis (1).

Cette distinction existera-t-elle aujourd'hui? c'est ce qu'il n'est pas facile de dire.

Les jurisconsultes Romains avaient agité la question de savoir si le témoin devait entendre le langage du testateur : ils décidèrent que cela n'était pas nécessaire, et les glossateurs prétendent qu'il suffit qu'ils puissent s'assurer de ses intentions par signe ou autrement (2).

Ce cas là pourrait se présenter parmi nous, depuis sur-tout qu'on a réuni à la France tant de pays dont le langage est si différent du sien.

____

(1) Ordonn. de 1735, art. 43.
(2) *Leg.* 20. §. 9. *ff. qui testam. facer. poss.*

LIVRE XVIII.

DE L'INSTITUTION DES HÉRITIERS ET DES LÉGATAIRES.

CHAPITRE I.

*Des diverses espèces d'héritiers et de léga-
taires, et de la manière de les instituer
dans le Droit ancien.*

LE mot héritier signifiait maître dans sa
véritable acception (1); ainsi faire ou instituer
un héritier, c'était désigner celui qui, après
nous, serait le propriétaire et le maître de nos
biens. Le domaine qui passait à l'héritier comprenait l'universalité des biens de celui à qui
il succédait.

Le terme de légataire avait une origine différente. Dans son vrai sens il signifiait faire une
loi, disposer de quelque chose (2); léguer une
chose, c'était en disposer en vertu du pouvoir que la loi en donnoit. Le légataire était

---

(1) *Leg.* 1. *ff. de success. edict. §. ultim. Instit. de
hæred. qualit. et different.*
(2) *Dare, legare. Leg.* 120. *ff. de vent. signif.*

celui

celui en faveur duquel la disposition avait été faite.

L'héritier différait du légataire en ce que l'un succédait à l'universalité des biens du défunt ; tandis que les droits de l'autre étaient bornés à la chose particulière qui lui était léguée.

Il y avait d'ailleurs des héritiers dans les successions *ab intestat* et dans les testamentaires. La loi les faisait dans les unes par sa seule volonté, et dans les autres par l'intermédiaire de la volonté du testateur.

Il n'y avait au contraire de légataire qu'en vertu d'un testament. Il ne pouvait y en avoir dans les successions *ab intestat*, dont la transmission était réglée d'avance par la seule autorité de la loi. De plus le droit romain qui avait donné au père une puissance si absolue sur ses enfans, qu'il pouvait les vendre, les faire mourir, lui laissait à plus forte raison celui de les abdiquer en quelque sorte de sa famille et de les priver de ses biens sans aucun motif.

Dans la suite des tems, on permit aux enfans qui avaient été prétérits, c'est à-dire, oubliés dans le testament de leur père, et à ceux qui avaient été injustement déshérités, ou à qui le père avait laissé moins que la légitime, de se pourvoir contre le testament du père, par une action qu'on appelait plainte ou querelle d'inofficiosité, comme si le testateur ne s'était pas acquitté du devoir de père (1).

Justinien fit par ses lois de grandes corrections à l'ancien droit ; il ne voulut plus que le testament fût déclaré nul, lorsque le père n'avait pas laissé la légitime entière à l'enfant institué ; mais il réserva à cet enfant une action en supplément de légitime, qui lui conservait son droit, sans donner atteinte au testament du père (2).

Ensuite il ordonna, que lorsqu'il y aurait une exhérédation injuste, tout le testament ne serait point cassé : l'institution deviendrait seule nulle ; mais à l'égard des legs et des fidei-commis, même universels, ils demeuraient valables (3).

Il ajouta encore deux choses à l'ancien droit. Par la première, il ordonna que la légitime serait laissée aux enfans, franche, quitte et exempte de toutes charges, sans terme et sans condition, lesquelles seraient rejetées du testament, comme si elles n'y étaient pas écrites (4).

Par la seconde, il régla les justes causes qui peuvent rendre une exhérédation légitime, lesquelles étaient autrefois arbitraires ; il voulut que le père qui déshéritait son fils en exprimât

---

(1) *Instit. Digest. et Cod. titul. de inoffic. testam.*
(2) *Leg. 3. Cod. de inoffic. testam.*
(3) *Authentic. ex causa. Cod. de liber. præterit.*
(4) *Leg. 32. Cod. eod.*

la cause dans son testament, et que cette cause
fût prouvée par l'héritier institué (1).

Les causes pour lesquelles on pouvait déshériter ses enfans étaient au nombre de quatorze.

1. Lorsque les enfans avaient battu leur
père ou leur mère. 2. Lorsqu'ils leur avaient
fait quelqu'injure atroce. 3. S'ils les avaient
accusés de quelque crime, qui n'était pas contre
la personne du prince, ou contre l'État. 4. S'ils
avaient eu société avec des gens qui com-
mettent des maléfices, pour en commettre avec
eux. 5. S'ils avaient eu commerce de débauche
avec la femme ou la concubine de leur père.
7. S'ils avaient fait des dénonciations contre
leur père, dans quelque affaire qui lui eût
porté un grand préjudice. 8. S'ils avaient laissé
emprisonner leur père, faute de le vouloir
cautionner. 9. S'ils avaient empêché par des
voies de fait leur père de faire un testament,
et qu'ensuite il l'eût pu faire, il avait droit
d'exhéréder ses enfans; et si le père était mort
sans pouvoir tester, ils devaient être punis des
mêmes peines que ceux qui empêchaient un
homme de tester. Ces peines étaient d'être privés
de tout le profit qu'ils auraient pu tirer de sa
succession (2). 10. Si les enfans s'étaient faits
gladiateurs, ou comédiens sans le consentement

---

(1) *Novell.* 115.
(2) *Tot. titul. ff. si quis aliq. testar. prohib.*

de leur père, à moins qu'il ne fût de la même profession. 11. Si le père, ayant voulu marier sa fille, et lui donner une dot suivant ses facultés, elle avait mieux aimé mener une vie scandaleuse; mais si le père avait négligé de la marier jusques à vingt ans, et qu'après cet âge elle ne vécût pas dans l'ordre, ou qu'elle se mariât sans son consentement, pourvu que ce fût à un homme libre, il ne pouvait plus la déshériter.

Nos ordonnances avaient changé et ajouté quelque chose à cette cause d'exhérédation. Elles portaient que les pères et les mères pourraient déshériter leurs enfans qui se marieraient sans leur consentement, à moins que les fils excédant l'âge de 30 ans, ou les filles celui de 25, ne se fussent mis en devoir de requérir l'avis et conseil de leurs pères et mères, comme nous l'avons vu plus haut.

La douzième cause d'exhérédation était, lorsque les pères ou les mères étant tombés en fureur ou démence, les enfans négligeaient d'en avoir soin; s'ils revenaient en santé, ils les pouvaient déshériter; et en ce cas, si un étranger en prenait soin, après en avoir fait des sommations aux enfans, la succession lui était adjugée, et ils en étaient déclarés indignes, quand même le père ou la mère les auraient institués avant leur maladie. 13. Si les enfans négligaient de racheter leur père ou leur mère, lorsqu'ils étaient en captivité. 14. Lorsque le père était catholique, et que ses enfans se faisaient hérétiques, il les pouvait déshériter.

Les enfans qui décédaient sans enfans, et qui laissaient un père, ou une mère, ou à leur défaut d'autres ascendans, étaient pareillement obligés, pour la validité de leur testament, de les instituer héritiers, et ils ne pouvaient les déshériter que pour huit causes. 1. Si le père ou la mère les avaient accusés d'un crime capital, autre toutefois que celui de lèze-majesté. 2. S'ils avaient attenté à leur vie par le poison ou autrement. 3. Si le père avait eu un commerce de débauche avec la femme, ou la concubine de son fils. 4. Si le père ou la mère avaient voulu empêcher les enfans de tester. 5. Si leur père ou leur mère avaient attenté à la vie l'un de l'autre. 6. S'ils n'avaient pas eu soin de leurs enfans en fureur. 7. Sils avaient négligé de les racheter étant en captivité. 8. S'ils étaient hérétiques, et les enfans catholiques (1).

Les frères et les sœurs pouvaient aussi mutuellement faire casser le testament les uns des autres en un cas seulement; savoir, quand l'un d'eux, au préjudice des autres, avait institué une personne infâme et de mauvaise vie (2).

Il y avait en outre une espèce d'exhérédation officieuse, par laquelle un père qui avait le mal-

____

(1) *Novell.* 15, *cap.* 4.
(2) *Instit. de inoffic, testam.* §. 1.

heur d'avoir un fils prodigue, et qui voyait que ses biens seraient dissipés, s'il lui en laissait la libre disposition, pouvait déshériter son fils en faveur de ses petits-enfans ; et pourvu qu'il lui laissât des alimens, on croyait qu'il avait satisfait à tout ce qu'exigeaient de lui et la voix de la nature et la prévoyance paternelle (1).

Ces causes d'exhérédation admises dans notre droit ancien, ne sont plus reçues dans le droit actuel. Ceux qui sont appelés à une succession ou par l'autorité de la loi ou par la volonté de l'homme, ne peuvent en être privés que pour une des causes d'indignité, dont nous avons parlé plus haut.

CHAPITRE II.

Des héritiers ou légataires actuels, et de leur différence.

L'institution d'héritier était la base du testament dans le droit romain. Il n'y avait pas de testament sans un héritier qui succédait à tous les biens et à tous les droits du défunt, et qui en tenait, en quelque sorte, la place (2). L'institution devenant caduque, tout croulait avec

---

(1) *Leg.* 16. §. 2. *ff. de curator. furios.* D'Aguess, plaid. 4.

(2) *Instit. de legat.* §. 39. *Leg.* 1. §. 3. *ff. de hæred. inst.*

elle. L'institution d'héritier, dit d'Aguesseau, n'est ni une simple expression ni une simple formalité : elle appartient à l'essence du testament ; ce qui en fait, en un sens, toute la substance (1).

Les testamens étant, en quelque sorte, comme nous l'avons dit plus haut, des actes de la puissance législative, puisqu'on ne pouvait les faire que dans les assemblées du peuple, ils devaient, comme les lois, être faits en termes directs et impératifs (2).

Justinien permit de se servir des termes qu'on voudrait, pourvu qu'il y eût institution d'héritier (3).

L'effet de l'institution était tel, qu'elle comprenait tous les biens, quand même le testament n'aurait fait mention que d'une partie. Un homme, disait-on, ne pouvait mourir partie *testat*, partie *ab intestat* (4).

L'héritier institué, quoique non parent du testateur, entrait de plein droit dans la jouissance de la succession ; il n'était obligé d'en demander la délivrance à personne.

Les principes du droit coutumier, à cet égard, étaient bien différens. L'usage des testamens n'y étant pas connu dans le principe, il

----

(1) *Tom.* 9. *lett.* 318.
(2) *Ulpian. fragm. tit.* 24. §. 1.
(3) *Leg.* 15. *Cod. de testam.*
(4) *Leg.* 7. *ff. de regul. jur.*

H 4

ne pouvait y avoir d'institution d'héritier. On croyait même que le pouvoir de faire un héritier était au-dessus de celui des hommes, et qu'il n'appartenait qu'à Dieu seul. Les parens les plus proches, ou appelés par la loi à la succession du défunt, en étaient toujours saisis de plein droit. Aussi, quand l'usage des testamens s'y introduisit pour les meubles, les acquêts, et même une partie des propres, il n'y eut point d'institution d'héritiers. Les plus proches étaient toujours saisis de la succession; celui à qui le défunt avait légué les meubles, acquêts, etc., n'était qu'un légataire, c'est-à-dire, un successeur à titre particulier. Il ne pouvait se mettre de lui-même en possession des effets légués; il était obligé d'en demander la délivrance aux héritiers du sang, qui en étaient saisis par l'effet de la loi (1).

Telle était donc la différence des pays régis par la loi romaine, et ceux soumis à la loi coutumière, que dans les premiers, le testateur transférait, sans intermédiaire, l'universalité de ses biens à son héritier institué, tandis que dans l'autre, le testateur qui avait même la disposition de la totalité de ses biens, ne pouvait la transférer à celui qu'il voulait en gratifier, que par l'intermédiaire des héritiers du sang.

Celui même qui avait des enfans en pays de droit écrit, pouvait faire un héritier étranger;

---

(1) *Loisel.* instit. Coutum. Liv. **II.** tit. 4 art, 5 et suiv.

il ne devait à ses enfans que la légitime. A la vérité, il était obligé de la leur laisser à titre d'institution; c'est-à-dire, qu'il était obligé de les nommer dans son testament, et de les instituer ses héritiers dans la portion de ses biens qu'il leur laissait.

Mais quelque modique que fût la portion que laissait un père à ses enfans, le testament était valable, pourvu qu'ils y fussent institués héritiers. Ils avaient alors la ressource de demander le supplément de leur légitime, si elle n'était pas complète. On peut voir à ce sujet l'ordonnance de 1735, qui n'avait fait que conserver en cela les règles établies (1).

On était tenu au même devoir à l'égard des ascendans. Si celui qui avait des enfans ou descendans, pouvait instituer pour le surplus un héritier étranger, à plus forte raison celui qui n'en avait pas. Il disposait à son gré de ses biens au préjudice de ses parens, sauf la légitime de ceux-ci.

Dans les pays coutumiers, au contraire, les enfans étaient toujours les héritiers de droit de leurs parens; s'il y avait dans la succession de ceux-ci des biens de nature à pouvoir en disposer, la légitime restait aux enfans, à titre d'héritier; et si des étrangers étaient appelés pour recueillir le restant, ils ne le prenaient

---

(1) Art. 50 et suiv.

qu'à titre de légataires. Ils devaient en demander la délivrance aux héritiers de droit.

La même chose avait lieu en collatérale,
avec cette différence, que les collatéraux n'a-
vaient pas de légitime à prétendre; de manière
que si la succession était toute en meubles et en
acquêts, le testateur, au moins dans certaines
coutumes, telle que celle de Paris, pouvait en
disposer en faveur de qui il voulait; mais celui qu'il choisissait n'était point l'héritier de la
loi romaine, le représentant, le successeur du
défunt dans tous ses droits, mais seulement un
légataire universel, qui ne pouvait entrer en
possession qu'après avoir demandé la délivrance aux héritiers. Ce n'était la plupart du
tems qu'une formalité, mais qui faisait reconnaître l'esprit de la législation, d'où elle
dérivait.

La loi du 17 nivôse an 2, adopta en entier
les principes du droit coutumier, et les rétablit
dans toute leur vigueur, en ne reconnaissant
d'autre héritier en collatérale, comme en ligne
directe, que les parens qu'elle appelait à succéder. Il n'y eut d'exception que pour les testamens entre époux sans enfans, qui pouvaient
se donner l'universalité de leurs biens. Il ne
resta même de légataires, que pour la modique
portion dont elle permit de disposer.

La loi du 4 germinal an 8, en étendant la
faculté de tester, ne permit de faire des héri-

tiers, que lorsqu'on n'avait pas de parens à un certain degré.

Le Code civil n'a interdit l'institution d'héritier qu'en ligne directe ascendante ou descendante; c'est la loi qui les fait dans cette ligne : mais au-delà, c'est, comme dans le droit romain, la volonté du testateur qui le crée.

Mais en donnant une telle liberté, elle n'oblige pas, comme la loi romaine, d'employer le mot d'héritier, plutôt que celui de légataire ; quelque expression que l'on emploie, elle produira son effet, d'après les règles dont on va parler.

Les dispositions testamentaires sont aujourd'hui ou universelles, ou à titre universel, ou à titre particulier.

Chacune de ces dispositions, soit qu'elle ait été faite sous la dénomination d'institution d'héritier, soit qu'elle ait été faite sous la dénomination de legs, est valable, si la volonté est claire et revêtue des formes légales (1).

Il essentiel d'observer d'abord qu'il n'en est plus comme dans le droit romain, où, suivant que nous l'avons dit plus haut, une personne ne pouvait mourir partie *testat* partie *ab intestat*; de sorte que, si le testateur n'avait institué son héritier que d'une partie de ses biens, ce dernier pouvait en demander la totalité.

---

(1) Loi du 13 floréal an 11, art. 257. 291.

On suit aujourd'hui la maxime contraire, qui était celle des pays coutumiers. L'héritier ou le légataire n'a à prétendre que ce qui lui est expressément donné par le testateur; s'il n'a pas disposé de la totalité de ses biens, les héritiers du sang sont toujours là pour recueillir ce qui n'est pas compris dans l'institution.

On peut employer indistinctement le terme de legs ou le terme d'institution ; il suffit, pour la validité des dispositions, que le testateur exprime sa volonté d'une manière claire et positive : telle est la règle actuelle.

La loi dit qu'on peut disposer de ses biens ou par un legs universel, ou par un legs à titre universel, ou par un legs à titre particulier.

Le legs universel est la disposition testamentaire par laquelle le testateur donne à une ou plusieurs personnes l'universalité des biens qu'il laissera à son décès (1).

Le terme de légataire universel n'était connu autrefois que dans les pays coutumiers : il signifiait celui qui était appelé à recueillir l'universalité des biens dont un testateur pouvait disposer; car l'on sait que dans la plupart des pays coutumiers, il y avait une distinction dans les biens, telle que celui qui les possédait avait droit de disposer d'une certaine espèce, tandis

____

(1) Loi du 13 floréal an 11, art. 292.

qu'il ne le pouvait pas des autres. Dans la coutume de Paris, par exemple, il était permis de disposer des meubles, des acquêts et du quint des propres. Les autres quatre quints des propres devaient rester aux héritiers du sang ; celui qui était nommé légataire de toute la portion disponible s'appelait légataire universel, et quand la succession n'était composée que de biens déclarés disponibles par la loi, alors le légataire universel était, à peu de chose près, l'héritier universel du droit romain, qui succédait à l'universalité des droits du défunt. Il y avait cependant toujours cette différence entre eux, que l'héritier universel entrait de plein droit dans la succession, sans être tenu d'en demander la délivrance à personne ; et que le légataire universel devait la demander aux héritiers du sang, qui, aux yeux de la loi, étaient censés saisis de tous les droits du défunt.

Aujourd'hui que tous les biens sont de la même nature, qu'il n'y a plus de différence entre eux, et que la manière d'en disposer est uniforme, le légataire universel est exactement le même que l'héritier universel ; et voilà pourquoi la loi permet d'employer indistinctement l'expression d'héritier ou de légataire.

On peut faire plusieurs légataires universels, comme il est permis de faire plusieurs héritiers ; ils recueillent l'universalité des biens du

testateur, et ils la partagent par égales portions, s'il n'a pas expliqué dans son testament
celle qui devait revenir à chacun.

Si le titre de légataire universel est pris du
droit coutumier, quelques-unes des règles auxquelles il est soumis sont tirées de la loi romaine. D'après cette loi, l'héritier institué se
mettait de plein droit en possession de la succession, bien qu'il y eût des héritiers du sang,
des enfans même du testateur; il n'était pas
obligé de leur demander la délivrance du legs.
Il en était autrement dans les pays de coutumes, où le légataire, même universel, était
obligé de demander la délivrance de son legs
aux héritiers du sang, à quelque degré qu'ils
fussent. Il faut convenir qu'il y avait bien plus
de décence et de moralité dans ce dernier
usage, et que le Code civil a bien fait de
l'adopter; mais il le borne au cas où il y a des
héritiers auxquels une quotité des biens est
réservée (1). Ce cas est celui où le testateur
laisse des descendans ou des ascendans, qui
sont saisis de plein droit des biens de sa
succession.

Le légataire universel est tenu de leur demander la délivrance des biens compris dans
le testament. Il semble cependant que cette
disposition est inutile, attendu que dans un cas

---

(1) Loi du 13 floréal, art. 293.

pareil, il ne peut pas y avoir de légataire universel, d'après la définition même qu'en donne
la loi, et suivant laquelle, c'est celui qui est
appelé à recueillir *l'universalité des biens.*
Comment cela peut-il se vérifier, quand le testateur ne peut disposer que d'une portion ?

Quoique le légataire universel soit tenu de
demander la délivrance du legs qui lui est fait,
les fruits lui en appartiendront du jour du décès du testateur, si la demande en est faite dans
l'an de la délivrance; sinon, il ne pourra les
répéter que du jour de cette demande, ou de
celui où la délivrance en aura été volontairement consentie (1).

Mais dans le cas où, au décès du testateur, il
n'y a pas d'héritiers auxquels une quotité de ses
biens soit réservée par la loi, le légataire universel jouit des mêmes prérogatives que l'héritier du droit romain : il est saisi de la succession
par le seul effet de la loi; il peut s'en mettre
en possession tout de suite ; il n'est tenu d'en
demander la délivrance à personne. Il est
vraiment alors héritier ou légataire universel ; il
n'était que légataire particulier dans les cas
précédens.

La loi établit quelques formalités particulières pour ceux qui sont institués héritiers ou

____

(1) Loi du 13 floréal an 11, art. 294.

légataires par un testament olographe ou par un testament mystique.

S'il s'agit d'un testament olographe, celui qui en est le dépositaire doit le présenter au président du tribunal civil de l'arrondissement, qui dresse procès-verbal de cette présentation, assisté du greffier, et qui ordonne l'ouverture du testament s'il est cacheté; il en vérifie ensuite l'état et le contenu, et fait une ordonnance pour qu'il soit déposé chez un notaire qu'il désigne.

La forme est, à peu de chose près, la même pour le testament mystique. La différence seule consiste en ce qu'il faut toujours ordonner l'ouverture du testament mystique, qui est secret de sa nature, et qui doit avoir été cacheté sous enveloppe dans les formes prescrites par le Code (1).

En attendant que ces formalités aient été remplies, les héritiers légitimes et les autres intéressés, peuvent requérir l'apposition des scellés sur les biens de la succession.

Lorsque le légataire ou l'héritier universel est institué par un testament olographe ou mystique, et que le testateur n'a pas d'héritiers auxquels une quotité de ses biens soit réservée, il est encore tenu de se faire envoyer en pos-

____

(1) Loi du 13 floréal an 11, art. 295.

session

session par une ordonnance du président, mise au bas d'une requête (1).

Le légataire ou l'héritier universel n'en est pas moins saisi de plein droit de la succession par la mort du testateur.

Après le légataire universel, la loi place le légataire à titre universel.

Cette espèce de légataire ou d'héritier vient du droit coutumier, qui, faisant une classe à part des diverses sortes de biens, établissait un héritier pour chacune d'elles. Elle était inconnue dans le droit romain, où tous les biens étaient d'une même nature. En adoptant les dispositions du droit romain à cet égard, il ne fallait plus de légataire ou d'héritier à titre universel; il devait être confondu avec l'héritier ou le légataire particulier. Cette distinction amènera infailliblement bien des difficultés dans le partage des successions.

Quoi qu'il en soit, le légataire à titre universel est celui à qui, au lieu de léguer un effet particulier ou la totalité de la succession, on lègue une quote-part ou la totalité d'une sorte de biens, telle qu'une moitié, un tiers, ou tous ses immeubles, ou tout son mobilier, ou une quotité fixe de tous ses immeubles, ou de tout son mobilier (2).

Si l'on ne lègue qu'un seul immeuble, ou un

______

(1) Loi du 13 floréal an 11, art. 296.
(2) Loi du 13 floréal an 11, art. 297.

seul ou plusieurs effets mobiliers, cela ne forme qu'un legs particulier (1).

Le légataire, même à titre universel, n'est pas saisi de plein droit, et ne peut se mettre immédiatement en possession des biens qui lui sont donnés, comme le légataire universel. S'il existe des héritiers auxquels une partie des biens est réservée, il est obligé de leur demander la délivrance de son legs. A défaut, c'est au légataire universel qu'il doit s'adresser ; et, s'il n'y a pas de légataire universel, aux héritiers appelés dans l'ordre établi des successions.

Le testament ne comprend pas l'universalité des biens du testateur, comme cela avait lieu par le droit romain. Le légataire ne peut prétendre que ce qui lui est expressément donné. Le restant demeure aux héritiers de droit, comme nous l'avons déjà observé ci-dessus.

Lorsqu'un legs est pur et simple sans condition, le légataire en est saisi du jour du décès du testateur ; et s'il vient à mourir avant que la délivrance de la chose léguée lui ait été faite, son droit passe à ses héritiers ou ayant-cause. Il en serait autrement si le legs était conditionnel, et si le légataire venait à mourir avant l'accomplissement de la condition, ainsi que nous le ferons voir plus au long, en traitant des dispositions conditionnelles. Comme dans ce cas il n'aurait jamais été

---

(1) Loi du 13 floréal an 11, art. 299.

saisi de la propriété du legs, il ne transmettrait pas à ses héritiers le droit de le réclamer.

Dans tous les cas, le légataire particulier ne peut pas, comme l'héritier ou le légataire universel, se mettre de plein droit en possession de la chose léguée. Il doit en demander la délivrance aux héritiers légitimes, ou aux héritiers ou légataires universels nommés par le testament (1).

Les fruits de la chose léguée ne sont pas même dus du jour du décès du testateur, comme ceux du legs universel, mais du jour seulement de la demande en délivrance, ou du jour où cette délivrance lui aura été consentie volontairement.

Toutes ces règles sont tirées du droit romain (2).

Cependant les intérêts ou fruits de la chose léguée courent au profit du légataire, dès le jour du décès, et sans qu'il ait formé sa demande en justice;

1.º Lorsque le testateur a expressément déclaré sa volonté, à cet égard, dans le testament;

2.º Lorsqu'une rente viagère ou une pension a été léguée à titre d'alimens (3).

---

(1) Loi du 13 floréal an 11, art. 303.
(2) *Institut.* et *ff. Titul. de legat.*
(3) Loi du 13 floréal an 11, art. 304.

C'est ici une exception à la règle générale, qui ne fait courir les intérêts ou fruits de la chose léguée, que du jour de la demande en délivrance, ou du jour de la délivrance librement consentie.

Les intérêts ou fruits courent au profit du légataire dès le jour du décès, et sans demande préalable dans ces deux cas.

Le légataire n'est pas tenu des frais de la demande en délivrance lorsqu'il est obligé de la former ; ils sont supportés par la succession. Cependant, si les legs avaient absorbé toute la partie disponible, les frais de la demande seraient à la charge des légataires. On ne pourrait les prendre sur la réserve légale, parce qu'autrement ce serait une manière indirecte de la retrancher.

Les frais d'enregistrement sont supportés par le légataire.

Le testateur peut cependant disposer que les frais de la demande en délivrance seront supportés par le légataire, et ceux d'enregistrement par l'héritier ou le légataire universel.

Si les héritiers légitimes ou les héritiers ou légataires universels sont en retard de faire enregistrer le testament, le légataire particulier, qui voudra demander la chose qui lui est léguée, pourra faire enregistrer séparément la partie du testament contenant le legs qui lui est fait.

Mais cet enregistrement ne servira qu'à lui ou à ses ayant-cause (1).

C'était une question qui faisait naître souvent des difficultés dans l'ancienne jurisprudence ; on a bien fait de la décider.

CHAPITRE III.

Contribution des héritiers aux legs et aux dettes de la succession.

En traitant des successions *ab intestat*, nous avons parlé de la contribution que chaque héritier était obligé de faire aux dettes de la succession. Les règles sont à peu-près les mêmes à cet égard dans les successions testamentaires. En règle générale, chaque héritier doit contribuer aux dettes à proportion de ce qu'il est appelé à prendre dans la succession ; mais la liberté qu'a le testateur de disposer de ses biens, comme il le trouve à propos, lui donne aussi le pouvoir de déranger l'ordre légal de contribution aux dettes, et d'en faire supporter une plus forte partie à un de ses héritiers qu'à un autre.

Il y a d'ailleurs la contribution aux legs qui n'existe pas ordinairement dans les successions *ab intestat*, et dont il est question dans les successions testamentaires. Il peut cependant

____

(3) Loi du 13 floréal an 11, art. 305

arriver qu'il y ait des legs à payer dans les successions *ab intestat*, lorsque le testateur, sans déranger l'ordre des successions légitimes, se contente de faire quelques legs particuliers.

Voyons donc quelles sont les règles que la loi prescrit dans ces différens cas.

Le légataire universel qui se trouve en concours avec un hériter auquel la loi réserve une quotité de biens, est tenu des dettes et charges de la succession au prorata de la partie des biens dont il hérite. Les créanciers hypothécaires du défunt ont aussi le droit de poursuivre leur paiement sur les biens échus au légataire universel, bien que leurs créances excèdent la valeur des biens qu'il a reçus (1).

Le légataire universel est en outre tenu d'acquitter tous les legs. L'héritier, à qui une portion de biens est réservée, ne peut être tenu d'acquitter des legs, qu'autant qu'on lui laisserait au-delà de la portion que la loi lui adjuge. Quand il n'a tout justement que cette portion, c'est le légataire universel qui doit acquitter les legs; ou, pour mieux dire, il n'y a plus que des légataires particuliers, qui doivent être payés, sauf de réduire les legs excessifs, d'après les règles que la loi établit.

____

(1) Loi du 13 floréal an 11, art. 298.

Dans le droit romain, lorsque le testateur avait épuisé tout son bien par des legs, et qu'il ne restait rien à l'héritier, celui-ci refusait d'accepter la succession ; et par les principes de ce droit, le testament devenait caduc et tout croulait avec lui.

Pour engager l'héritier à accepter, on régla que le testateur ne pourrait léguer au-delà des trois quarts de son bien, et que le quart restant demeurerait à l'héritier. Si le testateur avait excédé, l'héritier pouvait demander le retranchement des legs jusqu'à concurrence du quart que la loi lui donnait.

On l'appela la quarte falcidie, du nom du tribun Falcidius, qui fit rendre la loi sous Auguste. On établit ensuite une règle pareille pour le fidéi-commis, et la quarte adjugée à l'héritier grevé, fut appelée trébellianique. Quand Justinien eut égalé en tout les legs et les fidéi-commis, on confondit souvent dans le langage ordinaire la falcidie et la trébellianique.

Justinien détruisit en quelque sorte l'effet qu'on s'était promis de l'établissement de ces quartes, en permettant aux testateurs d'en prohiber la retenue.

Les choses passèrent en cet état dans nos pays de droit écrit ; et les deux quartes, avec la modification que Justinien y avait faites, ont subsisté jusqu'à la révolution.

______

(1) *Titul. ff. et Cod. ad leg. Falcid.*

I 4

Il n'y avait rien de pareil dans les pays coutumiers. On n'avait pas cru ces quartes nécessaires, parce que le plus souvent on ne pouvait disposer de la totalité de ses biens, et qu'il y avait presque toujours une portion réservée pour les héritiers du sang.

Quand on disposait de tout, on pouvait absorber toute la succession par des legs particuliers, de manière qu'il ne restât rien, ou aux héritiers du sang, ou au légataire universel.

On a préféré cette dernière règle dans le Code civil. On a dit que s'il arrivait que des testateurs ignorassent assez l'état de leur fortune pour l'épuiser en legs particuliers, lors même qu'ils institueraient un héritier, ou qu'ils nommeraient un légataire universel, la loi ne devait pas être faite pour des cas aussi extraordinaires. Seulement, lorsque les dispositions testamentaires excèdent soit la quotité disponible, soit la portion de cette quotité qui resterait après avoir déduit la valeur des donations entre vifs, s'il y en a, la réduction s'opère au marc le franc sans aucune distinction entre les legs universels et les legs particuliers (2).

Il est cependant libre au testateur de disposer, que s'il y a des réductions à faire, elles

---

(1) Voyez les motifs de la loi du 13 floréal an 11.
(2) *Ibid.* art. 216.

doivent porter de préférence sur certain legs plutôt que sur d'autres, qui seront acquittés en entier (1). Cette disposition est valable, puisque le testateur peut mettre à ses libéralités telles conditions qu'il lui plaît; en ce cas la réduction ne peut tomber sur les legs privilégiés, qu'autant que celle des autres ne suffirait pas pour remplir la réserve légale.

Si le testateur laisse plusieurs héritiers, ils sont tous tenus personnellement de contribuer au paiement des legs, à proportion de ce dont ils profitent de la succession (2).

Les biens qu'ils en ont reçus y restent hypothéqués jusqu'à concurrence de leur valeur. Mais le légataire, pour conserver ses droits sur les biens du défunt, aura-t-il besoin d'y faire une inscription hypothécaire? On ne le pense pas. La loi semble l'en dispenser, en disant que les héritiers du testateur seront tenus hypothécairement du paiement des legs qu'il aura faits. Si l'inscription était nécessaire pour la conservation des droits du légataire, il s'ensuivrait qu'un créancier de l'héritier, qui ferait avant le légataire une inscription sur la succession, devrait lui être préféré; ce qui contrarierait la disposition bien positive de la loi.

On peut concilier cela en disant que le légataire a, comme tous les créanciers du testa-

____

(1) Loi du 13 floréal an 11, art. 217.
(2) *Ibid.* art. 306.

teur, le droit de requérir la séparation du patrimoine du défunt d'avec celui de l'héritier, ainsi que le porte la loi du 29 germinal an 11. (1).

Le légataire à titre universel doit contribuer, comme le légataire universel, aux dettes et charges de la succession, au prorata des biens qu'il a reçus. Il est également tenu des hypothèques inscrites sur les biens qui lui sont avenus (2).

Si le testateur n'a disposé que d'une partie de la quotité disponible, et s'il l'a fait à titre universel, le légataire est tenu d'acquitter les legs particuliers par contribution avec les héritiers naturels (3).

Les héritiers naturels qui, outre la portion que la loi leur donne, jouissent d'une partie de la quotité disponible, sont tenus d'acquitter les legs particuliers jusqu'à concurrence de cette partie qui leur reste. Le légataire à titre universel, à qui l'autre portion de la quotité disponible est laissée, est obligé aussi de contribuer au paiement des legs particuliers. L'embarras sera de distinguer les legs à titre universel et les simples legs particuliers. Il n'y a pas de données bien fixes pour cela.

Le légataire particulier n'est pas tenu des

----

(1) Art. 168, ci-dessus, liv. XIV, chap. 4.
(2) Loi du 13 floréal an 11, art. 301.
(3) *Ibid.* art. 302.

dettes de la succession, comme l'héritier ou le légataire universel. Les immeubles légués restent néanmoins toujours soumis à l'action hypothécaire des créanciers du testateur ; mais le légataire qui serait recherché par eux, aurait toujours son recours contre l'héritier ou le légataire universel. (1).

Nous avons parlé dans le livre précédent des rapports entre co-héritiers. Ces rapports doivent toujours avoir lieu dans les successions légitimes, ou *ab intestat*, où la plus exacte égalité doit régner entre les co-héritiers ; mais cette égalité cesse dans les successions testamentaires en ligne directe, où elle peut être dérangée par les dispositions que la loi permet de faire. Nous ne parlons pas de la ligne collatérale, à l'égard de laquelle un testateur n'est tenu à aucune réserve, et qu'il peut priver de la totalité de ses biens.

La loi du 4 germinal an 8, et ensuite le Code civil ont restitué aux ascendans la faculté que leur ôtait la loi du 17 nivôse, de disposer de la quotité disponible en faveur d'un de leurs enfans successibles ; mais, pour qu'elle ne soit pas sujette à rapport, il faut qu'ils déclarent expressément, soit par l'acte qui contient la disposition, soit par un acte séparé, dans la forme des dispositions entre-vifs ou testamentaires, que leur intention est que celui qu'ils

____

(1) Loi du 13 floréal an 11, art. 313.

gratifient de leur réserve, l'ait à titre de préciput ou hors part (1).

Sans cette déclaration, celui en faveur de qui on aurait disposé de la réserve légale, serait tenu de la rapporter dans la succession, ou du moins de la prendre à compte de la portion qui lui reviendrait.

La donation, en ce cas, ne serait regardée que comme une démission en avancement d'hoirie ; et l'effet d'une disposition testamentaire, car il faut bien qu'elle en ait quelqu'un, se réduirait à donner au légataire le droit de prendre la chose léguée en en tenant compte sur sa portion (2).

Cette disposition fait cesser toutes ces discussions qui avaient lieu autrefois dans les pays coutumiers, pour savoir si on pouvait être héritier et donataire tout ensemble. L'égalité que ce droit tendait à établir entre les successibles semblait y résister : la rigueur de la règle avait éprouvé quelques modifications.

Cette réunion des deux qualités avait toujours été admise dans le droit romain ; et ces maximes, qui avaient commencé à prévaloir dans la loi du 4 germinal an 8, sont pleinement adoptées par le Code civil.

____

(1) Loi du 29 germinal an 11, art. 133. 134.
Loi du 13 floréal an, 11. art. 209.
(2) *Ibid.* art. 214.

Il faut encore observer que le plus ancien droit romain ne dispensait du rapport que lorsque le testateur l'avait ordonné d'une manière positive. On s'écarta dans la suite de cette règle , et on se décida d'après les conjectures.

Les dispositions , soit entre-vifs soit à cause de mort, qui excèdent la quotité disponible , n'annullent point l'acte qui les renferme. Elles sont seulement réductibles à cette quotité , lors de l'ouverture de la succession (1).

Mais cette réduction ne peut être demandée que par ceux au profit desquels la loi fait une réserve.

Les héritiers ou ayant-cause de ceux en faveur de qui la réserve est faite, succèdent aussi à leur droit de pouvoir demander la réduction de la donation faite à leur préjudice , puisque ce droit fait partie de la succession , à laquelle ils sont appelés.

Quant aux donataires et aux légataires , ils n'y sont point admis, et la raison est toute simple. L'intérêt, en général , est la mère de l'action ; d'où il suit que ceux qui n'ont rien à prétendre dans les biens d'une personne , ne peuvent se plaindre de l'étendue qu'elle a donnée à ses dispositions. Il n'y a que ceux en faveur de qui la loi faisait une réserve ou leurs héritiers et ayant-cause , qui aient le

____

(1) Loi du 13 floréal an 11 , art. 210.

droit de réclamer, si on les en prive. Des étrangers ne peuvent se servir d'un droit qui n'est point établi pour eux (1).

Nous parlerons plus au long de cette réduction et de ses effets, quand nous traiterons des donations entre-vifs.

CHAPITRE V.

Des anciennes substitutions.

Le Code civil a introduit des dispositions en faveur des petits-enfans du donateur ou du testateur, ou des enfans de ses frères ou sœurs, qui tiennent beaucoup de la nature des anciennes substitutions. Il autorise même expressément la disposition si connue dans le droit romain sous le nom de substitution vulgaire. Ainsi, quoiqu'il prohibe encore les substitutions, d'une manière très-positive et très-rigoureuse, il serait impossible de le bien comprendre, si nous n'entrions auparavant dans quelques détails sur la nature des substitutions et sur leurs diverses espèces.

Nous avons déjà dit que, dans l'origine du droit romain, les testamens étant une dérogation à la loi générale, qui déférait les suc-

---

(1) Loi du 13 floréal an 11, art. 211.

cessions aux plus proches héritiers par mâles, ils ne pouvaient se faire que dans les assemblées du peuple ; et que les testateurs étaient alors regardés comme des législateurs qui dictaient une loi à leur famille. Par une conséquence nécessaire, ils devaient employer, dans les institutions d'héritiers, et même dans les legs, les formules législatives, c'est-à-dire, les paroles consacrées à l'usage des lois, et que les jurisconsultes appellent termes *directs* et *impératifs.*

La volonté exprimée dans le testament n'ayant lieu qu'à la mort du testateur, et l'héritier institué ne pouvant recueillir la succession qu'à cette époque, il n'y avait plus de testament, si l'héritier prédécédait le testateur, ou bien s'il refusait de recueillir la succession.

Pour remédier à cet inconvénient, on inventa l'usage des substitutions directes et vulgaires, afin de soutenir la volonté du testateur par une longue suite d'héritiers (1).

Ces substitutions n'étaient, à proprement parler, qu'une seconde institution, ou, si l'on veut, l'institution d'un second ou d'un troisième héritier, en cas que les premiers héritiers ne voulussent ou ne pussent recueillir les biens du testateur.

---

(1) *Titul. ff. et Institut. de vulgar. et pupill. substit.*

D'autres fois le testateur chargeait l'héritier institué de rendre ses biens à la personne qu'il lui indiquait secrètement ou dans le testament même. Il n'employait plus alors des termes *directs* et *impératifs*; mais il adressait des supplications et des prières à l'héritier, pour qu'il voulût bien rendre la succession, en totalité ou en partie, à la personne qu'il lui avait désignée. On se servait principalement de cette voie, lorsqu'on voulait faire parvenir la succession à quelqu'un qui, par la loi, était incapable de la recevoir.

Cette manière de disposer s'appelait *fidéi-commis*, parce que, n'étant pas encore autorisée par la loi, le testateur était obligé de s'abandonner à la bonne foi de l'héritier institué, qui pouvait impunément garder pour lui la succession qu'on le priait de rendre à un autre; et, s'il faut en croire Cicéron, il n'était pas rare qu'on en usât ainsi.

Auguste fut le premier qui imposa à l'héritier chargé d'un fidéi-commis, l'obligation de le rendre, et qui fit une nécessité inviolable de ce qui n'était dans le principe qu'un engagement d'honneur. Les prières, pour rendre la succession à un autre, purent même depuis lors, être adressées non-seulement aux héritiers institués, quand il y avait un testament, mais même aux héritiers légitimes, quand il n'y en avait point.

L'usage

L'usage des fidéi-commis introduisit une seconde espèce de substitution, que l'on confondit souvent, l'expression au moins, avec la
première, et qu'on appelle communément
directe et vulgaire, quoiqu'il y ait entre elles
une grande différence.

La substitution vulgaire n'est qu'une véritable institution d'héritier, c'est-à-dire, une
seconde institution, qui ne doit avoir lieu qu'au
défaut du premier héritier institué; en sorte
que si l'héritier institué recueille la succession,
la substitution vulgaire s'évanouit.

La substitution fidéi-commissaire, au contraire, n'a d'effet que lorsque le premier héritier a recueilli les biens.

L'existence de l'héritier institué qui anéantit
la substitution vulgaire, conserve la substitution fidéi-commissaire.

On pouvait cependant cumuler les deux espèces de substitution, et substituer la même
personne vulgairement et par fidéi-commis tout
ensemble, c'est-à-dire, qu'on pouvait l'appeler au défaut de l'héritier institué et après
lui.

Il y a un principe général dans cette matière,
qui s'applique à la substitution vulgaire comme
à la substitution fidéi-commissaire, c'est que,
tant que le testament subsiste, la seule inter-
ruption des degrés ne suffit pas pour interrompre le cours et le progrès d'une substitution; et
lorsqu'un degré vient à manquer, celui qui le

suit prend la place, et entre dans tous ses droits.
Ce principe est fondé sur la maxime commune
qu'on lit dans le droit romain, *substitus,
substituto est substitutus instituto* (1).

Par exemple, qu'un testateur institue
Pierre pour son héritier; qu'au cas où Pierre
ne pourra ou ne voudra accepter, il lui substitue
Paul; qu'au cas encore où Paul ne pourra ou
ne voudra accepter, il lui substitue Jacques: si
Pierre et Paul prédécèdent le testateur, Jacques, quoique substitué en troisième ligne, se
trouve institué à leur place.

La même chose avait lieu dans le fidéi-commis. Si un testateur ordonnait qu'après la mort
de l'héritier institué, la succession passerait à
Pierre, et après le décès de Pierre à Jacques;
si Pierre venait à mourir avant l'héritier institué, Jacques se trouvait substitué en son lieu
et place, et recueillait la succession.

Ces deux espèces de substitutions passèrent
avec le droit romain, dont elles tiroient leur
origine, dans la législation de presque toute
l'Europe. L'on y fit même servir les fidéi-commis à un usage auquel les Romains paraissent
n'avoir pas songé.

Par leur moyen, les propriétés des grandes
familles devinrent en quelque sorte inaliéna-
bles. On les substituait à tous les individus nés

---

(1) *Leg.* 27 *et* 41, *ff. de vulgar. et pupill. subst.*

et à naître de la même famille, de branche en branche ; et même, au cas de l'extinction de la famille, on ordonnait que le fidéi-commis passerait dans une autre. Il était, par ce moyen, perpétuel, et il avait principalement lieu pour les mâles et les aînés de chaque branche.

Les biens ainsi chargés de fidéi-commis ne pouvaient être ni aliénés, ni grevés d'hypothèques ; ils n'entraient pas même dans les partages de famille. Les enfans puînés d'un père riche en biens substitués se trouvaient, la plupart du tems, sans patrimoine ; l'aîné étant presque toujours appelé à recueillir la substitution, à l'exclusion de ses frères. Les fidéi-commis perpétuels, qui existent encore en plusieurs pays de l'Europe, sont d'ailleurs une source intarissable de contestations et de procès. Pour les faire cesser, ou du moins pour en diminuer le nombre, le chancelier de l'Hôpital réduisit parmi nous les fidéi-commis à deux degrés de substitution, l'institution et la première disposition non comprises (1) ; de façon que, lorsque des biens sujets à un fidéi-commis avaient parcouru trois têtes, ils demeuraient libres sur la troisième, bien que le testateur eût établi un plus grand nombre de degrés.

Il n'y eut pas de loi remarquable à ce sujet, jusqu'à celle que d'Aguesseau fit faire en

_____

(1) Ordonnance d'Orleans, art. 591.

K 2

1747, qui, comme toutes celles dont il fut l'auteur, changèrent peu à l'ancienne jurisprudence.

Il est cependant à observer qu'à cette époque, le premier président du parlement de Provence avait proposé au chancelier d'Aguesseau l'abolition des substitutions. Ce chef de la justice ne désapprouvait pas entièrement cette idée; il ne trouvait d'obstacle pour l'exécution que dans cette circonspection avec laquelle on doit toucher à des usages depuis long-tems enracinés, et dont il donna lui-même de si fréquens exemples.

« L'abolition entière de tout fidéi commis, « disait-il , serait peut-être la meilleure de « toutes les lois ; et il pourrait y avoir des « moyens plus simples pour conserver dans « les grandes maisons, ce qui suffirait à en « soutenir l'éclat. Mais j'ai peur que, pour y « parvenir , sur-tout dans les pays de droit « écrit , il ne fallût commencer par réformer « les têtes ; et ce serait l'entreprise d'une tête « qui aurait besoin de réformation. »

Il ne fallait rien moins que la révolution pour oser, non-seulement tenter, mais exécuter une pareille entreprise. Les substitutions fidéi-commissaires réunissaient plusieurs caractères, qui ne leur permettaient pas d'échapper

____

(2) *Tom. 9, lett. 360.*

à la faulx révolutionnaire. Elles étaient un obstacle insurmontable à cette mobilité qu'on voulait mettre dans les fortunes et dans les propriétés, et à cette égalité qu'on desirait tant d'introduire dans les partages des successions. Elles sentaient d'ailleurs le privilége, puisqu'elles n'étaient pour l'ordinaire établies qu'en faveur des mâles et des ainés, et qu'on les pratiquait le plus communément dans les grandes familles, qu'il fallait niveler avec les autres.

Aussi les premiers coups que l'on porta à l'ancien ordre de succession furent dirigés contre les substitutions. Une loi du 14 novembre 1792, déclara que toutes substitutions étaient interdites pour l'avenir, et que celles faites précédemment, par quelque acte que ce fût, qui ne seraient pas ouvertes à l'époque de la publication, seraient et demeureraient abolies et sans effet.

Il est bien évident que l'intention de cette loi était seulement de détruire les substitutions fidéi-commissaires : elle ne touchait point aux substitutions vulgaires et directes ; mais elle avait employé le mot substitution, commun à toutes les deux : il eût été dangereux pendant un tems de vouloir en faire la distinction ; et ceux qui occupaient les tribunaux n'auraient peut-être pas été en état de l'entendre. Au reste, l'abolition presque entière de la faculté de tester, opérée par la loi du 17 nivôse, rendait superflue toute discussion à cet égard.

Elle ne l'est plus aujourd'hui, que cette faculté a été remise dans tout son lustre dans les pays où elle existait, et introduite même dans ceux où elle n'était reçue qu'avec des restrictions.

Il faut bien prendre garde que l'article de la loi du 13 floréal qui prohibe les substitutions avec tant de sévérité, n'entend parler que des substitutions fidéi-commissaires.

Ces substitutions fidéi-commissaires sont prohibées avec un surcroît de rigueur qu'on ne connaissait pas auparavant ; elles annulleraient la donation ou le testament qui les contiendrait, même à l'égard du donataire ou de l'héritier direct qui en serait chargé (1).

La loi cependant ne comprend point la substitution vulgaire avec les fidéi-commis dans la proscription qu'elle prononce, et qui ne tombe que sur le dernier. L'autre existe toujours.

La disposition, dit la loi, par laquelle un tiers serait appelé à recueillir le don, l'hérédité ou le legs, dans le cas où le donataire, l'héritier institué ou le légataire ne recueillerait pas, ne sera pas regardée comme une substitution, et sera valable (2).

Le sens littéral de cet article est qu'il ne faut

----

(1) Loi du 13 floreal an 11 , art. 186.
(2) *Ibid* , art. 188.

pas confondre les substitutions fidéi-commissaires avec les substitutions vulgaires; que si les
premières sont prohibées, avec quelques restrictions néanmoins, les autres sont légitimes.
Ainsi, si un donateur ou un testateur disait :
Je donne ou je lègue à Pierre tous mes biens ;
mais je veux que si Pierre refuse d'accepter
ma donation ou ma succession, ou s'il est incapable de le faire, en ce cas, je donne ou je
lègue à Jacques. Ce dernier serait alors substitué à la place de Pierre; mais il faudrait pour
cela que celui-ci n'eût pu accepter ou eût
refusé de le faire. Car, une fois l'acceptation
faite, la substitution s'évanouit, comme nous
l'avons remarqué plus haut; et Pierre venant à
mourir, ce sont ses héritiers, et non le substitué, qui succèdent aux biens qui lui avaient
été donnés ou légués.

Le même titre du droit romain, qui parle
de la substitution vulgaire, traite aussi de la
substitution pupillaire, par laquelle un père
qui avait en sa puissance des enfans pupilles,
pouvait tester à leur place. Ce testament valait, au cas que les enfans vînssent à décéder
avant d'avoir atteint l'âge où il leur était permis de tester (1).

A la suite de la substitution pupillaire venait celle qu'on appelait exemplaire, parce
que c'était sur le modèle de l'autre qu'elle
avait été introduite par Justinien, et au moyen

______

(1) *Leg.* 2. *ff. de vulgar. et pupill.*

de laquelle un père nommait un héritier à son fils furieux ou en démence, en cas qu'il vînt à mourir avant d'avoir recouvré sa santé. Le Code civil ne disant rien de ces deux espèces de substitutions, il ne peut en être question.

Un donateur ou un testateur peut encore, en disposant de ses biens, donner à une personne la nue propriété et à une autre l'usufruit. Je donne ou lègue à Pierre mes biens; je veux que Jacques en ait l'usufruit sa vie durant. Une telle disposition n'a rien que de légitime; mais le legs ou la donation de l'usufruit doit avoir un terme : il ne peut être perpétuel, sans quoi la disposition de la nue propriété serait illusoire (1).

CHAPITRE VI.

Des dispositions en faveur des petits-enfans du testateur, ou des enfans de ses frères ou sœurs.

Nous avons déjà fait remarquer que les dispositions indiquées par la longue périphrase qui est en tête de ce chapitre, ne sont autre chose que des substitutions en faveur des personnes qu'on y désigne. Ainsi, quoiqu'elles ne portent pas le nom de substitutions ni de

____

(1) Loi du 13 floreal an 11, art. 189.

fidéi-commis, et que, suivant les motifs, on n'ait pas même voulu le leur donner, cependant elles y ressemblent beaucoup : les règles en sont, à peu de choses près, les mêmes.

Dans les motifs de la loi, on expose fort longuement ceux qui ont donné lieu d'établir ces dispositions. On n'a plus voulu de l'exhérédation du droit romain ; elle s'étendait la plupart du tems aux enfans de l'exhérédé : on ne veut pas punir l'innocent pour le coupable. Il avait d'abord été proposé de réduire à l'usufruit de sa portion héréditaire celui qu'on aurait jugé avoir mérité ce châtiment, et d'en réserver la propriété pour ses enfans. Cette disposition, qu'on appelle *officieuse*, comme nous l'avons vu ailleurs, n'a point été adoptée. On s'est borné à permettre au père de ne laisser à ses enfans que l'usufruit de sa portion disponible, et de les obliger d'en conserver la propriété à leurs propres enfans. Mais cela ne remplace ni l'exhérédation, ni la disposition officieuse; bien loin que ce soit une peine pour les enfans qui ont démérité, c'est, en quelque sorte, une faveur, puisque les enfans auront la jouissance de la portion disponible, que le père avait le pouvoir de transporter à des étrangers.

Quoi qu'il en soit, il est permis aux pères et mères de donner leur portion disponible, en partie, à un ou plusieurs de leurs enfans, par actes entre-vifs ou testamentaires, avec la charge de rendre ces mêmes biens aux enfans nés et à naître, au premier degré seulement des donataires (1).

Les substitutions fidéi-commissaires n'étaient autre chose qu'une disposition par laquelle un donateur ou un testateur, après avoir institué un héritier, ou donné quelque chose à un légataire, le chargeait de rendre la succession ou legs à une autre personne.

La différence la plus remarquable qu'il y ait entre les substitutions anciennes et les nouvelles, c'est qu'en certain pays, les premières pouvaient s'étendre à l'infini; qu'en France elles étaient réduites à trois degrés, tandis que les autres sont bornées à un seul degré; de manière qu'une fois que celui à qui on doit rendre a recueilli, il ne peut plus être tenu de rendre à personne.

La disposition dont il est ici question, doit être faite dans la forme des donations ou des testamens. Celui qui aura donné ses biens sans charge de restitution, pourra l'imposer par une nouvelle libéralité, comme nous le verrons plus bas.

La même faculté qui est donnée aux pères et mères, est accordée aux oncles, aux tantes, en faveur des enfans à naître de leurs frères ou sœurs donataires; mais dans ce cas, la substitution peut être de tous les biens du testateur ou du donateur, puisqu'elle ne leur est permise

______

(1) Loi du 13 floréal an 11, art. 337.

qu'à défaut d'enfans; de manière que s'ils n'avaient pas des ascendans, ils pourraient disposer de la totalité de leur fortune (1).

Cependant les dispositions dont on vient de parler, ne sont valables qu'autant que la charge de restitution est au profit de tous les enfans nés et à naître du grevé, sans exception ni préférence d'âge ou de sexe (2).

C'est encore là une différence qu'on établit entre cette nouvelle manière de disposer, et les anciennes substitutions, qui avaient presque toujours des objets de préférence, et qui étaient principalement établies en faveur des mâles, et même des aînés.

Aujourd'hui, lorsque la charge de rendre est imposée, ce doit être en faveur de toute la postérité de l'enfant ainsi grevé, sans aucune préférence, à raison de l'âge et du sexe, et non-seulement au profit des enfans nés lors de la disposition, mais encore de tous ceux à naître.

Dans la distribution que l'on fait des biens laissés à charge de rendre, la représentation a lieu. Ainsi, si le grevé venait à mourir laissant des enfans au premier degré, et des descendans d'un enfant prédécédé, ceux-ci viendront en représentation de leur père et mère. Cette représentation a lieu, comme dans les succes-

____

(1) Loi du 13 floréal an 11, art. 338.
(2) *Ibid.* art. 339.

sions directes, à quelque degré que ces descendans se trouvent, sauf le partage entre eux de la portion qui leur serait obvenue (1).

Si l'enfant, le frère ou la sœur auxquels des biens auraient été donnés par acte entre-vifs, sans charge de restitution, acceptent une libéralité faite par acte entre-vifs ou testamentaire, sous la condition que les biens précédemment donnés demeureront grevés de cette charge, il ne leur est plus permis de diviser les deux dispositions faites à leur profit, et de renoncer à la seconde pour s'en tenir à la première, quand même ils offriraient de rendre les biens compris dans la seconde disposition (2).

C'était la règle ancienne; quand quelqu'un avait fait une donation à un autre, il ne pouvait plus, par un acte postérieur, charger de substitution les biens qu'il avait donnés, à moins qu'il n'y ajoutât une nouvelle libéralité. L'acceptation que le donataire en faisait, l'obligeait de rendre même les biens qu'il avait d'abord eus librement.

Aujourd'hui, il n'est plus permis, une fois l'acceptation faite, de diviser les deux dispositions, et de renoncer à la seconde, et s'en tenir à la première pour recouvrer le droit d'en disposer librement.

Les droits des appelés seront ouverts à

---

(1) Loi du 13 floréal an 11, art. 340.
(2) *Ibid.* art. 341.

l'époque où, par quelque cause que ce soit, la jouissance de l'enfant du frère ou de la sœur grevés de restitution cessera : l'abandon anticipé de la jouissance au profit des appelés, ne pourra préjudicier aux créanciers du grevé, antérieurs à l'abandon.

L'ouverture des droits des appelés, sera faite à l'époque où, par quelque cause que ce soit, ou par mort naturelle, ou civile, ou par la renonciation du grevé, sa jouissance cessera.

Dans le cas de l'absence, le substitué doit être envoyé en possession. Le grevé peut anticiper la restitution qu'il est obligé de faire ; s'il n'a la jouissance que pour un temps, il peut devancer l'époque où il doit rendre ; si ce n'est qu'à sa mort, il a la liberté de rendre dès son vivant ; mais cette restitution anticipée ne peut jamais nuire à ses créanciers , ni à ceux qui auraient acquis de lui des biens grevés de restitution ; quoique cette aliénation soit nulle, les acquéreurs ne pourront être évincés qu'après que le temps où la restitution devait se faire , sera arrivé (1). Ce sont les dispositions de l'ordonnance de 1747, concernant les substitutions, que le Code civil a conservées (2).

C'était une des questions les plus difficiles de l'ancienne jurisprudence, que de savoir quel était le recours que la femme, qui ne

---

(1) Loi du 13 floréal an 11 , art. 342.
(2) Art. 42. 43. Henrys, tom. II. Liv. 5. quest. 54.

trouvait pas des biens libres dans la succession de son mari pour se payer de ses reprises, était autorisée à exercer sur les biens substitués. La jurisprudence variait extrêmement là-dessus; l'ordonnance des substitutions l'avait fixée dans les pays où elle était reçue. Aujourd'hui, la femme ne peut avoir de recours sur les biens à rendre, que pour le capital des deniers dotaux, et dans le cas seulement où le testateur l'aurait expressément ordonné (1).

Cette restriction, au capital des biens dotaux, semble surabondante, du moment qu'on exige une disposition expresse du testateur; car il pourrait bien la donner aussi, non-seulement pour le capital des deniers dotaux, mais encore pour les intérêts, et même pour les libéralités qui auraient été faites à la femme. Une pareille disposition n'aurait rien d'illicite. La loi ne le défend pas; on ne peut du moins conjecturer qu'indirectement cette défense, d'après l'article indiqué : les motifs semblent la supposer.

Celui qui fera les dispositions dont on vient de parler pourra, par le même acte, ou par un acte postérieur, en forme authentique, nommer un tuteur chargé de l'exécution de ces dispositions; ce tuteur ne pourra être dispensé

____

(1) Loi du 18 floréal an 11, art. 343. Voyez l'ancienne jurisprudence à cet égard. *Authent. resquæ. cod. comm. de legat.* Observat. sur Henrys. Tom. I. Liv. V. quest. 66.

que pour une des causes exprimées à la VIe sec-
tion du chap. II du titre *de la Minorité et des
Tutelles* (1).

C'est ici une institution toute nouvelle. Quelque nombreuses et quelque étendues que fussent les substitutions dans l'ancienne jurisprudence, on n'avait pas imaginé de les mettre en
tutelle ; on laissait à chacun le soin de veiller à
ses intérêts, et tant pis pour ceux qui n'y ap-
portaient pas la vigilance nécessaire. L'ordonnance de 1747 voulait seulement que lorsque
le premier institué ne serait pas né encore, on
nommât un curateur à la substitution. On a
étendu cette précaution à tous les cas.

On craint que l'exécution des actes qui
obligent le père de rendre à ses enfans une partie des biens qu'il a reçus ne soit troublée ; on
veut prévenir les différends qui peuvent s'élever entre ces enfans à ce sujet ; mais l'intervention d'un tiers sera-t-elle bien efficace pour
cela ? Trouvera-t-on toujours quelqu'un d'assez
officieux, d'assez ami de l'intérêt d'autrui, pour
donner son tems et pour se porter dans une
pareille affaire avec ce zèle et cette attention,
qu'il ne mettra pas la plupart du tems dans ses
propres affaires ? Cette idée honore l'intention
du législateur, mais elle n'est pas conforme
à la nature de l'espèce humaine. Combien il est
rare de trouver un bon tuteur pour des orphe-

_____

(1) Loi du 13 floréal an 11, art. 344.

lins, qui inspirent d'eux-mêmes tant d'intérét! Sera-t-on plus heureux pour des biens à rendre? N'était-ce pas assez pour les citoyens que la charge des tutelles ordinaires, sans en créer encore de nouvelles?

Le donateur ou le testateur pourra nommer ce tuteur par l'acte entre-vifs ou de dernière volonté, qui contiendra ses dispositions, ou par un acte authentique postérieur. Le tuteur nommé ne pourra s'exempter de la charge qui lui sera confiée, que pour une des causes pour lesquelles on peut s'exempter des autres tutelles.

Observons encore que le droit romain avait consacré le mot de tuteur, pour désigner celui à qui le soin de la personne d'un pupille était spécialement confié. On appelait curateur celui qui était chargé uniquement du soin des biens.

La loi prend en outre toutes les précautions pour que les biens à rendre ne manquent pas de tuteurs. Si le donateur ou le testateur n'en a point nommé, le grevé est obligé de requérir cette nomination dans le mois du jour du décès du donateur ou du testateur, ou du jour où la disposition lui aura été connue depuis ce décès (1).

Il semble que cette précaution aurait dû être bornée au cas où les appelés sont mineurs;

______

(1) Loi du 13 floréal an 11, art. 345.

car,

car, s'ils sont majeurs, ils peuvent bien veiller eux-mêmes à la conservation de leurs droits.

Si le grevé manque de provoquer cette nomination, il sera déchu du bénéfice de la disposition ; et, dans ce cas, le droit pourra être déclaré ouvert en faveur des appelés, soit à leur requête, soit à celle de leur tuteur, soit même à celle du ministère public (1).

Les expressions de l'article semblent indiquer, par le mot *pourra*, que la substitution ne sera pas ouverte de droit, qu'il faudra un jugement pour déclarer le grevé déchu, et qu'en attendant il pourra se mettre à couvert des suites de cette action, en remplissant, même après le délai, la formalité qu'il avait d'abord négligée.

Le grevé est tenu de faire un inventaire de tous les biens compris dans la disposition. Cet inventaire doit contenir la prisée à juste prix des meubles et effets mobiliers (2).

S'il ne s'agissait que d'un legs d'une chose particulière, l'inventaire serait inutile.

L'inventaire doit être fait à la requête du grevé de restitution, et en présence du tuteur (3). Il aurait été bien plus juste d'y faire assister celui à qui les biens doivent être rendus, s'il est majeur et maître de ses biens. Il a sans

-----

(1) Loi du 13 floréal an 11, art. 346.
(2) *Ibid.* art. 347.
(3) *Ibid.* art. 349.

Tome III. L

doute le droit d'y paraître, et même de le
demander, quoique la loi n'en dise rien. Il
serait autrement fort extraordinaire qu'on fît
les affaires d'un autre sans qu'il pût y intervenir. Dans l'ancienne jurisprudence, il n'y
avait d'inventaire que quand le fidéi-commissaire le demandait.

Si l'inventaire n'a pas été fait à la requête
du grevé, dans le délai ci-dessus, il y sera
procédé dans le mois suivant, à la diligence
du tuteur nommé pour l'exécution, en présence du grevé ou de son tuteur (1).

Ainsi c'est toujours le tuteur et le grevé
qui agissent, sans le concours de celui qui est
plus intéressé à ce que les choses se fassent
en règle.

Si le grevé n'a point fait l'inventaire dans
les délais qui lui sont assignés, il y sera procédé à la diligence soit des appelés, s'ils sont
majeurs, soit de leur tuteur ou curateur, s'ils
sont mineurs ou interdits, soit de tout parent
des appelés majeurs, mineurs ou interdits, ou
même d'office, à la diligence du commissaire
du gouvernement (2).

Ce n'est cependant qu'au cas où l'inventaire n'aurait point été fait dans les deux
mois, que les appelés ou leurs tuteurs, ou le
ministère public, peuvent le requérir.

____

(1) Loi du 13 floréal an 11, art. 349.
(2) *Ibid*, art. 350.

Le grevé de restitution est encore tenu de faire procéder à la vente, par affiches et enchères, de tous les meubles et effets compris dans la disposition (1).

On excepte cependant les meubles meublans, et autres choses mobilières, qui auraient été compris dans la disposition, à la condition expresse de les conserver en nature, et de les rendre dans l'état où ils se trouveraient lors de la restitution (2).

Les bestiaux et ustensiles servant à faire valoir les terres, sont censés compris dans les donations entre-vifs ou testamentaires desdites terres, et le grevé sera seulement tenu de les faire priser et estimer, pour en rendre une égale valeur lors de la restitution (3).

Le grevé est aussi tenu dans le délai de six mois, à compter du jour de la clôture de l'inventaire, de faire un emploi des deniers comptans, de ceux provenant du prix des meubles et effets qui auront été vendus, et de ce qui aura été reçu des effets actifs.

Ce délai pourra être prolongé, s'il y a lieu (4).

Le grevé est pareillement tenu, pendant la durée de la jouissance, de faire emploi des deniers provenant des effets actifs qui seront

---

(1) Loi du 13 floréal an 11, art. 351.
(2) *Ibid.* art. 352.
(3) *Ibid.* art. 353 et art. 307.
(4) *Ibid.* art. 354.

L 2

recouvrés, et des remboursemens de rentes, et ce dans trois mois au plus tard après qu'il aura reçu ces deniers (1).

Cet emploi est fait conformément à ce qui aura été ordonné par l'auteur de la disposition, s'il a désigné la nature des effets dans lesquels l'emploi doit être fait ; sinon il ne peut l'être qu'en immeubles, ou avec privilége sur des immeubles.

Cet emploi est fait en présence et à la diligence du tuteur nommé pour l'exécution (2).

Les dispositions par actes entre-vifs ou testamentaires, à charge de restitution, seront, à la diligence, soit du grevé, soit du tuteur nommé pour l'exécution, rendues publiques; savoir, quant aux immeubles, par la transcription des actes sur les registres au bureau des hypothèques du lieu de la situation ; et, quant aux sommes colloquées avec privilège sur des immeubles, par l'inscription sur les biens affectés au privilége.

Quand les biens d'une famille étaient substitués en totalité ou en partie, si la substitution était demeurée cachée, tous ceux qui auraient contracté avec celui qui était chargé de rendre, auraient pu être trompés. C'est pour cela que l'ordonnance de Moulins voulait que les substitutions, pour être valables, fussent

______

(1) Loi du 13 floréal an 11, art. 355.
(2) *Ibid*, art. 357.

publiées en jugement, audience tenant, et enregistrées au greffe du tribunal dans l'arrondissement duquel les biens étaient situés (1).

L'établissement du régime hypothécaire a rendu cette formalité inutile, comme celle de l'insinuation des donations; on a substitué à l'une et à l'autre, la transcription sur les registres du bureau des hypothèques, qui en remplit entièrement l'objet.

S'il s'agit d'un simple droit avec privilége sur des immeubles, il suffit de prendre une inscription pour leur sûreté sur les biens affectés au privilége (2).

Le défaut de transcription de l'acte, contenant la disposition, peut être opposé par les créanciers et tiers acquéreurs, même aux mineurs ou interdits ; sauf le recours contre le grevé et contre le tuteur à l'exécution, et sans que les mineurs ou interdits puissent être restitués contre ce défaut de transcription, quand même le grevé et le tuteur se trouveraient insolvables (3).

Toutes ces règles sont tirées, à peu de choses près, de l'ancienne jurisprudence. Personne n'est relevé du défaut de transcription d'une disposition à charge de rendre, comme on ne l'est point du défaut de transcription d'une

______

(1) Art. 57, et Ordonn. de 1747, tit. 2, art. 18.
(2) Loi du 13 floréal an 11, art. 358.
(3) *Ibid.* art. 359.

donation. Il y a, dans les deux cas, recours contre ceux qui étaient chargés par la loi, de remplir cette formalité.

Le défaut de transcription ne peut encore être suppléé ni regardé comme couvert par la connaissance que les créanciers ou les tiers acquéreurs pourraient avoir eue de la disposition, par d'autres voies que celle de la transcription (1).

C'était encore là une maxime de l'ancienne jurisprudence. Rien ne peut suppléer une formalité essentielle prescrite par la loi.

Les donataires, les légataires, ni même les héritiers légitimes de celui qui aura fait la disposition, ni pareillement leurs donataires, légataires ou héritiers, ne peuvent en aucun cas, opposer aux appelés le défaut de transcription ou inscription (2).

Il en est du défaut de transcription d'une disposition à charge de rendre, comme de celui de la transcription d'une donation: il ne peut être allégué par les personnes qui étaient chargées de faire remplir cette formalité, et qui pouvaient avoir intérêt à ce qu'elle ne le fût pas. D'ailleurs, ce moyen n'a été imaginé qu'en faveur des tiers acquéreurs ou créanciers, pour qu'ils ne pussent être trompés

____

(1) Loi du 13 floréal an 11, art. 360.
(2) *Ibid.* art. 316. Henrys, tom. 2, liv. 5, quest. 14, Louet. lett. S, somm. 3.

dans les contrats qu'ils feraient avec le grevé, mais non pour celui-ci ou ses légataires et héritiers. Ceux-ci ne tiennent ce qu'ils ont reçu qu'à titre gratuit; ils n'ont donc pas de prétexte légitime pour alléguer le défaut de transcription ou d'inscription.

Le tuteur nommé pour l'exécution, est personnellement responsable, s'il ne s'est pas, en tout point, conformé aux règles ci-dessus établies pour constater les biens, pour la vente du mobilier, pour l'emploi des deniers, pour la transcription et l'inscription, et en général s'il n'a pas fait toutes les diligences nécessaires pour que la charge de restitution soit bien et fidèlement acquittée (1).

Ce tuteur est plus rigoureusement traité que les tuteurs ordinaires, qui, ne pouvant presque rien faire sans l'autorisation des conseils de famille, sont par là à l'abri de toute responsabilité. Celle qu'on impose aux tuteurs des biens à rendre est immense: Il est douteux qu'on trouve des gens qui veuillent s'y exposer; il est vrai qu'on les y oblige.

La loi veut encore que si le grevé est mineur, il ne puisse, dans le cas même de l'insolvabilité de son tuteur, être restitué contre l'inexécution des règles auxquelles on a assujetti les dispositions dont nous venons de parler (2).

---

(1) Loi du 13 floréal an 11, art. 362.
(2) *Ibid.* art. 363.

L 4

Le sens de cet article n'est pas d'abord facile
à saisir. Le tort le plus évident que peut éprouver le grevé mineur par la négligence de son
tuteur à exécuter les règles prescrites dans ce
chapitre du Code, c'est d'être déchu du bénéfice de la disposition. Une de ces règles porte
la déchéance, faute d'avoir fait nommer un
tuteur aux biens à rendre; mais, en pareil cas,
le tribunal, au lieu d'ordonner la déchéance,
enjoindrait au grevé de faire faire cette nomination, ou le ministère public pourrait la provoquer d'office.

Le défaut d'inventaire, d'emploi des fonds
des remboursemens ou du produit des ventes
du mobilier, pourrait encore exposer le grevé
ou ses héritiers à des recherches de la part
des appelés ; mais son tuteur, devant toujours
agir pour cela sous l'autorisation du conseil
de famille, est rarement dans le cas d'être
responsable.

Il y a une infinité de règles dans l'ancienne
jurisprudence concernant l'administration du
grevé, sur les retenues à faire sur les biens
à rendre, sur la transmission des droits les
concernant, et plusieurs autres dont la loi
ne parle pas.

D'ailleurs, ici les appelés sont presque toujours les héritiers du grevé; et si celui-ci avait
dégradé les biens à rendre, ou les avait même
aliénés, on ne pourrait rechercher les tiers
acquéreurs, qu'en répudiant la succession.

CHAPITRE VII.

De quelques autres règles concernant les anciennes et les nouvelles substitutions.

L'héritier chargé de rendre après un terme incertain, ou sous condition, est cependant le véritable propriétaire, parce que ceux qui sont appelés à recueillir les biens dont il est grevé, peuvent mourir avant le terme et la condition échue; et dans ce cas, ces biens demeurent libres sur sa tête. Il peut alors en disposer comme du restant de sa fortune (1).

Mais il n'a pas le pouvoir de rien aliéner au préjudice de ceux à qui il est tenu de rendre des biens substitués; et s'il avait aliéné les biens sujets à restitution, ceux qui y sont appelés peuvent les revendiquer, et les tiers acquéreurs ne sauraient se maintenir dans leur possession, qu'autant que les formalités de la transcription, dont nous avons parlé dans le chapitre précédent, n'auraient pas été observées. Ils ne pourraient faire usage de la prescription qu'autant qu'elle serait acquise, à compter du jour de l'ouverture de la substitution (2).

On permettait autrefois au grevé captif ou

____

(1) *Leg.* 3. §. 3, *Cod. comm. de legat.*
(2) *Leg.* 7, *Cod. de reb. alien, non alien.*

prisonnier de guerre, d'aliéner, pour payer sa rançon, les biens qu'il était chargé de rendre (1).

En matière de restitution le droit d'accroissement a lieu; c'est-à-dire, que si je charge mon héritier de rendre la quotité disponible de mes biens aux trois enfans qu'il a à l'époque de mon testament, si l'un deux vient à mourir avant la restitution, la portion du prédécédé accroît aux deux autres. Il en serait de même s'il en mourait deux; le survivant aurait la totalité des biens. Nous expliquerons plus au long tout à l'heure, ce qu'on doit entendre par droit d'accroissement.

Les héritiers du grevé pouvaient autrefois retenir les impenses utiles et nécessaires qu'il avait faites dans les biens qu'il était chargé de rendre, autres néanmoins que les réparations viagères. Mais aujourd'hui cette retenue ne peut avoir lieu, puisque ceux à qui le grevé est tenu de rendre sont toujours ses héritiers de droit. Il n'y aurait qu'un cas où cette retenue pourrait être réclamée par les créanciers du grevé, celui, par exemple, où ses héritiers répudieraient la succession, pour s'en tenir aux biens substitués.

D'un autre côté, dès le moment que la restitution a été faite, toutes les actions du grevé à raison de ces biens, soit actives, soit passi-

(1) La Rocheflavin, liv. 3, tit. 9, art. 2.

ves, passent au même instant en la personne du substitué, jusques à concurrence des parts et portions qui lui ont été rendues ; c'est alors à ceux qui ont recueilli qu'on doit s'adresser pour toutes les actions qu'on a à diriger contre la succession ; comme aussi c'est à eux qu'il appartient de poursuivre toutes les actions que le défunt pouvait intenter contre qui que ce soit.

Il faut enfin observer que l'héritier, qui est en possession des biens substitués jusques à ce que la condition ou le terme soient échus, est obligé de les entretenir en bon état, et de les conserver en bon père de famille ; de sorte que s'il laisse tomber les maisons ou dégrader les terres, faute d'y faire les réparations nécessaires et accoutumées, il en est responsable : il en est de même s'il laisse devenir les débiteurs insolvables par sa négligence, etc. ; mais on n'exige pas de l'héritier chargé de rendre, la même exactitude que d'un tuteur ; il faut, dit la loi, que sa négligence soit si grossière, qu'elle approche du dol et de la fraude (2).

D'ailleurs ceux à qui les biens doivent être rendus étant toujours les héritiers du grevé, leur recours pour les dommages qu'ils auraient soufferts par sa faute, serait la plupart du tems illusoire.

---

(1) *Leg.* 1. §. 2. *ff. ad s. c. trebell.*
(2) *Leg.* 22, §. 1, *ff. ibid.*

C'était autrefois une grande question de savoir si un héritier grevé pouvait être obligé de donner caution pour la sûreté des biens substitués (1). La multiplicité des précautions que la loi prend pour en empêcher la déprédation, et l'immense responsabilité qu'elle impose au tuteur, semble rendre toute autre prévoyance inutile.

L'héritier grevé peut exiger les dettes actives qui font partie des biens sujets à restitution, à la charge d'en faire l'emploi dont il est parlé dans le chapitre précédent. La loi ne prévoit pas le cas où il serait nécessaire de vendre des biens grevés de substitution pour payer les dettes dont ils seraient chargés, ou même acquitter les frais auxquels leur conservation doit donner lieu.

La loi ne détermine rien non plus pour les cas où il s'éleverait des procès relatifs à des objets dépendant des biens sujets à restitution. Le grevé sera-t-il seul autorisé d'y défendre? Les jugemens rendus contre lui seront-ils exécutoires, comme autrefois contre le substitué (2)? Aura-t-il le pouvoir de transiger, sans l'assistance du tuteur (3)? L'autorité presque exclusive que l'on donne à ce dernier, ne permet pas de le penser.

______

(1) *Leg.* 8, *ff. de stipulat. prœter. Cambolas, liv.* 4, *chap.* 15.
(2) *Leg.* 44, *ff. de rejudicat.*
(3) *Leg.* 30, *ff. ad s. c. trebell.*

D'un autre côté, la restitution ne pouvant porter que sur la quotité disponible, le grevé n'a jamais intérêt de la diminuer par le dol ou la collusion. Car ce qu'on en retrancherait de cette manière, devrait la plupart du tems être suppléé par les biens libres qu'il aurait recueillis.

Celui qui est appelé à la substitution, doit maintenir les baux faits par le grevé. C'était l'ancienne règle; et elle doit d'autant plus être observée aujourd'hui, que l'appelé étant l'héritier du grevé, il serait obligé de tenir les baux en cette seule qualité.

CHAPITRE VIII.

Des partages par père et mère ou autres ascendans entre leur descendans.

Nous avons déjà remarqué plusieurs fois que la faculté de tester n'avait pas autrefois la même latitude dans les diverses provinces de France; très-étendue dans celles régies par le droit romain, elle était très-resserrée et quelquefois nulle dans celles qui suivaient la loi coutumière.

Car il y avait des coutumes qui non-seulement ne permettaient pas d'instituer des étrangers pour héritiers, mais encore qui prohibaient toute disposition en faveur de qui que ce fût, et qui établissaient entre les héritiers du sang une parfaite égalité.

C'est dans ces coutumes qu'avaient pris naissance les actes de partage dont il est parlé dans ce chapitre. Quoique les pères ou les mères ne pussent avantager aucun de leurs enfans au préjudice de l'autre, cependant la loi leur laissait le droit de distribuer leurs biens entre eux, par un acte entre-vifs ou de dernière volonté. Quand ce partage était fait d'une manière égale et équitable, il prévenait les contestations qui pouvaient s'élever entre les enfans pour le partage de la succession, et il leur évitait les frais qu'un partage, judiciaire surtout, entraîne inévitablement.

Ces partages n'étaient point connus dans les pays de droit écrit, et même dans les pays coutumiers, où les pères et mères pouvaient disposer d'une partie de leurs biens : ils y auraient même été inutiles, puisque les pères et mères, pouvant disposer à leur gré d'une partie considérable de leurs biens, avaient les moyens d'en faire entre leurs enfans la distribution qu'ils jugeaient la plus équitable.

Cependant les testamens *inter liberos*, en pays de droit écrit, étaient considérés comme des actes de partage, et leur étaient du moins assimilés.

Dans les coutumes où les partages avaient été admis, on exigeait, pour leur validité, qu'on y suivît les formes d'une donation entre vifs ou d'un acte de dernière volonté. Quelques-unes même les soumettaient à des formalités plus sévères. La coutume de Bretagne, autre autres, ne les autorisait qu'entre les nobles, et elle voulait que les pères, en les faisant, eussent été assistés de quatre parens de l'enfant, deux du côté paternel et deux du côté maternel.

L'ordonnance de 1735, qui ne toucha point aux lois qui réglaient la faculté de tester, maintint les actes de partage entre enfans et descendans, dans les pays où ils étaient en usage (1).

Le Code civil les a étendus dans toute la France.

Ces partages pourront être faits par actes entre-vifs et testamentaires, avec les mêmes formalités, conditions et règles prescrites pour les donations entre-vifs et testamens.

Les partages devant être faits dans les formes prescrites pour les donations ou pour les testamens, ils s'assimilent nécessairement à l'un ou à l'autre de ces deux actes; de sorte qu'on pourrait en conclure, qu'ils ne font plus qu'une superfétation dans la législation, puisqu'il faut toujours qu'ils soient ou donation ou testament.

Cependant ils auront toujours l'avantage, en plusieurs cas, de prévenir les contestations que pourrait exciter entre les enfans le partage de la succession de leurs ascendans.

______

(1) Art. 17.

On doit remarquer ici que, quand le partage est fait entre-vifs, il ne peut, comme la donation, que comprendre les biens présens (1).

Il en serait autrement s'il était fait dans une donation de biens présens et à venir en contrat de mariage. Il vaudrait même alors pour les biens à venir.

Cette dernière règle s'applique aux partages faits par testament, qui comprennent nécessairement tous les biens existans à l'époque de l'ouverture de la succession.

Si tous les biens que l'ascendant laissera au jour de son décès n'ont pas été compris dans le partage, ceux de ces biens qui n'y auront pas été compris, seront partagés conformément à la loi (2).

On fait alors un supplément de partage pour les biens omis par l'ascendant, ou pour ceux qu'il a acquis postérieurement au partage.

Une des règles fondamentales de ces partages, c'est qu'ils soient faits entre tous ceux qui ont droit à la succession. Si l'un d'eux avait été omis, le partage serait nul, non seulement à son égard, mais encore à l'égard de ceux entre qui le partage aurait été fait; tous pourraient en demander un nouveau.

(1) Loi du 13 floréal an 11, art. 365.
(2) *Ibid.* art. 366.

Si un des enfans entre qui le partage aurait
été fait, venait à prédécéder sans enfans, le
partage ne serait pas annulé par là; sa portion accroîtrait à ses frères ou sœurs. S'il laissait des enfans, le partage serait encore valable; ils prendraient la portion de leur père
ou mère, par l'effet de la représentation (1).

La loi dit encore que le partage fait par l'ascendant peut être attaqué pour cause de
lésion de plus du quart; il peut l'être aussi
dans le cas où il résulte du partage et des
dispositions faites par préciput, que l'un des
co-partageans aurait un avantage plus grand
que la loi ne le permet (2).

Les deux dispositions de cet article paraissent contradictoires. La première ne permet
d'attaquer le partage qu'autant qu'il y aurait
pour le plaignant une lésion de plus d'un quart.
L'autre, au contraire, admet la rescision du
partage toutes les fois que l'un des co-partageans aurait un avantage plus grand que la
loi ne le permet.

Or la loi exigeant l'égalité des partages, ses
dispositions sont violées toutes les fois que la
portion d'un des co-partageans vaut mieux
que celle de l'autre.

Mais nous avons déjà vu, en parlant des
partages ordinaires, qu'il est presque impos-

____

(1) Loi du 13 floréal an 11, art. 367.
(2) *Ibid.* art. 368.

Tome III. M

sible de les faire parfaitement égaux , et que, quand toutes les formes y ont été observées, la loi n'admet la demande en rescision que lorsqu'il y a eu une lésion du tiers au quart.

Il a donc fallu laisser dans les partages faits par les ascendans comme dans les autres, une certaine latitude pour la lésion. La loi l'a fixée au quart.

La seconde disposition de la loi ne peut donc la concerner. Elle n'entend parler que du cas où l'ascendant en faisant son partage , aurait disposé de la quotité que la loi lui laisse, et aurait fait , en faveur d'un des co-partageans, un avantage excédant les limites que la loi a mises à cette quotité.

La présomption est toujours en faveur de l'équité du partage. Celui qui l'attaque est obligé d'avancer les frais de l'estimation qu'on est obligé de faire, pour savoir s'il y a ou non lésion dans le partage. Les frais restent à la charge du réclamant, si sa demande est mal fondée ; ils sont, au contraire , à la charge de la succession , si ses plaintes sont justes (1).

Cette demande en rescision du partage ressemble beaucoup à celle en supplément de légitime, si connu autrefois , sur-tout dans les pays de droit écrit , et dont il est parlé dans l'ordonnance de 1735. Elle doit se régler à peu près par les mêmes maximes.

______

(1) Loi du 29 floréal an 11 , art. 369.

LIVRE XIX.

DE L'INTERPRÉTATION DES TESTAMENS ET DE LEUR EXÉCUTION. DE LEUR RÉVOCATION ET DE LEUR CADUCITÉ.

CHAPITRE I.

Des dispositions conditionnelles.

On appelle, en général, condition, l'obligation que l'on impose à quelqu'un en faveur de qui on fait une libéralité par acte entre-vifs ou de dernière volonté, de faire ou de donner quelque chose, ou de s'en abstenir. La disposition est encore conditionnelle, si on la subordonne à un évènement futur et incertain (1). Un évènement présent ou passé ne fait point condition, car il ne s'agit que de le vérifier.

On distingue ordinairement les conditions en possibles et en impossibles; en potestatives, casuelles et mixtes (2).

____

(1) *Leg.* 6o *ff. de condition. et demonst.*
(2) Code civil, tit. des Contrats, art. 1168 et suiv.

Les obstacles qui rendent une condition impossible, sont ou physiques ou moraux; ils sont de la première classe, lorsque l'exécution de la condition est évidemment impossible; telle serait celle qui imposerait l'obligation d'aller dans trois jours de Paris à la Martinique.

Les obstacles sont moraux quand les faits qu'on exige blessent l'honneur, la réputation, la pudeur, la probité, et en général les bonnes mœurs (1).

Cette règle n'est susceptible de difficulté que dans l'application, et lorsqu'il s'agit d'une condition dont le caractère est douteux; car il en est qu'on regarde dans un tems comme contraires aux bonnes mœurs, qui ne sont pas réputées telles dans des siècles plus relâchés.

La question la plus controversée en cette matière est celle de savoir si l'on peut dans un testament imposer à quelqu'un une condition qui l'empêche absolument de se marier, ou seulement de se marier avec une certaine personne, etc., et si les conditions de cette espèce sont ou non contraires aux bonnes mœurs.

La loi romaine rejetait toutes les conditions qui empêchaient la liberté ou retardaient le tems des mariages (2). Elle les réputait contraires aux bonnes mœurs (3). Mais elle admettait la prohibition avec une certaine per-

____

(1) *Leg.* 15. *ff. de condit. inst.*
(2) *Leg.* 3. §. 5. *ff. de suis et legit. hæred.*
(3) *Leg.* 134. *ff. de verbor. obligat.*

sonne, ou même avec les personnes d'un certain lieu (1).

Elle permettait également à un mari de faire des legs à sa femme, à condition qu'elle garderait viduité. La femme avait bien en ce cas le pouvoir de se remarier; mais elle était alors privée du legs ou de la donation qui lui avait été faite (2).

Il n'en était pas de même si on instituait une personne, à condition qu'elle ne pourrait se marier sans le consentement d'une personne désignée. On ne pouvait faire dépendre le mariage de la volonté d'autrui, qui peut vouloir ou ne pas vouloir (3). Cela souffrirait d'autant moins de difficulté parmi nous, que la loi a réglé la manière de se marier et de prévenir les surprises.

Les deux autres règles étaient admises dans notre ancienne jurisprudence (4).

Toutes ces conditions ont été abolies parmi nous par les lois du 12 septembre 1791, et 5 brumaire an 2., portant que toute clause impérative ou prohibitive qui serait contraire aux lois ou aux bonnes mœurs, qui porterait atteinte à la liberté religieuse du donataire, héritier ou légataire, qui gênerait la liberté qu'il

---

(1) *Leg.* 63. 64. *ff. de condit. et demonst.*
(2) *Novell.* 22. *cap.* 43. 44. §. 6.
(3) Journ. du Pal. tom. 1. p. 724.
(4) *Ibid.* pag. 390. 486. Journal des Aud. tom. 6. Liv. VI. Chapit. 47.

a de se marier, même avec telle personne, soit d'embrasser tel état, emploi ou profession, ou qui tendrait à le détourner de remplir les devoirs imposés, et d'exercer les fonctions déférées par la constitution aux citoyens actifs et éligibles, est réputée non écrite (1).

D'après ces dispositions et celles du présent article, les legs ou autres libéralités auxquels des conditions prohibitives auraient été imposées, ne seraient pas nuls pour cela; les conditions seraient censées seulement non écrites, et la disposition recevrait son exécution pour le surplus.

Et c'est en quoi les actes par lesquels on dispose entre-vifs, ou par dernière volonté, diffèrent des contrats; car les conditions impossibles, ou contre les bonnes mœurs, vicient entièrement ces derniers. Ceux qui ont consenti à de pareilles conditions, disent les jurisconsultes, sont censés n'avoir point traité sérieusement (4).

---

(1) Un jugement du Tribunal de Cassation, du 6 floréal an 11, décide qu'une clause qui est moins prohibitive que modificative de l'institution, ne doit pas être regardée comme proscrite par la loi du 5 septembre 1791. Le mode, que l'on confond souvent avec la condition, est l'objet final, le but de l'institution et n'impose aucune obligation à l'institué, comme il ne lui prohibe rien. Voyez le Journal du Palais, 10 frimaire an 12. n°. 195, art 60, et n°. 219, art. 84.

(2) *Leg.* 1. *ff. de condit. et demonst. et ibi. Gotofr. Leg.* 31. *ff. de oblig. et act. Instit. de inutil. stipul.*

Pour revenir aux autres espèces de conditions, il y en a, comme nous l'avons déjà dit, de purement casuelles, c'est-à-dire, qui dépendent uniquement du hasard; par exemple, j'institue un tel héritier, si un tel navire arrive à bon port; alors l'institution est suspendue jusqu'à ce que la condition arrive, ou qu'il soit certain qu'elle n'arrivera pas; durant tout ce tems l'hérédité est appelée jacente, c'est-à-dire, sans maître, et tous les fruits et revenus perçus jusques à ce qu'il y ait un héritier, augmentent la succession, et en font partie.

Il y a des conditions potestatives, c'est-à-dire, qu'il dépend de la volonté de l'héritier d'accomplir, ou de ne pas accomplir; par exemple, j'institue un tel héritier, à condition qu'il fera ou qu'il ne fera pas telle chose; et celles-là sont encore de deux sortes.

Il y en a qui consistent à faire, ou à donner quelque chose, et l'héritier est obligé de les accomplir avant que de pouvoir accepter la succession. Il est vrai que s'il ne tient pas à lui que la condition ne soit accomplie, elle est censée l'être; comme s'il offre l'argent que le testateur l'a obligé de donner, et que celui à qui il est destiné ne veuille pas le recevoir.

Il y en a d'autres qui consistent à ne pas faire quelque chose; par exemple, j'institue un tel héritier, à condition qu'il ne vendra pas sa maison. Or comme ces sortes de conditions sont toujours incertaines durant la vie de l'hé-

M 4

ritier, parce qu'il est toujours en état de contrevenir à la condition, s'il ne pouvait se porter héritier que lorsque la condition serait échue, il s'ensuivrait qu'il ne jouirait point de la libéralité qui lui aurait été faite. Le légataire peut alors déclarer à l'héritier qu'il est prêt à donner caution, qu'il remplira la condition: c'est ce qu'on appelle la caution mutienne, du nom de Mutius qui en fut l'inventeur (1).

D'après cela toute disposition testamentaire faite sous une condition dépendant d'un évènement incertain, telle que, dans l'intention du testateur, cette disposition ne doive être exécutée qu'autant que l'évènement arrivera ou n'arrivera pas, sera caduque, si l'héritier institué, ou le légataire décède avant l'accomplissement de la condition (2).

En effet, lorsque l'institution, ou le legs, est conditionel, il ne peut avoir d'effet jusqu'à l'évènement de la condition : tout est en suspens jusqu'alors. L'héritier ou le légataire n'ont aucun droit, ou à la succession, ou au legs, et s'ils viennent à mourir avant l'accomplissement de la condition, ils ne peuvent transmettre à leurs héritiers des droits qui ne leur étaient pas encore acquis.

Mais la condition qui, dans l'intention du testateur, ne fait que suspendre l'exécution de

____

(1) *Leg.* 7. *ff. de condit.*
(2) Loi du 13 floreal an 11, art. 329.

la disposition, n'empêchera pas l'héritier institué, ou le légataire, d'avoir **un** droit acquis
et transmissible à ses héritiers.

Lorsque la condition n'est que suspensive,
c'est-à-dire, que le droit de l'héritier, ou du légataire est acquis, mais que l'exercice n'en est
que suspendu, ou différé pendant un temps
limité, alors il est transmissible à ses héritiers (1).

Outre les conditions qu'un testateur peut
imposer à ses libéralités, il se rencontre quelquefois dans les testamens, des dispositions
obscures, qu'il s'agit d'interprêter. Il faut alors
chercher plutôt ce que le testateur a voulu
que ce qu'il a dit. On suit à cet égard les
mêmes règles que nous avons établies dans le
premier chapitre de cet ouvrage, pour l'interprétation des lois.

Quand les expressions sont claires, il faut
les prendre telles qu'elles sont : il ne peut
plus être question alors de rechercher quelle
a été la volonté du testateur (2).

Il faut, autant qu'il est possible, favoriser
l'intention du testateur, et en faciliter l'accomplissement, à moins que l'objet n'en fût
honteux (3).

Quand une disposition est obscure, il faut,

---

(1) *Ibid.* art. 330.
(2) *Leg.* 24. §. 1. *ff. de legat.* 3.
(3) *Leg.* 7. *in fin. ff. de legat. ann.*

dit une loi romaine, pour l'éclaircir, connaître les habitudes du testateur, les coutumes du pays où il résidait, rechercher son intention, considérer l'état du légataire, les liaisons qu'il y avait entre lui et le testateur.

Il faut examiner ce qui suit et ce qui précède dans la disposition (1).

Il y aurait un commentaire immense à faire sur une pareille loi ; les interprêtes ne s'y sont pas oubliés (2).

En général, tout ce qui dans un testament ne présente point de sens raisonnable est censé non écrit (3) ; et lors qu'il y a des dispositions qui se contrarient, ni les unes ni les autres ne doivent être exécutées (4).

Il ne faut pas sur-tout s'arrêter aux dispositions bizarres et singulières d'un testateur relativement à sa sépulture (5).

Quant à l'étendue des dispositions, la loi permet au testateur tout ce qu'elle ne lui défend pas (6).

---

(1) *Leg.* 5o. *ff de legat.* 1.
(2) *Gotofred. ad dict. leg.*
(3) *Leg.* 2. *ff. de his quæ pronon scrip.*
(4) *Leg.* 188. *ff. de regul jur.*
(5) *Leg.* 113. §. *ultim. ff. de leg.* 1.
(6) D'Aguess. *plaid.* 53.

CHAPITRE II.

De quelques autres règles relatives aux dispositions testamentaires.

Tout ce qui est un accessoire nécessaire, ou fait partie de la chose léguée, doit être compris dans la délivrance qui en est faite. Les bestiaux de labour, les troupeaux dépendant d'une ferme, sont compris dans le legs qui en est fait. Les meubles fixés à demeure dans une maison en font également partie (1).

La chose léguée doit être encore livrée en l'état où elle se trouve au décès du testateur. Si elle avait dépéri par la faute de l'héritier, il en serait tenu compte ; mais non, si c'était par un accident qu'il n'eût pas été en son pouvoir d'empêcher.

C'était une question fort controversée parmi les Jurisconsultes, savoir si, lorsque quelqu'un, postérieurement à son testament, où il faisait le legs d'un immeuble, avait fait des augmentations à cet immeuble, elles étaient censées comprises dans le legs.

La loi décide ici par une distinction : si ces augmentations consistent en une acquisition

---

(1) *Leg.* 102. §. 3. *ff. de legat.* 7. Louet, let. A. omm. 12. Loi du 13 floréal au 11, art. 307.

nouvelle ajoutée à l'immeuble qu'on possédait déjà, elles ne sont point censées comprises dans le legs qui en a été fait, quand même elles y seraient contiguës ; il faut une disposition nouvelle : il en serait autrement, s'il s'agissait uniquement de constructions nouvelles, d'embellissemens faits au fonds légué, ou d'un enclos, dont le testateur aurait augmenté l'étendue.

Cette distinction est très-juste ; c'est une conséquence de l'autre disposition, qui ne comprend dans le legs d'une chose, que ce qui en est l'accessoire, et en fait nécessairement partie (1).

Si avant le testament ou depuis, la chose léguée a été hypothéquée pour une dette de la succession, ou même pour la dette d'un tiers, ou si elle est grevée d'un usufruit, celui qui doit acquitter le legs n'est point tenu de la dégager, à moins qu'il n'ait été chargé de le faire par une disposition expresse du testateur.

La loi romaine distinguait, à ce sujet, si le testateur savait que la chose léguée était hypothéquée, ou s'il l'ignorait. Dans le premier cas, l'héritier était tenu de la dégager ; dans le second il ne l'était pas (3). Le Code

---

(1) Loi du 13 floréal an 11, art. 308.
(2) Loi du 13 floréal an 11, art. 309.
(3) *Leg 57. ff. de legat.* 1. *Leg. 6. cod. de fidéicom. Leg. 10. cod. de legat.*

civil a posé une règle moins susceptible de difficulté , en décidant que celui qui doit acquitter le legs d'une chose hypothéquée, n'est tenu de la dégager qu'autant que le testateur lui en a imposé l'obligation.

La loi romaine permettait de léguer la chose d'autrui ; l'héritier était alors obligé , ou de l'acquérir pour la livrer au légataire , ou d'en payer l'estimation (1). On distinguait si le testateur savait ou non que la chose ne lui appartenait point : la décision était différente suivant les circonstances. Mais le Code civil, sans entrer dans ces détails, décide que le legs d'une chose qui n'appartiendrait point au testateur , serait nul ou comme non écrit (2).

Mais si, postérieurement au testament, le testateur acquérait la chose qu'il avait léguée , quoique ne lui appartenant pas , le legs serait alors valable.

Il était autrefois permis à un testateur de léguer une chose qui appartenait à son héritier ; et on ne faisait pas la distinction qui avait lieu pour le legs d'une chose appartenante à un tiers. On présumait plus facilement que le testateur avait voulu charger son héritier de donner au légataire une chose que cet héritier avait en sa possession , que de le

______

(1) *Instit. de legat.* §. 4.
(2) Loi du 13 floréal an 11 , art. 310. Henrys, tom. 1, liv. 5. ch. 4. quest. 43.

charger d'acheter d'un autre ce qu'il n'avait pas. (1). Il semble qu'un tel legs devrait être encore valable.

Lorsque le legs est d'une chose indéterminée, l'héritier ne sera pas obligé de la donner de la meilleure qualité, et il ne pourra l'offrir de la plus mauvaise (2).

C'est la règle qu'on a toujours suivie en pareil cas ; si l'héritier et le légataire ne sont pas d'accord sur la qualité de la chose léguée, on a recours à des experts (3).

Le legs fait au créancier n'est pas censé en compensation de sa créance , ni le legs fait au domestique en compensation de ses gages (4).

Pour décider ces questions autrefois, on avait recours aux conjectures ; on cherchait à savoir si l'intention du testateur avait été de compenser le legs qu'il faisait à son créancier ou à ses domestiques, avec ce qu'il leur devait. Aujourd'hui cette compensation ne pourra avoir lieu , qu'autant que le testateur l'aura dit expressément.

Les legs peuvent être sous condition ; ils peuvent être payables à certain terme ; ils

---

(1) *Leg.* 67. §. 8. *ff. de legat.*
(2) Loi du 13 floréal an 11 , art. 311.
(3) *Leg.* 69. §. 4. *ff. de jur. dotium. Instit. de legat.* §. 22.
(4) Loi du 13 floréal an 11, art. 312.

peuvent être faits pour de certaines causes, et avec de certaines démonstrations.

Les legs qui sont faits sous condition ne sont point dûs, que la condition ne soit échue, à moins qu'elle ne soit impossible, ou contre les bonnes mœurs, auquel cas elle est rejetée, comme nous l'avons déjà dit plus haut.

A l'égard de la cause, ou elle regarde le passé, ou elle regarde l'avenir : si elle regarde le passé, quand elle se trouverait fausse, le legs ne laisserait pas de subsister ; par exemple, je lègue à Pierre, parce qu'il a eu soin de mes affaires ; quand le légataire ne s'en serait pas mêlé, le legs ne laisse pas d'être bon (1).

Si la cause regarde l'avenir, par exemple, si le testateur lègue à Pierre pour faire bâtir une maison en tel lieu, le legs n'est point suspendu, il est dû dès le moment de la mort du testateur ; mais l'emploi des deniers doit être fait suivant sa volonté, et l'héritier peut obliger le légataire d'en donner caution. La cause qui regarde le passé est appelée dans les lois, *Causa*, et celle qui regarde l'avenir est appelée *Modus* (2). Mais le mode, comme nous l'avons déjà dit plus haut, se confond quelquefois avec la condition. Il concerne spécialement l'usage ou l'emploi que le testateur veut qu'on fasse de la chose léguée.

---

(1) *Falsa causa non vitiat legatum.*
(2) *Leg.* 40. §. 5, *et Leg.* 80, *ff. de condit. et demonst.*

La fausse démonstration ne rend pas le legs nul, pourvu que la chose subsiste, et qu'elle soit suffisamment connue d'ailleurs : je lègue à ma femme la terre de Choisy qu'elle m'a donnée ; si j'ai une terre appelée Choisy, le legs subsiste, quoiqu'elle ne m'ait pas été donnée par ma femme (1).

Si je lègue les cent écus qu'un tel me doit, et qu'il ne me doive rien en effet, le legs est inutile ; car quand il me devrait effectivement, l'héritier ne serait pas obligé de me payer la somme, mais seulement de me céder ses actions, et de me délivrer les titres de la créance (2).

Dans le doute cependant si la disposition est taxative ou démonstrative, il faut décider qu'elle est démonstrative : un testateur n'est pas censé avoir voulu faire une disposition dérisoire (3).

Il nous reste à parler du droit d'accroissement qui, suivant le droit romain, s'opère de trois manières, par les paroles, par la chose, et par la chose et par les paroles (4).

Par les paroles seulement, quand le testateur lègue une même chose à deux personnes,

______

(1) *Leg.* 40. §. 4. *ff. eod. Leg.* 96. *ff. de legat.* 1.
(2) *Leg.* 75. §. 1. *ff. de legat.* 1.
(3) *Molin in consuet. Paris, gloss.* 3. 2. *nos.* D'Aguess. plaid. 54.
(4) *Instit. de legat.* §. 8. *Leg.* 89. *ff. de legat.* 3. *Leg.* 142. *ff. de verb. Signif.*

et qu'il la leur distribue entr'eux : je lègue à Pierre et à Jean ma maison par égales portions.

Par la chose seulement, lorsqu'il lègue la même chose à deux personnes différentes, par deux clauses séparées ; je lègue ma maison à Pierre, je lègue ma maison à Jean ; chacun des légataires a la moitié de la maison ; mais ce n'est pas le testateur qui leur a distribué les portions, c'est la nature de la chose, que chacun d'eux ne peut pas posséder solidairement ; ainsi le concours de deux personnes fait qu'ils n'en ont chaçun que la moitié.

Par la chose et par les paroles, quand le testateur lègue la même chose à deux personnes par une même clause sans ajouter une distribution de portions : je lègue ma maison à Pierre et à Jean ; en ce cas les deux légataires n'ont encore chacun la moitié de la maison, que par le concours à une même chose, dont chacun d'eux ne peut avoir le tout.

Les règles établies à ce sujet par le Code civil sont fondées sur ces distinctions du droit romain.

Il y a lieu à accroissement au profit des légataires, dans le cas où le legs est fait à plusieurs conjointement.

Le legs est réputé fait conjointement, lorsqu'il l'est par une seule et même disposition, et que le testateur n'a pas assigné la part de chacun des co-légataires dans la chose léguée (1).

Quand le testateur a légué une chose à plusieurs par une seule et même disposition, sans assigner la portion de chacun des co-légataires, le legs est censé fait conjointement ; et à défaut d'un des légataires, ou sur son refus d'accepter, sa portion accroît aux autres.

Quand une chose, qui n'est pas susceptible d'être divisée sans détérioration, a été donnée ou léguée à plusieurs personnes, même séparément, le legs est censé encore fait conjointement, et l'accroissement a encore lieu entre les légataires (2).

Mais si la chose était susceptible de parties, et qu'elle eût été léguée par une disposition ou un acte séparé, alors le droit d'accroissement n'a pas lieu. En cas de refus ou d'incapacité du légataire, sa portion reste à l'héritier et ne passe pas à ses co-légataires.

CHAPITRE III.

Des Exécuteurs testamentaires.

Les exécuteurs testamentaires ont pris naissance dans le droit coutumier ; on y était si peu habitué à faire des actes de dernière volonté

---

(1) Loi du 13 floréal an 11, art. 333.
(2) *Ibid.* art. 334.

on y avoit tant de répugnance à les mettre à
exécution , que ne pouvant point se confier
pour cela sur les héritiers légitimes, qui étaient
toujours saisis de droit de la succession, et qui ne
voyaient pas de bon œil qu'on vînt la leur en-
lever en totalité ou en partie , qu'on fut obligé d'appeler des tiers pour veiller à l'exécution
des volontés du défunt. Celui que le testament dépouillait ne pouvait être tenu de le
faire exécuter. Ce fut là l'origine des exécuteurs testamentaires. On ne les connaissait
presque pas dans les pays de droit écrit , où
l'on était plus familiarisé avec les testamens, et
où l'héritier institué, étant saisi de plein droit de
la succession, il n'avait pas besoin d'un secours
étranger pour en avoir la délivrance.

L'étendue que l'on a donnée à la faculté
de tester ; la saisine directe que l'on accorde
au légataire universel, quand il n'y a ni descendans , ni ascendans , semblait rendre inutiles les exécuteurs testamentaires.

La loi permet cependant d'en nommer un
ou plusieurs (1) ; mais les prérogatives dont
ils jouissaient autrefois sont restreintes, comme
nous allons le voir.

La plupart des coutumes donnaient autrefois à l'exécuteur testamentaire la saisine de
tous les biens mobiliers de la succession ,
pour l'accomplissement des testamens, pour

____

(1) Loi du 13 floréal an 11 , art. 314.

acquitter les droits du fisc, pour payer les legs, etc (1). Il y en avait même qui les saisissaient des immeubles jusqu'à la valeur nécessaire pour accomplir les volontés du testateur (2).

Le Code civil a changé tout cela. L'exécuteur testamentaire n'aura de saisine, même des meubles, qu'autant que le testateur la lui aura donnée expressément; il ne pourra même lui conférer celle des immeubles en totalité ou en partie : cette saisine ne pourra durer au-delà de l'an et jour, à compter du jour du décès du testateur. Toutes les fonctions de l'exécuteur cessent après ce temps (3).

C'était la règle d'autrefois; l'année ne courait cependant que du jour que l'exécuteur avait eu réellement les effets du défunt en sa disposition, ou qu'il n'avait tenu qu'à lui de les avoir.

L'héritier peut néanmoins faire cesser la saisine, en offrant de remettre aux exécuteurs testamentaires une somme suffisante pour le paiement des legs mobiliers, ou en justifiant de ce paiement (4).

Les héritiers avaient autrefois la même faculté.

Pour être exécuteur testamentaire, il faut

---

(1) Coutume de Paris, art. 197.
(2) Orléans, art. 290, 291.
(3) Loi du 13 floréal an 11, art. 315.
(4) *Ibid.* art. 316.

être majeur et jouir de tous ses droits civils: le mort civilement ou l'étranger ne pourrait l'être (1).

La femme mariée, non séparée de biens avec son mari, ne peut accepter sans son consentement les fonctions d'exécuteur testamentaire. Si elle est séparée de biens, elle pourra encore les accepter avec le consentement de son mari, mais ce consentement n'est pas ici de rigueur, comme dans l'autre cas. Si le mari le refuse, la femme peut se faire autoriser par justice, conformément aux dispositions du Code civil sur le mariage (2).

Le mineur ne peut être exécuteur testamentaire, même avec l'autorisation de son tuteur (3).

Cette disposition est une conséquence de la maxime ci-dessus, qui veut que celui qui ne peut s'obliger, ne puisse être exécuteur testamentaire.

Les obligations imposées à l'exécuteur testamentaire, consistent, 1.° à faire mettre les scellés, s'il y a des héritiers, mineurs, interdits ou absens; 2.° à faire un inventaire; 3.° à provoquer la vente du mobilier, s'il n'y a pas de deniers suffisans pour acquitter les legs.

---

(1) Loi du 13 floréal an 11, art. 317.
(2) *Ibid.* art. 318.
(3) *Ibid.* art. 319.

N. 3

Il est chargé, en outre, de veiller à l'exécution des testamens; et on lui donne le droit d'intervenir dans les procès qui peuvent s'élever sur leur validité ou leur exécution.

Mais si ces procès durent plus d'un an, térme que la loi assigne à la durée des fonctions de l'exécuteur testamentaire, que deviendra alors cette intervention?

On oblige encore l'exécuteur testamentaire de rendre son compte à l'expiration de l'année du décès du testateur (1).

Comme c'est la confiance personnelle qui détermine le testateur à désigner un exécuteur testamentaire, si celui-ci prédécède le testateur, ou s'il vient à mourir avant l'année révolue de ses fonctions, elles ne passent pas à ses héritiers (2).

S'il y a plusieurs exécuteurs testamentaires qui aient accepté, un seul pourra agir au défaut des autres; et ils seront solidairement responsables du compte du mobilier qui leur a été confié, à moins que le testateur n'ait divisé leurs fonctions, et que chacun d'eux ne se soit renfermé dans celles qui lui étaient attribuées (3).

Il en est de ce cas comme de celui où il y aurait plusieurs tuteurs, qui sont solidaire-

____

(1) Loi du 13 floréal an 11, art. 320.
(2) *Ibid.* art. 321.
(3) *Ibid.* art. 322.

ment responsables de leur gestion, à moins qu'en les nommant on n'ait divisé leurs fonctions.

Les frais faits par l'exécuteur testamentaire pour l'apposition des scellés, l'inventaire, le compte et les frais relatifs à ses fonctions, seront à la charge de la succession (1).

Les fonctions de l'exécuteur testamentaire sont gratuites de leur nature ; il ne serait donc pas juste qu'il dépensât encore son argent pour l'exécution des volontés d'autrui. Quelquefois le testateur joint à la nomination de l'exécuteur testamentaire un legs d'une valeur quelconque, qui lui tient lieu en quelque sorte de salaire. On a agité la question de savoir si l'exécuteur testamentaire, en refusant de remplir la charge qui lui est imposée, ou se trouvant dans l'impossibilité de l'acquitter, peut néanmoins réclamer le legs : on distingue, si le legs lui est fait en qualité d'exécuteur testamentaire, ou s'il lui a été fait purement et simplement.

______

(3) Loi du 13 floréal an 11, art. 325.

CHAPITRE. IV.

De la révocation des testamens, et de leur caducité.

Les dispositions testamentaires cessent d'avoir leur exécution dans plusieurs cas ; lorsqu'elles sont révoquées, lorsqu'elles sont caduques, lorsqu'elles sont nulles.

La révocation d'un testament a lieu de deux manières, ou expressément ou tacitement.

La première se fait par un acte public, dans lequel on déclare qu'on révoque le testament qu'on avait fait précédemment.

La seconde a lieu lorsque l'on fait une disposition nouvelle qui se trouve absolument contraire à une précédente. La dernière doit l'emporter, quoique l'on ne révoque pas l'autre expressément. Il y a encore révocation lorsque celui qui avait fait un testament mystique en rompt lui-même le cachet ou l'enveloppe, ou qu'ayant fait un testament olographe, il en déchire on en rature les dispositions.

Le Code civil admet toutes ces espèces de révocation. Il règle d'abord la plus ordinaire, celle qui se fait par un acte écrit.

Il dit donc que les testamens ne pourront être révoqués, en tout ou en partie, que par un testament postérieur, ou par un acte de-

vant notaires, portant déclaration du changement de volonté (1).

La règle la plus générale autrefois, était
qu'un testament fait dans les formes ne pouvait être révoqué que par un autre testament
parfait, qui contînt une institution nouvelle. Il
était permis de modifier ou de changer, par
des codicilles, les legs qu'un testament renfermait ; mais l'institution en pays de droit écrit,
ne pouvait être changée que par un testament
nouveau.

Par là, dans ces pays, deux testamens ne
pouvaient aller ensemble ; il fallait que l'un dé-
truisît nécessairement l'autre.

Il n'en était pas de même en pays coutumier, où l'on avait moins des testamens que des
codicilles ; on n'y faisait pas d'héritiers, mais
seulement des légataires : deux testamens,
quand ils ne se contredisaient pas, pouvaient
exister ensemble. C'est la maxime qu'on a
adoptée, comme nous le verrons tout-à-l'heure.

En attendant, remarquons que la loi pose
en principe, qu'un testament ne peut être révoqué que par un testament postérieur, ou un
acte pardevant notaire, portant déclaration du
changement de volonté.

Dans l'ancienne jurisprudence il fallait observer dans l'acte de révocation les mêmes formalités que dans le testament ; à moins que la

---

(1) Loi du 13 floréal an 11, art. 324.

disposition que l'on voulait révoquer n'eût plus de dix ans de date. Il suffisait alors que la révocation fût faite devant notaire en présence de trois témoins. On n'y exige aujourd'hui que les formes des actes ordinaires des notaires (1).

Quand le testament postérieur ne portera pas d'une manière positive que l'intention du testateur est de révoquer celui qu'il a fait précédemment, il n'y a d'annullé dans ce dernier que celles de ses dispositions qui se trouveront incompatibles avec les nouvelles ou qui y seront contraires (2).

Ainsi deux, et même plusieurs testamens peuvent exister ensemble, comme nous l'avons déjà remarqué; toutes les dispositions qu'ils contiennent, et qui ne se contrarient pas, doivent être exécutées; on en faisait de même autrefois en pays de droit écrit, quand il existait plusieurs codicilles (3).

Ainsi, on peut annuller l'institution d'héritier, contenue dans un premier testament, et laisser subsister les legs; ou annuller les legs, et maintenir l'institution; s'il n'y a pas d'héritier ou de légataire universel, ce sont les héritiers de droit qui recueillent la succession, à la charge d'acquitter les legs particuliers.

---

(1) *Leg.* 27. *Cod de testam. Cujac. observat. lib.* 18. *cap.* 38. Lacombe, *vo.* testament, *sect.* 5. *distinct.* 1. *n°.* 16.

(2) Loi du 13 floréal an 11 , art. 325.

(3) Journ. du Palais , tom. 1. p. 77.

Lorsqu'une fois un premier testament a été révoqué par un postérieur, le premier ne reprend pas sa force, quand même l'autre resterait sans exécution, ou par l'incapacité de l'héritier institué, ou par son refus d'accepter. Il suffit que le testateur ait déclaré que son intention était d'annuller son premier testament; n'importe ensuite que le second ait ou non exécution (1). Mais il faut du moins que le dernier testament soit valable dans la forme ; autrement ce serait un acte nul, qui n'aurait pas la vertu de révoquer le testament antérieur (2).

Dans l'ancienne jurisprudence, un legs était censé révoqué toutes les fois que le testateur avait fait quelque chose qui annonçait en lui un changement de volonté; s'il avait détruit la chose léguée ; s'il y avait donné une forme nouvelle qui en eût changé la substance, enfin, s'il l'avait aliénée. Dans ce dernier cas, on distinguait cependant si l'aliénation avait été nécessaire, par exemple, pour subvenir aux besoins du testateur, ou si elle avait été volontaire; la révocation n'avait lieu que dans ce dernier cas.

Il n'était pas toujours facile de s'assurer des motifs de l'aliénation ; et c'est pour prévenir toute difficulté à cet égard, que le Code décide

____

(1) Loi du 13 floréal an 11 , art. 326.
(2) Journ. du Palais , tom. 1. p. 169.

que le legs sera toujours censé révoqué, quels que puissent avoir été les motifs de l'aliénation (1).

On la regarde comme un indice assuré du changement de volonté; de manière que quand elle serait nulle, ou que la chose aliénée viendrait à rentrer dans les mains du testateur, le legs n'en serait pas moins anéanti.

Le Code civil dit encore que la disposition testamentaire sera caduque, si celui en faveur de qui elle est faite n'a pas survécu au testateur (2).

Cette disposition est une conséquence d'une autre dont nous avons parlé plus haut, et suivant laquelle, pour être capable de recevoir par testament, il faut être au moins conçu à l'époque du décès du testateur, c'est-à-dire, qu'il faut exister à cette époque. Ainsi, qu'on soit décédé, ou qu'on ne soit pas même conçu, on n'est pas compté au nombre des vivans; on ne peut donc être ni héritier, ni légataire.

Nous avons déjà dit que le legs devenait nul, lorsque le testateur avait manifesté l'intention de le révoquer en aliénant la chose léguée. Il devient caduc, si la chose léguée a péri avant la mort du testateur, ou même après son décès, avant qu'elle fût livrée au légataire (3).

L'héritier n'en est pas responsable dans ce

______

(1) Loi du 13 floréal an 11, art. 327.
(2) *Ibid.* art. 328.
(3) *Ibid.* art. 331.

dernier cas, lorsqu'il n'y a pas eu de sa faute, et quand même il aurait été mis en demeure pour la délivrer ; mais il faudrait alors que la cause qui a fait périr la chose eût opéré, quand même elle aurait été entre les mains du légataire.

Il est encore évident qu'un legs universel ou particulier n'aura point d'effet, si celui à qui on le fait est incapable de recueillir ou ne le veut (1).

L'incapacité ou le refus d'accepter rend la disposition comme n'ayant jamais existé.

Une partie des causes qui peuvent faire ordonner la révocation des donations, ou qui rendent indignes de succéder *ab intestat*, peuvent opérer la révocation du testament, et faire déclarer indigne l'héritier testamentaire.

Le Code civil renvoie à cet égard à deux articles de la loi sur les donations, qui contiennent des dispositions sur ce sujet (2).

Dans l'un elle dit que la donation est révocable pour cause d'inexécution des conditions; d'où il suit que si l'héritier, ou le légataire manque d'accomplir les conditions qui lui sont imposées, il peut être privé des libéralités qui lui ont été faites ; mais dans ce cas , il faut qu'ils aient été préalablement mis en demeure d'exécuter (3).

---

(1) Loi du 13 floréal an 11 , art. 332.
(2) *Ibid.* art. 335.
(3) *Ibid.* art. 244. 245.

Elle prononce ensuite la révocation des dons faits par des actes de dernière volonté, si le légataire a attenté à la vie du testateur ; s'il s'est rendu coupable envers lui de sévices, délits ou injures graves, comme cela a lieu pour les donations entre-vifs (1).

La loi du 29 germinal prononçait déjà l'indignité de l'héritier pour le premier cas, celui des attentats à la vie du bienfaiteur ; ce qui comprend encore les délits dont il est parlé dans la seconde partie de l'article de celle du 13 floréal (2).

Quant aux sévices ou injures graves, cela doit s'interpréter par la disposition de la loi du 29 germinal dont nous parlons, où il est question d'une accusation capitale, jugée calomnieuse, portée contre le défunt. Les motifs de la loi du 29 germinal disent qu'on n'a pas voulu porter plus loin les causes d'indignité : si on donnait plus d'extension à celle du 13 floréal, il y aurait contradiction entre elles.

Quelque raisonnable que paraisse cette interprétation, elle semble démentie par une autre disposition de la loi du 13 floréal, où il est question d'une injure grave faite à la mémoire du défunt ; c'est donc autre chose qu'une accusation capitale, mais calomnieuse, intentée contre lui ; on n'accuse personne après sa mort (3).

---

(1) *Ibid.*
(2) Loi du 29 germinal an 11, art. 17.
(3) art. 336.

Quoi qu'il en soit, il faut que l'action en révocation soit intentée dans l'année, à compter du jour du délit; mais l'époque d'une injure, qui est par elle-même un mot très-vague, ne peut être facilement déterminée. Est-ce une injure verbale, ou bien écrite, etc.?

CHAPITRE V.

De la nullité des testamens.

Les dispositions testamentaires sont caduques, lorsque l'acte qui les contient est revêtu des formes légales, mais que l'héritier ou légataire institué est incapable de recevoir. Elles sont nulles lorsque l'héritier ou le légataire est capable, mais que le testament n'est pas fait suivant les règles (1).

L'observation des formes est de rigueur dans les testamens. La loi ne reconnaît pour tels que les actes qui en sont revêtus. « Tout « homme qui fait un testament, dit très-bien « d'Aguesseau, exerce à la vérité la puissance « et la fonction d'un législateur; mais ce ca- « ractère qu'il a reçu de la loi, est toujours « soumis à la loi même. Or la loi établit une « forme, inviolable dans laquelle elle veut « qu'il exprime ses volontés. S'il se dispense

____

(1) *Leg.* 3. *ff. . . . stam. facer. poss.* Loi du 13 floréal an 11, art. 290.

« de suivre ces règles, il commence dès-lors à
« mépriser la loi de laquelle il emprunte
« toute son autorité; et la loi reprenant l'auto-
« rité qu'elle n'avait fait que lui prêter, se
« venge de son mépris, en anéantissant son
« ouvrage (1). »

Les testamens actuels étant soumis à moins
de formalités qu'autrefois, ou ces formalités
étant moins variables, les moyens de nullité seront aussi moins fréquens. La querelle d'inofficiosité que les enfans qui avaient été mal à propos exhérédés ou prétérits dans le testament de
leurs parens, ou les parens qui l'avaient été dans
ceux de leurs enfans, pouvaient intenter, si
usitée autrefois dans les pays de droit écrit,
n'aura plus lieu nulle part (2). Il n'existe plus
aujourd'hui d'institution d'héritier proprement
dite en ligne directe. Les enfans sont les héritiers nés de leurs pères; la loi les saisit de plein
droit de leur succession. Il en est de même
pour les ascendans, lorsqu'ils sont dans le cas
de recueillir la triste succession de leurs enfans.

Pour colorer la plainte que la loi romaine
permettait aux enfans de porter contre le testament de leurs parens, où ils avaient été injustement exhérédés, on supposait que le testateur n'était pas sain d'esprit (3).

(1) D'Aguess. *plaid.* 37.
(2) *Titut. ff. et Cod. de inoffic. testam.*
(3) *Inst. de inoff. test. princip. Leg, 17. §. 1. ff. eod.*

Malgré

Malgré cela un testament inofficieux n'était pas nul de plein droit; il ne l'était que par la sentence et le ministère du juge, lorsque celui qui se trouvait lésé par sa disposition, en portait ses plaintes dans le tribunal de la justice. Mais s'il approuvait le jugement paternel, ou même s'il laissait passer cinq ans sans s'en plaindre, ni lui ni ses héritiers n'étaient plus recevables à intenter la plainte toujours odieuse du fils contre le père (1).

Cette prescription de cinq ans, ajoute d'Aguesseau, avait été sans doute introduite à l'exemple de cette loi romaine, qui défendait de troubler l'état des morts après cinq ans, et qui assurait par ce tems les cendres et la mémoire d'un citoyen (2).

Lorsqu'un testament était autrefois déclaré nul, toutes ses dispositions n'étaient cependant pas anéanties indistinctement. On distinguait la nullité provenant du défaut d'institution des personnes à l'égard desquelles cette institution était un devoir, de celle qui provenait du défaut de formes; dans ce dernier cas le testament était nul en entier; dans le premier, l'institution seule était anéantie; le reste du testament, tels que les legs ou dispositions particulières subsistaient (3)

---

(1) D'Aguess. plaid. 9.
(2) *Ibid.* plaid. 44.
(3) Ordonn. de 1735. art. 53.
Tome III. O

Aujourd'hui cette distinction ne peut plus avoir lieu. Il n'y a plus d'institution d'héritier en ligne directe, et c'était le seul cas où elle était nécessaire, à peine de nullité ; c'est la loi seule qui donne en ce cas la qualité d'héritier. Dans les testamens faits en collatérale par ceux qui ont la libre disposition de leurs biens, n'importe qu'ils aient employé l'expression d'héritier ou de légataire, leurs dispositions n'en valent pas moins, pourvu que les formes prescrites par la loi aient été observées : un legs serait caduc, que les autres n'en auraient pas moins leur effet ; et la nullité même d'une clause particulière n'emporte pas celle de tout le testament (1).

Cette règle ne souffre qu'une exception, celle où le testament contiendrait une substitution fidéi-commissaire. La loi annulle toute la disposition (2).

L'exécution que l'on a faite d'un testament nul, n'empêche pas qu'on ne puisse l'attaquer. On distingue entre les nullités cachées et les nullités apparentes ; encore y a-t-il bien à dire à cet égard (3).

En général, l'acceptation que font les enfans des dispositions de leur père, et l'approba-

---

(1) D'Aguess. plaid. 10.
(2) Loi du 13 floreal an 11, art. 186.
(3) *Leg.* 4. *Cod. de jur. et fact. ignor. Leg.* 43. *ff. a petit. hœred. Louet, lett. R. somm.* 6. Henrys, tom.. Liv. V. Ch. 1, quest. 1. Ricard, des donat. tom. 1. par 3. n.º 1551.

tion tacite qu'ils donnent par là à un testament qui excède la quotité disponible, ne peut jamais leur nuire, et ils sont non-recevables à l'attaquer qu'autant que, par une déclaration expresse, ils l'ont précisément approuvé (1).

CHAPITRE VI.

Des testamens faits par haine ou par colère. De la suggestion et de la captation.

Outre les moyens résultant de la nullité des testamens ou du changement exprès ou présumé de la volonté du testateur, il en est encore qui se tirent des passions qui ont pu le dominer, quand il a fait ses dernières dispositions, ou bien de la violence ou de la captation qu'on a exercée sur lui.

Ces moyens de faire annuller un testament, qui existaient dans l'ancienne jurisprudence, ne sont point abolis dans la nouvelle.

« La loi, dit-on dans les motifs de celle du « 13 floréal, garde le silence sur le défaut « de liberté qui peut résulter de la suggestion « et de la captation, et sur le vice d'une volonté « déterminée par la colère et par la haine : « peut-être vaudrait-il mieux pour l'intérêt gé- « néral, que cette source de procès ruineux et « scandaleux fût tarie ; mais alors la fraude et

---

(1) *Leg.* 35. §. 2 *Cod. de inoffic. testam.*

« les passions auraient cru avoir dans la loi
« même un titre d'impunité. Les circonstances
« peuvent être telles, que la volonté de
« celui qui a disposé n'ait pas été libre, ou
« qu'il ait été entièrement dominé par une
« passion injuste. C'est la sagesse des tribu-
« naux qui pourra seule apprécier ces faits,
« et tenir la balance entre la foi due aux
« actes et l'intérêt des familles. Ils empêche-
« ront qu'elles ne soient dépouillées par les
« gens avides qui subjuguent les mourans, ou
« par l'effet d'une haîne que la raison et la
« nature condamnent. »

En effet, il ne suffit pas toujours, pour la validité des dispositions de dernière volonté, que l'on
ait satisfait à toutes les solemnités prescrites
par les lois. Si un dessein injuste de haîne et de
colère les a inspirées ; ou si le testateur, acca-
blé par le nombre des années ou par l'excès
de la maladie, trompé par ceux qui abusaient
de la faiblesse de sa raison dans les derniers
momens de sa vie, ou séduit par la colère
qui aveuglait son esprit, a été le ministre
d'une passion étrangère ou esclave de la sienne,
la loi ne reconnaît plus dans un testateur
troublé ou agité par des mouvemens si contraires à la raison, cette intégrité de l'esprit
infiniment plus nécessaire que la santé du
corps (1).

____

(1) D'Aguess. plaid. 29.

Le moyen tiré de la haîne et de la colère du testateur, ne vient pas, suivant d'Aguesseau, du droit romain (1); il aurait répugné à cette grande liberté qu'il donnait aux pères de disposer de tout ce qu'ils possédaient. Toute leur obligation consistait à laisser la légitime à leurs enfans. Arbitres souverains dans leurs familles, maîtres absolus de tous leurs biens, quand ils avaient satisfait au seul devoir que la loi leur imposait; quand ils n'avaient ni oublié, ni déshérité injustement leurs enfans, ils pouvaient disposer en législateurs du reste de leurs biens; et, bien loin que les plaintes des enfans pussent être écoutées, ils devaient respecter cette loi rigoureuse, mais juste et irrévocable, que le père avait prononcée contre eux.

C'était principalement la jurisprudence des arrêts qui avait introduit et confirmé parmi nous l'accusation de haîne et de colère, qu'on intentait quelquefois contre un testateur; mais cette action n'avait guère lieu que de la part des enfans. Pour pouvoir l'exercer, il n'était pas nécessaire qu'ils eussent été entièrement exhérédés, il suffisait que leur père les eût réduits à la légitime, pour transporter par haîne pour eux, le restant de son bien à des étrangers.

Cette action existe-t-elle encore dans l'état

____

(1) D'Aguesseau, *ibid.* Voyez cependant *Leg.* 18, 19. *Cod. de inoffic. testam.* Journal du Palais, tom. 1, pag. 50.

actuel de la jurisprudence ? Le père n'est plus le maître, à la vérité, d'exhéréder ses enfans; ce n'est plus lui qui leur donne la légitime; ils la tiennent en quelque sorte des mains de la loi elle-même, qui la leur réserve ; mais il en était à peu de chose près de même dans l'ancienne jurisprudence. Le père ne pouvait priver ses enfans de leur légitime, que dans des cas extraordinaires ; il pouvait disposer à son gré du surplus de son bien. Mais si dans la disposition qu'il en avait faite, il abusait du pouvoir que la loi ne lui confiait que pour le bien de sa famille, la justice avait le droit d'examiner quels étaient les motifs de son testament ; et soit qu'il eût préféré un seul de ses enfans à tous les autres, ou soit que, par une disposition encore plus extraordinaire, il eût préféré un étranger à ses propres enfans, on ne confirmait jamais son choix, que lorsqu'il avait pour fondement l'amour même de ses enfans et leur intérêt commun.

Ce ne serait aujourd'hui que relativement à la disposition que le père aurait faite de la quotité disponible, que l'accusation de haîne et de colère pourrait avoir lieu. Mais pour supposer l'animosité de la part d'un père, il faudrait en rapporter des preuves bien positives, ou pour mieux dire, il faudrait qu'il les eût consignées lui-même dans l'acte dont on demanderait l'annullation.

Quant à la captation et à la suggestion,

voici quels étaient les principes du droit romain.

Les dispositions d'un testateur devaient être le pur ouvrage de sa volonté ; elles ne devaient pas lui être arrachées par la violence ou par la crainte. D'un autre côté, l'héritier *ab intestat* qui aurait empêché de quelque manière que ce fût, son parent de faire un testament, était privé de sa succession.

On n'excluait cependant pas les bons offices, et jusques à un certain point, les caresses et les flatteries ; mais il fallait qu'elles fussent exemptes de fraude (1).

La captation et la suggestion s'établissent ou par des présomptions, ou par des preuves positives.

Les présomptions se tirent d'abord de l'autorité et de l'influence que l'état de quelques personnes peuvent leur donner sur le testateur, surtout lorsqu'il est malade ; et c'est d'après cela que la loi rend incapables même de legs les médecins, les confesseurs, etc. ainsi que nous l'avons vu ci-dessus (2).

Le transmarchement du testateur, lorsqu'on l'a tiré du lieu de son domicile pour lui faire faire ses dispositions dans un autre lieu, à

(1) *Leg.* 32 *et* 70, *ff. de hæred. instit. et ibi Gotofred. Leg.* 1, *et ultim. ff. si quis aliq. test. proh. Leg. ultim. Eod. eod.*

(2) Cochin, tom. 5, pag. 725.

l'insu de ses héritiers légitimes, forme encore une présomption de suggestion (1).

Il en est de même si, lors d'un testament mystique, on a porté un testament tout cacheté au testateur (2).

On présume facilement la suggestion lorsque l'institution est faite au préjudice des héritiers légitimes ; et cette présomption est d'autant plus forte, lorsque le testament a été fait à l'extrémité de la vie (3).

Les faits de suggestion doivent être précis et circonstanciés.

On peut les prouver par témoins ; mais cette preuve ne doit être admise qu'avec beaucoup de circonspection.

On ne doit pas confier légèrement, dit d'Aguesseau, le sort des dernières volontés à la foi souvent suspecte et toujours incertaine des témoins (4).

La plainte de captation et de suggestion est admise contre tous les testamens, mais sur-tout contre ceux qui y prêtent davantage , tels que le testament olographe et le testament mystique.

____

(1) Louet, lett. D, somm. 10.
(2) *Molinæus Consult.* 3. *Argentre, in consuetud.* *Britann.* art. 571.
(3) Journ. des Aud. tom. 5. Liv. 9. Chap. 19.
(4) d'Aguess. plaid. 58. Ricard, des donat. part. 3. Cha. 1. n°. 49. 50.

On n'a pas besoin de s'inscrire en faux pour être admis à alléguer les preuves de suggestion et de captation. L'ordonnance de 1735 en avoit une disposition expresse (1).

Lorsque les faits de captation ou de suggestion ont donné lieu à une accusation criminelle, l'exécution du testament est arrêtée (2). Du moins c'est au tribunal à examiner si elle doit être provisoirement suspendue, comme on procède dans le cas où un acte public est querellé de faux (3).

____

(1) Art 47.
(2) Arrêt du Parlement de Paris, du 29 décembre 1777. Gazett. des Trib. tom. 5. p. 99.
(3) Loi du 26 ventôse an 11, relative au notariat art. 19.

LIVRE XX.

DE LA TRANSMISSION DE LA PROPRIÉTÉ PAR LA VOIE DES ÉCHANGES.

CHAPITRE PREMIER.

Des Obligations et des Contrats.

Nous avons vu dans les Livres précédens, comment la propriété se transmet par la voie des successions ; il nous reste à présent à faire voir de quelle manière les hommes se la transmettent mutuellement pendant la durée de leur vie. Cette transmission se fait, comme nous l'avons déjà indiqué plus haut, par le moyen des échanges et des contrats.

Il faut d'abord remarquer une différence qu'il y a entre ces deux manières de transmettre la propriété : c'est que par la voie de la succession, on transmet ordinairement tous les droits corporels et incorporels d'une personne ; tandis que par celle de l'aliénation ou de l'échange, on ne transmet que des droits partiels, tels qu'ils sont désignés par le contrat.

Il faut ensuite considérer un instant quels sont les motifs qui portent les hommes à se communiquer réciproquement les biens dont ils ont la propriété.

Dans cette variété de classes résultantes de la division du travail et de l'inégale répartition des biens, il en est peu qui possèdent tout le nécessaire; d'autres n'ont que du superflu, qui ne leur serait d'aucune utilité, s'ils ne pouvaient l'échanger avec les choses qui leur manquent.

Les hommes ne sont véritablement les maîtres des choses qu'ils possèdent, qu'autant qu'ils ont l'art et les moyens de les faire servir à leurs besoins : ce ne serait autrement qu'une propriété stérile et un vain nom. Ils se servent des choses mobiliaires, en y donnant par leur industrie des formes utiles; ils tirent parti des immeubles en les rendant productifs par la culture, ou l'usage auquel ils les approprient. C'est en se communiquant, par la voie des échanges, les fruits de leur industrie et de leur travail, qu'ils multiplient et varient leurs jouissances, et surviennent à leurs besoins respectifs. Le commerce des échanges est l'ame de la société humaine.

Ces échanges se font non-seulement avec les choses que la nature produit sans le secours de l'art, mais encore avec les productions de l'industrie, qui, donnant une nouvelle forme à celles de la nature, crée, en quelque sorte, de nouveaux êtres, et devient la source de nouvelles jouissances. Tout est par conséquent échange, même lorsqu'on traite pour l'industrie, ou le travail quelconque d'un homme; car en récompense et en compensation du salaire qu'on lui promet, il s'engage de son côté à fournir des productions de son industrie, ou à employer son travail pour l'utilité de celui avec qui il traite.

Voilà les premiers points de vue sous lesquels se présente la transmission de la propriété par les échanges, ou l'aliénation réciproque que l'on en fait. Le but de cette aliénation, que l'on appelle contrat, est une augmentation de jouissances pour les parties contractantes. L'engagement de l'une est le fondement de celui de l'autre. C'est la cause essentielle et première de tous les échanges; il n'y a pas plus de contrats que d'effets sans cause. Toute aliénation doit en effet emporter un avantage. Elle ne se ferait pas, si ce n'était en considération d'un certain bien : ce serait autrement un acte de démence. Car on ne conçoit pas qu'un propriétaire consente à se désister, sans aucun motif, de sa propriété, en faveur d'un autre. Qui dit motif, dit plaisir, ou l'équivalent. Plaisir d'amitié ou de bienveillance, s'il donne la chose pour rien; plaisir d'acquisition, s'il en fait un moyen d'échange.

Dans les échanges ou les contrats, il se fait deux aliénations qui ont chacune des avantages séparés; et cet avantage, pour les contractans, est la différence entre la valeur qu'avoit pour lui la chose qu'il abandonne, et la valeur de la chose qu'il acquiert. A chaque transaction de cette espèce, il y a deux masses de jouissances nouvelles, et tels sont les avantages du commerce.

On confond assez communément dans le langage ordinaire les mots conventions, obligations, contrats. Il y a cependant de la différence entre eux; la convention ou pacte est le consentement réciproque de deux ou plusieurs personnes qui s'engagent à donner ou à faire quelque chose (1).

L'obligation est le lien moral qui résulte de la convention des parties, et qui les force à remplir les engagemens qu'elles ont contractés.

Le mot contrat a un sens plus ou moins étendu. Dans le sens le plus général, il exprime l'acte qui renferme les conventions, quelles qu'elles soient, des parties; dans un sens plus restreint il indique la nature et le caractère de chaque convention. On dit contrat de vente, de prêt, de dépôt, etc.

On regarde avec raison la bonne-foi dans les contrats et la scrupuleuse observation des conventions qu'ils renferment, comme un des plus fermes liens de la société (2).

------

(1) *Leg.* 1. *ff.* §. 2. *ff. de pactis.* Code civil. Des contrats et obligations, art. 1100.
(2) *Leg.* 84. §. 1. *ff. de regul. jur.*

Il n'y a rien de plus convenable à la nature de l'homme, dit une loi romaine, que de garder les promesses qu'on a faites (1).

Les rapports qui dérivent des conventions que les hommes font entre-eux, s'expriment par les mots de *créanciers* et de *débiteurs*.

Par le mot *créance* on entend en général tous les droits qui résultent pour quelqu'un, des conventions qu'il a faites avec un autre. *Créance*, c'est croire, se confier à la bonne-foi de celui avec qui on a traité (2). On appelle plus vulgairement *créancier*, celui à qui il est dû une somme d'argent.

C'est le consentement des parties à souscrire à ces promesses qui fait l'essence du contrat (3). Mais ce consentement doit être libre et éclairé (4). S'il était l'ouvrage de la force, de l'erreur ou de la fraude, celui à qui on l'arrache ou à qui on le ravit, ne peut plus se procurer par un pareil contrat des jouissances nouvelles; ce sont, tout au plus, des privations douloureuses qu'il doit éprouver à leur place. Si son consentement n'était pas éclairé, c'est-à-dire, s'il n'avait pas la capacité ou l'intelligence nécessaire pour discerner les jouissances véritables

----

(1) *Leg.* 1. *ff. de pact.*

(2) *Leg.* 1. *ff. de reb. credit. Leg.* 12. *ff. de verbor. signif.*

(3) *Dict. leg.* 1. §. 2. *ff. de pact. leg.* 3. *ff. de pallicit.*

(4) *Leg.* 15. *ff. de jurisd. Leg.* 2. *ff. de judit.* Code civil. Des contrats, art. 1108.

de celles qui ne sont qu'illusoires, pour combiner les suites des engagemens qu'il prendrait, combien de fois la faculté de contracter au lieu de lui être utile, lui deviendrait pernicieuse ? De-là suit la nullité des contrats passés par force, dol ou fraude, ou souscrits par des impubères, des mineurs ou des imbécilles, etc.

Les parties n'étant censées ne donner une chose en échange, qu'à la charge de retour d'une chose égale en valeur, il s'ensuit que l'égalité des mises est une autre base essentielle des contrats. De-là vient la rescision établie par les lois romaines, à cause de la modicité du prix.

Le consentement, qui est le fondement de l'obligation, peut se donner ou expressément ou tacitement. Il est donné expressément lorsqu'il est donné par paroles, par écrit ou même par signes (1).

Le consentement tacite a lieu, lorsque quelqu'un a fait ou omis de faire certaines choses, et que de cette action ou omission, il en naît une obligation quelconque, ou la perte d'un droit. Telles sont les obligations qui résultent des *quasi-contrats*, des délits ou *quasi-délits*, dont nous parlerons dans la suite. Nous observerons seulement, pour nous faire entendre, que le tuteur, par exemple, en se chargeant

----

(1) *Leg.* 2. *ff. de pact.*

de la tutelle, est censé par cela seul et sans stipulation expresse, s'être soumis à toutes les obligations qui en sont la suite ; que celui qui a commis un délit est obligé, par ce fait seul, à réparer tout le dommage que son action a causé (1).

Les Jurisconsultes ont établi plusieurs divisions des obligations. Elles sont, suivant eux, ou naturelles, ou civiles, ou mixtes. L'obligation naturelle est celle qui, sans avoir rien de criminel, n'est point sanctionnée par la loi civile, dont par conséquent on ne peut réclamer l'appui pour la faire exécuter. Telle étoit, par exemple autrefois, l'obligation d'un fils de famille, même majeur, pour cause de prêt. Telle est encore, dans plusieurs cas, celle d'une femme qui a contracté sans l'autorisation de son mari. Elle est obligée naturellement, mais non civilement, de manière qu'on ne peut l'obliger de payer par l'autorité de la loi civile. Mais si elle venait à payer de son plein gré, elle ne pourrait plus répéter ce qu'elle aurait donné.

L'obligation naturelle, nulle pour l'action, ne sert que pour l'exception et pour être dispensé de rendre ce que l'on avait reçu, en vertu d'une obligation purement naturelle.

Il en est de même de celui dont la dette serait éteinte par la prescription. L'obligation

---

(1) *Instit. de oblig. quæ ex quasi contract. Leg.* 14 *ff. de condict. indeb.*

civile

civile cesserait ; la naturelle resterait toujours. Si le débiteur payait, toute répétition lui serait interdite (1).

L'obligation civile est celle qui est revêtue, au moins en apparence, des formes exigées par la loi civile, bien qu'elle manque en réalité des conditions requises par le droit naturel, tel que le consentement des parties dans un contrat quelconque, et la numération des espèces dans un contrat de prêt. Si la contexture de l'acte renfermait l'observation extérieure de ces formes, on seroit obligé de l'exécuter, à moins qu'on n'eût une preuve légale de leur omission. Enfin, l'obligation mixte, qui est la plus parfaite de toutes, est celle qui réunit les conditions prescrites par la loi naturelle et par la loi civile.

Les obligations sont encore dividuelles ou individuelles. Les premières sont celles qui ne peuvent se diviser, et les autres celles qui peuvent se diviser. Ces distinctions sont, en général, de peu d'usage dans la pratique. Nous n'y insisterons pas davantage (2).

Les Romains avaient imaginé, pour constater l'authenticité d'une obligation, une infinité de formes, sans l'observation desquelles elle restoit dans les termes d'une obligation na-

____

(1) *Leg.* 84, *in fin. ff. de reg. jur.*
(2) Voyez sur tout cela *le Traité des obligations,* de Pothier. Cod. civ. des contrats et des obligations, art. 1216.

turelle, et n'était point étayée par la loi civile.
Cela venoit sans doute de ce que la plupart des
obligations valoient chez eux sans écrit, et qu'on
ne pouvait, sans de grands inconvéniens, adopter celles qui ne seroient pas faites sous les formes de la loi, et conçues dans les termes qu'elle
prescrivoit.

L'habitude où l'on est depuis plus de deux
siècles en France, de rédiger par écrit les obligations qui concernent des objets un peu im-
portans, et les lois qui obligent les tribunaux
de rejeter la preuve par témoins de celles qui
excèdent une certaine somme, y ont rendu
inutiles les précautions des lois romaines dont
nous venons de parler.

Ce n'est pas cependant qu'un contrat fait
verbalement, même pour un objet au-dessus
de la somme déterminée, ne lie les parties tout
comme celui fait par écrit; mais il faudrait
qu'elles convinssent des conditions du contrat;
car si elles les déniaient, la preuve par témoins
ne pourrait être admise.

Les conventions par écrit se font, ou pardevant notaire, ou sous seing-privé, comme
nous le verrons tout-à-l'heure.

La convention passée par-devant notaire,
s'appelle acte authentique; celle sous seing-
privé, cédule ou billet. Les parties sont également obligées par l'un ou par l'autre, avec les
différences que nous indiquerons plus bas.

Pour nous résumer, les obligations considé-

rées à part des distinctions souvent plus subtiles que solides des Jurisconsultes, sont, les
engagemens qui résultent ou des seuls rapports sociaux qui existent entre les hommes,
ou bien de ceux qu'ils ont créés eux-mêmes
par leur consentement réciproque. Ces premiers engagemens sont, en quelque sorte, nécessaires; mais ce ne sont aussi que des devoirs
que les lois civiles n'ont pas spécialement sanc-
tionnés, et dont elles ne peuvent pas exiger un
rigoureux accomplissement. Celui qu'ils lient
n'est responsable qu'à sa conscience de leur
exécution. Lors même que les lois en font un
précepte obligatoire, il y a toujours une espèce
de latitude qui favorise beaucoup la déso-
béissance.

Ainsi, la loi naturelle oblige les pères et les
mères, et à leur défaut, les autres ascendans,
de pourvoir à la nourriture et à l'éducation
de leurs enfans, même bâtards, jusqu'à ce qu'ils
soient en âge de pourvoir à leur entretien;
Mais combien le mot éducation est vague!
combien chacun peut l'étendre ou le restreindre à son gré? Les loix civiles n'ont rien
pu déterminer de précis sur sa véritable étendue.

Les enfans sont obligés réciproquement à
fournir les alimens nécessaires à leurs pères et
à leurs mères, et à tous leurs ascendans lorsqu'ils
sont dans la nécessité. Le mari est tenu de nourrir
sa femme, bien qu'il n'en ait pas reçu de dot,
et la femme riche doit des alimens à son mari

pauvre. Cette obligation , qui s'étend même au beau-père et à la belle-mère, rencontre beaucoup de difficultés quand il s'agit de la mettre à exécution , et qu'il faut fixer ces alimens, suivant le besoin des uns et les facultés des autres.

Les seules obligations qui soient du ressort des lois civiles, sont donc celles que les hommes ont créées, et dont ils ont fixé l'étendue par leur consentement réciproque. Ce sont celles qui vont nous occuper dans les chapitres suivans.

CHAPITRE II.

Des diverses espèces de contrats.

La loi, après avoir fait une distribution générale des propriétés, et en avoir garanti la sûreté, ne pouvait prévoir tous les besoins des hommes et statuer sur les diverses manières d'y pourvoir. Elle abandonna ce soin à leur prévoyance et à leur sagacité, et leur laissa la faculté de le remplir par le moyen des conventions qu'ils feraient entr'eux. A quoi servirait d'ailleurs la propriété des choses , si on n'avait la liberté de les employer à l'usage qu'on croit le plus profitable?

La matière des conventions est donc la diversité infinie des manières volontaires dont les hommes ont réglé entr'eux les communications et les commerces de leur industrie et de leurs travaux, et de toutes choses, selon leurs besoins. Or, plus ces communications sont diversifiées, plus aussi le nombre et la forme des contrats doivent l'être. Les lois romaines avaient voulu établir une espèce de classification dans cette multiplicité de conventions, dont les contrats humains sont susceptibles. D'abord elles distinguaient les cas où ceux qui traitent ensemble, se donnent réciproquement une chose pour une autre, comme dans une vente ou un échange ; ou font quelque chose l'un pour l'autre, comme s'ils se chargent de l'affaire l'un de l'autre ; ou bien l'un fait et l'autre donne, comme lorsqu'un mercenaire donne son travail pour un certain prix ; ou, enfin, un seul fait ou donne, l'autre ne faisant ou ne donnant rien, comme lorsqu'une personne se charge gratuitement de l'affaire d'un autre, ou que l'on fait une donation par une pure libéralité (1).

Mais, comme nous l'avons déjà observé, il y a toujours dans ces diverses espèces de contrats, un échange de propriété, ou, tout au moins de jouissance. Tantôt on échange ou on aliène la propriété d'une chose pour acquérir la propriété d'une autre ; tantôt cette aliénation se fait pour acquérir le produit de l'industrie d'autrui ; ou bien c'est le produit de sa propre industrie qu'on échange avec le produit de

____

(1) C'est ce qu'on exprime par ces mots : *do ut des*, *do ut facias*, *facio ut facias*. Code civil. Des contrats et des obligat. art. 1141.

l'industrie d'un autre; ou bien, enfin, l'on échange sa propriété avec le plaisir de faire du bien ou d'exercer sa reconnaissance. Quelquefois, au lieu d'échanger ou d'aliéner sa propriété, on la diminue seulement pour l'avantage d'autrui, comme lorsqu'on impose sur les fonds que l'on possède une servitude en faveur d'un autre.

La seconde division des contrats, suivant la loi romaine, était des contrats nommés et des contrats innommés. Les premiers étaient ceux qui avaient dans la langue du droit un nom particulier; en sorte qu'ils produisaient une action particulière qui en descendait : tels étaient la vente, le louage, le dépôt, la société, etc. Les autres comprenaient cette diversité des contrats auxquels, à cause de leur variété, on n'avait pu donner un nom particulier.

On avait éprouvé qu'il y avait plus de variété dans les affaires que dans les expressions (1). Il y eut plusieurs contrats auxquels on ne put donner un nom ; on les désigna de la manière que nous venons de dire, par les engagemens que les parties prenaient de faire ou de donner quelque chose, en retour de ce qu'elles recevaient ou de ce que l'on faisait pour elles.

Cette distinction était d'une grande importance chez les Romains, parce que, comme

____

(1) *Leg. 4. de præscrip. verb.*

nous le verrons ailleurs, une demande pour être reçue en justice, devait être conçue dans des formules que les lois avaient adaptées à chaque contrat. Les contrats innommés n'ayant point d'action qui leur fût propre, donnaient plus d'embarras pour intenter les actions qui en dérivaient. Il fallait recourir à des formules générales que l'équité des Préteurs avaient introduites.

Chez nous toutes ces subtilités n'ayant jamais été admises, cette distinction est à-peu-près inutile. Toutes les conventions sont obligatoires, de quelque nature qu'elles soient, lorsqu'elles ne sont point contraires aux lois ni à l'honnêteté ; en sorte qu'elles doivent être exécutées dans toute leur étendue, soit pour fonder une action en justice, soit pour produire une exception.

Une autre division des contrats chez les Romains, était celle des contrats synallagmatiques, c'est-à-dire, obligeant des deux côtés, et unilatéraux, n'obligeant que d'un côté (1). Nous ne nous y arrêtons pas, parce que nous la croyons plus subtile que vraie, dans tous les contrats chaque partie ayant des obligations à remplir. D'ailleurs, ces subtilités servent plus à embrouiller qu'à éclaircir les affaires. La division en contrats de bonne-foi, où l'on s'arrêtait moins à ce qui avait été convenu qu'à ce

____

(1) Code civil. Des contr. et oblig. art. 1101.

qu'exigeait l'équité, et en contrats de droit étroit, où le juge devait prononcer précisément suivant la convention des parties, sans pouvoir s'en écarter, est encore de peu d'usage parmi nous. La bonne-foi et l'équité doivent présider à toutes les conventions comme à tous les jugemens.

La seule distinction que le droit romain avait faite des contrats, qui paroisse raisonable, est celle des contrats qui se forment par le seul consentement, et de ceux où, outre le consentement, il faut encore la tradition d'une chose sans laquelle il ne pourrait y avoir de contrat, comme dans le prêt, etc.

Pour donner une idée plus claire des principaux contrats, et des règles auxquelles ils sont assujettis, nous mettons de côté toutes ces distinctions confuses du droit romain ; et, suivant toujours l'ordre analytique, nous distinguerons d'abord les contrats en ceux où le consentement des contractans est expressément énoncé, et en ceux où le contrat résulte d'un fait ou d'un consentement tacite et présumé.

Ensuite les contrats peuvent se diviser en ceux où l'on échange sa propriété ou son industrie avec une simple jouissance de plaisir, d'amitié ou de bienveillance, et en ceux où on l'échange avec une autre propriété d'une égale valeur.

Les premiers sont les contrats qu'on peut appeler, avec juste raison, contrats de bienfaisance; ce sont la donation, les diverses espèces de préts, le dépôt, le mandat, le contrat appelé *negotiorum gestorum* (1). Pothier veut les distinguer des autres, qu'il nomme *intéressés de part et d'autre*, et qui se font, suivant lui, pour l'intérêt réciproque de l'une et de l'autre des parties; tandis que les contrats de bienfaisance n'ont que l'intérêt de l'une des parties pour objet. Mais Pothier a jugé de ces choses-là un peu matériellement.

L'engagement de celui qui aliène sa propriété gratuitement et pour toujours en faveur d'un autre, comme dans la donation, ou qui ne l'aliène que pour un tems déterminé, comme dans le prêt mutuel ou le prêt à usage, ou qui emploie son industrie et son travail pour l'utilité d'autrui, comme dans le dépôt, le mandat; cet engagement, dis-je, a son fondement sur quelque motif juste et raisonnable, comme un service rendu, ou quelque autre mérite de celui qu'on oblige, ou le seul plaisir de faire le bien.

Les jouissances qui résultent d'un pareil motif sont aussi réelles et infiniment plus pures que celles qu'on éprouve par l'acquisition d'une chose corporelle. Car la satisfaction que l'on retire de la possession d'une chose quelconque, n'est que l'effet des sensations agréables que cette possession nous donne. Or, telles peu-

---

(1) Code civil. Des contrats, art. 1104.

vent être les habitudes et les goûts de quelques hommes, bien rares à la vérité, que les
sensations qui résulteront d'un acte de bienfaisance, soient pour eux infiniment plus vives
et plus délicieuses que celles qui proviendraient
de la possession d'une chose corporelle. Quoiqu'il en puisse être, il y a jouissance dans les
deux cas.

Une dernière distinction entre les obligations, est celle des obligations principales, qui
existent indépendamment de toute autre, et
des obligations accessoires, qui supposent une
obligation préalable qu'elles appuient et qu'elles
fortifient : tels sont le cautionnement, l'hypothèque, le nantissement, etc.

Les conventions des hommes peuvent varier
autant que leurs besoins ou leurs fantaisies;
c'est leur volonté seule qui en règle les limites
et les conditions. On peut y ajouter tous les
pactes, réserves, clauses résolutoires qu'on jugera à propos. En effet, si l'on excepte, comme
nous l'avons déjà dit, ce qui est prohibé par les
lois ou contraire au bonnes mœurs, tout peut
être l'objet d'une convention, le passé, le présent, l'avenir même (1). Car l'on peut traiter
d'un fait incertain, et d'où il peut arriver ou
du profit ou de la perte, selon la différence des
évènemens. La perte ou le gain sont l'effet du
hasard, que les parties contractantes évaluent

____

(1) Code civil. Des contrats, art. 1126 et suiv.

d'après les circonstances. De cette nature sont les contrats d'assurance, les prêts à grosse aventure, et tous ceux qu'on appelle aléatoires, dans lesquels ce que l'un donne ou s'oblige de donner à l'autre, est le prix d'un risque dont on l'a chargé (1).

C'est toujours un contrat d'échange, dans lequel la valeur du retour donnée par un des contractans, n'est pas déterminée pour le moment, et dépend d'évènemens fortuits.

Il y a encore d'autres conventions qui, par la variété de leurs combinaisons, tiennent à-la-fois de plusieurs espèces de contrats. Ainsi, dans une société, la fourniture des fonds à la charge d'avoir une part au profit, tient du prêt à intérêt; celui qui, pour participer aussi au profit, ne fournit que son industrie, est semblable à celui qui loue son travail et son industrie. Le danger que courent tous les associés, de perdre au lieu de gagner, fait rentrer la société dans la classe des contrats aléatoires.

Ce mélange de diverses espèces de contrats se remarque sur-tout dans le contrat de change, ou de remise d'argent de place en place, qui se fait lorsque quelqu'un reçoit de l'argent et se charge, par une lettre de change, de le remettre à un autre lieu, à ses risques, périls et fortune. La convention qui se fait entre celui qui a reçu l'argent, banquier ou non, et celui

______

(1) Code civil. Tit. des contrats, art. 1103.

à qui il donne l'ordre de le payer en un autre lieu, est un emprunt de la part du premier, si l'autre n'a pas en main les fonds nécessaires pour acquitter la somme qu'on le charge de payer ; c'est un simple mandat s'il a les fonds à sa disposition.

La convention entre celui qui a donné l'argent et celui à qui il donne son ordre pour le recevoir, est un transport, s'il était son débiteur, et s'il le met à sa place ou lui cède son droit ; ou un simple mandat encore, s'il lui donne seulement le pouvoir de recevoir pour lui.

Il y a enfin une dernière convention qui se passe entre celui qui a donné l'argent et celui qui a ordre de l'acquitter, lorsqu'il accepte cet ordre. Cette acceptation ajoute l'obligation de celui qui accepte, à l'obligation de celui qui a fourni la lettre. C'est un cautionnement.

D'après tout cela, on voit la justesse de ce que nous avons dit plus haut, qu'une convention quelconque n'est jamais qu'un échange de jouissances.

Avant d'entrer dans le détail des règles relatives aux principaux contrats, il est nécessaire de dire quelque chose des formes générales auxquelles ils sont soumis.

CHAPITRE III.

De la forme des contrats.

Nous venons de voir, et nous l'avions déjà remarqué en parlant du mariage, que c'est le consentement des parties qui forme le contrat. Toutes les fois qu'il s'élève une discussion sur une convention, il s'agit de savoir si elle a existé, et ensuite quelles sont les conditions auxquelles les parties se sont soumises; enfin si les engagemens qu'on prétend qu'elles ont pris sont sérieux, ou seulement s'ils n'étaient qu'illusoires.

Le plus sûr moyen de s'assurer de leurs intentions serait leur propre aveu. Si les hommes étaient tous également de bonne foi, une telle preuve suffirait la plupart du tems, au moins pendant la vie des parties contractantes.

Mais il peut arriver qu'elles meurent avant que leurs conventions soient accomplies. D'ailleurs les plus honnêtes gens peuvent manquer de mémoire.

Il fallut donc chercher un moyen plus sûr de fixer le consentement fugitif, qui est la base des conventions, et d'en perpétuer le souvenir. On en fit pour cela un acte public, qu'on confia d'abord à la mémoire des hommes, ensuite à l'écriture.

Le mot *acte* a un sens très-étendu; il

signifie toutes les actions des hommes relatives à leurs intérêts publics ou privés. Le nombre en est très-grand. Il y a les actes formés par le consentement des parties, qui sont les contrats; les actes judiciaires faits par les magistrats ou les autres fonctionnaires chargés de l'administration de la justice, les actes de l'état civil, qui tiennent registre de tout ce qui concerne l'état des personnes.

On peut les distinguer encore en actes consensuels, faits du consentement mutuel des contractans, et en actes volontaires, qui sont le résultat de la volonté d'un seul, comme les testamens.

La plupart de ces actes ne sont que la preuve écrite d'un fait antérieur. Le contrat prouve la convention des parties ; le jugement d'un tribunal, la décision rendue par les juges sur l'affaire qui leur était soumise ; l'acte de l'état civil, la naissance, le mariage et le décès d'une personne; le testament, la volonté dernière d'un défunt.

Il y a cependant quelque différence à remarquer entre ces diverses espèces d'actes.

Le contrat est parfait, par le seul consentement des parties.

Il existe indépendamment de l'acte qui le renferme. Cet acte n'en est que la preuve; et si les parties en convenaient, l'acte serait inutile.

L'acte de l'état civil ne fait encore que constater un fait qui n'existe ni plus ni moins, que l'acte soit bien ou mal fait ; aussi, à défaut du registre public, on peut demander à en faire preuve par d'autres titres ou même par témoins (1).

Il n'en est pas de même du jugement d'un tribunal. Il prouve bien quelle a été l'opinion des juges sur l'affaire qu'ils avaient à décider, et la détermination qu'ils ont prise.

Mais leur jugement n'est un acte légal, ou n'existe au yeux de la loi, qu'autant qu'il est revêtu des formes qu'elle prescrit. Le jugement se confond avec l'acte même qui le contient.

Dans le testament, c'est encore l'acte qui prouve la volonté du défunt. Si l'on a négligé d'observer les formes prescrites par la loi, la volonté est non existante : on ne peut en alléguer d'autre preuve. Quant à la manière de constater l'existence des actes, la plus sûre, comme la plus durable, est celle de les rédiger par écrit.

Il est possible, à la vérité, qu'on altère l'écriture ou qu'on la falsifie ; mais ces altérations sont bien plus faciles, lorsque la teneur de l'acte est confiée à la fragilité de la mémoire ou de la bonne-foi des hommes.

Cependant, l'usage de l'écriture ne s'est introduit que fort tard chez presque tous les peuples. Il ne suffisait pas même qu'il fût

____

(1) Ci-dessus, Liv. II, chap. 3.

connu, il fallait encore, pour la faire servir aux usages de la vie civile, que la pratique en fût généralement répandue. Elle tarda long-tems à l'être ; on n'avait pas de matières pour écrire ; il fallait graver les caractères sur la pierre, méthode longue et pénible ; ou sur des peaux d'animaux : méthode dispendieuse ; ou sur des tablettes de cire : méthode fragile.

L'invention du papier et celle de l'imprimerie ont donné dans ces choses-là aux peuples modernes, de grands avantages sur les anciens.

Chez les Romains, tous les actes, et surtout les conventions, se faisaient verbalement ; on n'en admettait pas d'autre preuve que celle par témoins.

Il fallut imaginer quelque moyen de donner de la solemnité à ces actes, et sur-tout de distinguer les promesses et les engagemens sérieux, de ceux qui seraient dictés par la légèreté ou l'irréflexion.

On imagina un formulaire pour chaque convention qu'on appelait *stipulation*, et qui consistait en certains termes solemnels, que les contractans étaient obligés de prononcer. La convention n'obligeait qu'autant qu'on avait répété de part et d'autre les paroles du formulaire établi par l'usage. Il y en avait un pour chaque convention : on appelait pacté *nu* ou sans force, celui qui restait dans les termes d'une simple convention et n'était

point

point converti en *stipulation* par l'exacte ob-servation du formulaire.

Chez un peuple simple un pareil usage pouvait être tolérable; mais quand les mœurs se corrompirent et que les esprits se raffinèrent, les bonnes gens durent devenir aisément la dupe des fripons. Il y eut toujours quelque chose à redire sur la manière dont on avait prononcé les paroles, souvent difficiles, de la stipulation : c'étoit un moyen de se dispenser d'exécuter les obligations peu avantageuses.

L'abus devint si criant, qu'il fallut que le préteur rendît obligatoires les simples promesses, lors même qu'elles n'avaient pas été revêtues de la *stipulation.*

Cette manière de contracter était d'ailleurs très-embarrassante. Il fallait que les parties fussent toujours présentes; elles ne pouvaient contracter par procureur (1).

CHAPITRE IV.

Des Notaires et Tabellions.

Il ne paraît pas que du tems de la république, il y eût chez les Romains des officiers publics, tels que nos Notaires, pour rédiger les actes des parties; il y avait des esclaves qui étaient des espèces de scribes, mais dont

---

(1) *Institut. titul. de verbor. obligat. et seq.*

Tome III.   Q

les actes n'avaient aucune authenticité : ils ne valaient que lorsqu'ils étaient insinués en justice, c'est-à-dire , reconnus devant les tribunaux et inscrits dans leurs archives.

Il est parlé dans le Code de Justinien des *Tabellions* ou *Tabulaires*, dont les fonctions étaient à-peu-près pareilles à celles de nos Notaires, qui en ont d'ailleurs long-tems conservé le nom. Ils recevaient les actes des parties qu'ils étaient obligés d'écrire eux-mêmes, ne pouvant le faire faire par leurs clercs.

Ils devaient se servir du protocole , espèce de papier timbré, portant une marque qui le distinguait du papier ordinaire (1).

Ils faisaient les inventaires , qu'ils signaient pour l'héritier lorsqu'il ne savait signer lui-même ; mais dans ce cas il fallait que ce fût en présence de témoins qui attestassent que l'héritier les avait chargés de signer pour lui. Un acte était plus ou moins public et solemnel, suivant qu'il était souscrit par un plus grand ou un plus petit nombre de témoins. Les parties qui ne savaient pas écrire, faisaient une croix (2).

Les actes des Tabellions ou Tabulaires, étaient aussi soumis à la formalité de l'insinuation. Nous avions conservé cette formalité pour les donations auxquelles on croyait qu'il fallait

______

(1) *Novel.* 44. *et ibid. Gotof.*
(2) *Leg. ult.* §. 2. *Cod. de jur. deliberand. et Leg.* 31. *Cod. de donat.*

donner plus de solemnité qu'aux autres actes. L'insinuation des donations n'a été formellement abrogée que par la loi du 13 floréal an 11, qui y a substitué la transcription au bureau des hypothèques, comme nous le verrons plus bas.

Chez nos ancêtres, tous les actes se faisaient devant les juges. Les actes privés ne furent guères connus que vers le onzième siècle. On avait voulu imiter l'usage des Romains, qui, comme nous venons de le dire, faisaient enregistrer leurs actes devant les tribunaux, quand ils voulaient leur donner de la solemnité. Mais au lieu de les faire comme eux hors jugement, et les publier ensuite en jugement, on allait directement pardevant le juge. C'est de là que les contrats ont encore parmi nous exécution parée, privilége qu'ils n'avaient pas chez les Romains.

Comme les clercs des juges furent d'abord leurs greffiers, et qu'ils expédiaient les actes contentieux, ils expédiaient aussi les actes de jurisdiction volontaire, qui sont les contrats. Aussi les greffiers jusqu'à Louis XII, sont-ils indifféremment appelés Notaires, Tabellions. Ils sont regardés comme n'exerçant qu'une même charge (1).

Il y eut cependant des Tabellions qui recevaient la minute des actes et expédiaient

____

(1) Loiseau, des offic. Liv. 2. chap. 4.

les grosses (1). Les Tabellions prirent des clercs, qui, dans la suite des tems, s'étant séparés d'eux, furent nommés Notaires, parce qu'ils recevaient la première note des actes qu'ils portaient au Tabellion, qui la mettait au net, en délivrait les grosses et en gardait la minute. François Ier érigea les Tabellions et Notaires en titre d'office par les édits de 1547. Henri II, en les confirmant en 1554, défendit à tous juges, leurs lieutenans et leurs greffiers, de ne plus recevoir aucun contrat volontaire entre les parties ; ce qui semble indiquer qu'ils en avaient reçu jusques alors. En 1597 on réunit les offices de Tabellions à ceux des Notaires. Cette distinction a subsisté dans la Belgique jusques à sa réunion à la France.

CHAPITRE V.

Des actes privés et des actes publics.

Les conventions verbales obligent parmi nous, comme chez les Romains, à quelque valeur que se monte la chose qui en est l'objet ; mais cette obligation n'a lieu qu'autant qu'elle est avouée des parties ; car si elles la nient, ou si étant mortes, on ne peut pas recourir à leur aveu, on n'admet plus d'autre preuve que celle par écrit, quand il s'agit d'un objet au-dessus

____

(1) Pasquier, recher. Liv. 4. chap. 14.

de cent cinquante francs. C'est la fragilité de la mémoire des hommes et la facilité de les corrompre, qui ont fait rejeter la preuve par témoins pour les conventions de quelque importance.

La proscription de cette preuve remonte jusques à l'ordonnance de Moulins, de l'an 1566. C'est une de nos plus sages lois : on la doit au chancelier de l'Hôpital. La disposition que contient à ce sujet l'ordonnance de 1667, a été prise dans celle de Moulins. Le Code civil a seulement étendu jusques à cent cinquante francs la preuve restreinte à cent francs, par les lois antérieures. Les changemens arrivés dans la valeur des monnaies depuis l'époque de l'ordonnance de Moulins, exigeaient une pareille disposition. Nous en parlerons plus au long ailleurs.

Les actes ou contrats se font ou sous seing-privé ou pardevant Notaire (1). Les premiers sont ce qu'on appelle cédule, billet ou simplement écriture privée, c'est-à-dire, qui se font par les parties elles-mêmes, sans l'intervention d'aucun officier public. On peut faire toutes sortes d'actes de cette manière, des ventes, des achats, des testamens. Il y en a même qui ne se font pas autrement, comme les lettres et les billets de change.

____

(1) *Leg* 11. *cod. qui potior. in pignor. et ibi Gotofr.* Cod. civ. des contrats ou obligat., art. 133.

Il y en a aussi qui ne peuvent pas se faire de cette manière, comme les actes de l'état civil, les testamens publics.

Les actes qui sont sous signature privée sont valables, soit que ceux qui font la convention l'écrivent de leur main, ou que seulement ils la signent. Cependant le billet ou promesse par lequel quelqu'un s'engage à payer à un autre une somme d'argent ou une chose appréciable en argent, doit être écrit en entier de sa main, ou du moins, s'il ne fait que le signer, il faut qu'outre sa signature il ait écrit de sa main un *bon* ou un approuvé portant en toutes lettres la somme ou la quantité de la chose.

La loi excepte cependant le cas où l'acte émane de marchands, artisans, laboureurs, vignerons, gens de journée ou de service (1).

L'acte sous seing-privé qui contient des conventions synallagmatiques, n'est valable qu'autant qu'il en est fait autant d'originaux qu'il y a de parties ayant un intérêt distinct (2).

Il y a encore d'autres écritures privées, tels que les livres des marchands, les registres et papiers domestiques; nous en parlerons ailleurs.

Les formes auxquelles ces actes sont assujétis, avaient été établies successivement par diverses ordonnances, et principalement par

____

(1) Cod. civil, des contrats art. 1324.
(2) *Ibid*, art. 1323.

celles de 1539, d'Orléans et de Blois. Leurs dispositions se trouvent réunies avec quelque changement ou modification, dans la loi du 25 ventôse an 11, relative au notariat.

Il y est dit qu'un notaire ne peut instrumenter hors de son ressort ; qu'il ne peut recevoir des actes où les parens ou alliés en ligne directe à tous les degrés et en collatérale jusqu'au degré d'oncle et de neveu inclusivement, seraient parties, ou qui contiendraient quelque disposition en leur faveur ; que les actes seront reçus par deux notaires ou par un notaire assisté de deux témoins, citoyens français, sachant signer, et domiciliés dans l'arrondissement communal où l'acte sera passé.

Que deux notaires, parens ou alliés au degré ci-dessus, ne pourront concourir au même acte ; que les parens, alliés au même degré, soit des Notaires, soit des parties contractantes, leurs clercs et leurs serviteurs, ne pourront être témoins (1).

Que les actes seront signés par les parties, les témoins et les Notaires, qui doivent en faire mention à la fin de l'acte ; et que, quant aux parties qui ne savent signer, le Notaire doit faire mention à la fin de l'acte de leurs déclarations à cet égard (2).

____

(1) Art. 6 et suiv.
(2) *Ibid.* art. 14.

Q 4

Que les Notaires garderont minute de tous les actes qu'ils recevront, à l'exception de quelques-uns mentionnés dans la loi (1).

Que les actes reçus par un Notaire suspendu, destitué ou remplacé, ne seront plus valables sitôt après que sa suspension, sa destitution ou son remplacement lui aura été signifié (2).

La contravention à tous ces articles emporte nullité de l'acte qui n'est pas revêtu de la signature de toutes les parties; ceux qui sont revêtus de cette signature, valent seulement comme écriture privée (3).

Un contrat ordinaire, quoique fait sous seing privé, ne lie pas moins les parties que s'il était fait pardevant Notaire; seulement il ne jouit pas des prérogatives attachées aux actes publics.

Les autres formes que la loi n'exige point sous peine de nullité, et dont elle ne punit l'omission que par une amende contre le Notaire, telles que celles mentionnées dans d'autres articles, n'opèrent pas la nullité des actes où elles ont été omises (4). Car la loi ayant déclaré quelles étaient les formes requises à peine de nullité, est censée par là avoir fait une exception pour les autres.

----

(1) *Ibid.* art. 20.
(2) *Ibid.* art. 2.
(3) *Ibid.* art. 68. Code civil. Des contrats, etc. art. 1317.
(4) Loi du 25 ventôse an 11, art. 12, 13.

Les avantages des actes authentiques sur les actes privés sont très-considérables. Ils font foi en justice sans vérification préalable et jusques à ce qu'ils soient annullés ensuite d'une inscription en faux, tandis que l'écriture privée ne fait foi qu'après qu'elle a été reconnue par celui à qui on l'oppose, ou qu'au cas de dénégation de sa part, elle a été vérifiée (1).

L'acte authentique est exécutoire dans toute l'étendue de la France comme le jugement d'un tribunal (2).

Néanmoins, s'il y avait plainte en faux principal, l'exécution de l'acte serait suspendue du moment que le jury d'accusation aurait déclaré qu'il y a lieu à l'accusation; et en cas d'inscription en faux incident, les tribunaux peuvent, suivant la gravité des circonstances, suspendre provisoirement l'exécution des actes (3).

L'acte authentique produisait autrefois hypothèque du jour de sa date. Aujourd'hui il ne la donne que du jour de son inscription au bureau des hypothèques (4).

L'écriture privée, au contraire, ne produit l'un ou l'autre effet qu'après que la reconnaissance en a été faite en justice, qu'on en a ordonné

---

(1) Cod. civ. Des contrats, etc., art. 1317 et suiv.
(2) Loi du 25 ventôse an 12, relative au notariat, art. 19.
(3) *Ibid.* et Cöd. civ. art. 1317.
(4) Cod. civ. Des hypothèques, art. 21 42

l'enregistrement chez un Notaire, et qu'on l'a fait inscrire au bureau des hypothèques.

Les contrats passés en pays étrangers ne sont considérés en France que comme des actes privés, et ne peuvent y donner d'hypothèque, s'il n'y a des dispositions contraires à ce principe dans les lois politiques ou dans les traités (1).

CHAPITRE VI.

Des conventions inutiles et conditionnelles.

Un contrat peut être nul dans sa forme, et l'objet en être valable. Mais quelquefois aussi la forme du contrat est régulière, tandis que les conventions qu'il contient sont prohibées. Ce sont alors des stipulations inutiles, qu'on ne doit pas confondre avec les conventions nulles.

Les premières sont rejetées comme n'ayant pu exister; les autres pour n'avoir pas été faites suivant les formes prescrites par la loi. Une stipulation inutile est toujours nulle, tandis qu'une stipulation nulle aurait pu être utilement faite.

Une stipulation est inutile, soit par le défaut ou le vice de la chose, soit par le défaut de cause, soit par le défaut de pouvoir dans celui qui l'a faite.

---

(1) *Ibid.* art. 2124.

On tient généralement que toutes les choses, soit meubles, soit immeubles, qui sont dans le commerce des hommes ou qu'il est possible d'y faire entrer, peuvent tomber dans les stipulations. D'où il suit que tout ce qui n'existe point ou qui ne peut pas exister, ne saurait faire l'objet d'une convention (1). Il en est de même des choses communes et publiques, dont nous avons parlé ci-dessus, et qui étant en quelque sorte la propriété de tous, ne peuvent, par le commerce, devenir celle d'une ou de plusieurs personnes. Telles sont encore les choses sacrées, celles qui sont destinées à l'usage du peuple, comme les chemins, les places publiques et autres de cette espèce.

D'après le même principe, on rejette toute convention contraire à l'ordre public et aux bonnes mœurs, parce qu'on regarde comme impossible tout ce qui est prohibé par la loi et les bonnes mœurs (2). Cette maxime s'applique à une infinité de cas.

Le second défaut qui rend une convention inutile, c'est de n'y avoir pas exprimé la cause pour laquelle elle est faite. Une convention n'est, comme nous l'avons vu, qu'un échange de jouissance (3). L'un ne donne ou ne promet

---

(1) *Instit. de inut. stipul.* §. 1. Cod. civ. Des contr. etc. art. 1127 et suiv.

(2) *Leg.* 15. *ff. de condit. Instit. de inutil. stipul.* §. 24. Cod. civ. Des contrats, art. 1171.

(3) Cod. civ. *ibid.* art. 1130.

une chose, qu'en considération de celle qu'il reçoit en retour : s'engager ou promettre de donner quelque chose à quelqu'un sans en exprimer le motif, c'est une stipulation inutile, parce qu'on la regarde comme une circonvention ou une voie détournée pour s'enrichir aux dépens d'autrui. Quelquefois cependant, quoique la cause d'une obligation ne soit pas exprimée, on la présume, ou on l'induit des circonstances du fait et de la qualité des parties. Si un homme, versé dans les affaires, s'engage par écrit privé ou public de payer une somme quelconque, quoiqu'on n'y ait point exprimé la cause pour laquelle il la doit, on présume néanmoins que c'est pour cause de prêt ou pour quelque autre cause légitime. Il n'est guères probable qu'une telle personne s'oblige sans raison et sans sujet.

Quelquefois même on l'induit des expressions dont on s'est servi : par exemple, si l'acte porte : *je confesse devoir, ou je promets payer, etc.*, les mots *devoir, paiement, etc.* semblent supposer une obligation précédente, à laquelle on s'engage de satisfaire (1). Il n'y a que les circonstances qui peuvent faire déclarer nulles de pareilles promesses, lorsqu'il y a lieu de croire qu'elles ont une cause illicite. C'est ce

---

(1) Bérault, sur l'art. 504 de la coutum. de Normand. Charondas. Liv. II ch. 24. 25. Journ. des Aud. t. 1. Liv. VI. chap. 8. tom. 2. Liv. II, ch. 10. Liv. VI. chap. 31.

qui a donné lieu à la diversité des jugemens intervenus sur cette matière.

On était plus rigoureux à l'égard des marchands et négocians. Divers arrêts leur défendaient de se servir, au fait de leur commerce ni en quelque autre traité ou affaire que ce fût, de promesses ou billets qui ne seraient point remplis du nom du créancier, et des causes pour lesquelles les promesses ou billets avaient été faits (1).

En règle générale, la promesse des faits d'autrui n'oblige point. La raison est, que celui qui promet le fait d'autrui, ne promet point de donner ou de faire quelque chose au profit du stipulant, et que l'on promet pour soi, et non pour un autre (2).

Mais la promesse est valable, lorsque l'on s'oblige à faire donner, ou faire faire par un autre (3); ce qu'on appelle *se faire fort*, en termes de pratique; parce que dans ce cas celui qui promet, *non tam alienum factum promitit, quàm proprium*, comme quand un mari vend le propre de sa femme en son absence, ou pendant sa minorité, et qu'il s'oblige de lui faire ratifier le contrat : auquel cas, faute par lui d'exécuter cette promesse, il est

---

(1). Journ. des Aud. tom. 1. Liv. VI. ch. 8.
(2) *Leg.* 83. *princip. ff. de verb. oblig.*
(3) *Instit.* §. 21. *de inutil. stipul. leg.* 73. *ff. de legat.* 1. Cod. civ. Des contrats, etc. art. 1119.

tenu envers le stipulant de ses dommages et
intérêts, quoique le contrat n'en contienne
point une obligation expresse.

C'est encore une règle générale, qu'on ne
peut point stipuler pour un autre ; de
sorte que cette stipulation ne produirait
aucune action, ni au profit du stipulant, parce
qu'il n'y a point d'intérêt, ni au profit de celui
pour lequel la stipulation serait faite (1).

Que si la stipulation est faite pour le stipulant et pour un étranger, elle est valable pour
moitié au profit du stipulant, et inutile pour
l'autre moitié au profit de l'étranger. D'où on
peut conclure, que le droit d'accroissement
n'a pas lieu dans les contrats ; il faut excepter
les choses et les droits stipulés qui ne reçoivent
pas de division, comme le droit de servitude (2).

On ne peut point également stipuler ni acquérir pour un autre sans un pouvoir spécial.
De là vient que, quoique les Notaires qui sont
personnes publiques, stipulent pour les absens,
ils ne peuvent point acquérir pour eux par les
contrats et conventions qui se forment par le
consentement mutuel des parties.

De cette règle qu'on ne peut point acquérir par un autre sans pouvoir, il s'ensuit que

---

(1) *Ibid.* art. 1120.
(2) *Leg.* 1. §. *penut. Leg.* 6. *ff. de verb. oblig. Leg.* 5. *ff.
somm. præd.*

si j'ai acquis pour un autre, et qu'il refuse d'accepter pour lui l'acquisition, quoique cette déclaration ne soit faite qu'après plusieurs années, néanmoins je suis censé avoir acquis pour moi, et l'acquisition n'a pas résidé un seul instant en la personne de celui au nom duquel j'ai acquis. Si au contraire il accepte l'acquisition, quoiqu'après plusieurs années, la déclaration qu'il en fait remonte au jour du contrat de l'acquisition ou de l'adjudication judiciaire.

Quoiqu'on ne puisse point stipuler ou acquérir pour un autre, néanmoins on peut stipuler que la somme qui est due au stipulant, sera payée à un autre qu'il voudra : auquel cas l'obligation est acquise au stipulant, et le paiement doit être fait à celui qu'il a déclaré (1). La raison est, que le stipulant peut avoir intérêt que le paiement soit fait à un autre qu'il a choisi, soit pour exiger par-après de lui la somme qui lui aura été payée par l'action de mandat, ou autrement.

La stipulation n'est pas inutile, quoique faite au profit d'un autre, lorsque le stipulant a stipulé au profit d'un autre, avec une peine applicable au profit du stipulant, faute par la partie d'exécuter sa convention et promesse, parce qu'en conséquence de l'inexécution le stipulant est bien fondé d'agir pour faire con-

---

(1) *Instit.* §. 4. *de inutil. stipul.* Cod. civ. des Contrats, etc. art. 1120.

damner sa partie à lui payer la peine à laquelle elle s'est obligée.

Nous devons remarquer encore relativement aux conventions, qu'elles sont ou pures et simples, ou à terme ou sous condition.

Lorsqu'elles se font purement, sans faire mention du tems, ou sans aucune condition, comme, par exemple: *Je promets payer cent francs à Titius*, la chose peut être demandée au même tems qu'elle est promise (1). Néanmoins le créancier doit donner un peu de tems à son débiteur, pour le pouvoir payer, de sorte que si le créancier envoyait le même jour une assignation à son débiteur, celui-ci ne serait pas tenu de lui payer l'assignation, mais elle serait valable étant faite le lendemain.

Lorsqu'il y a terme dans la convention, l'obligation n'en est pas moins contractée et la chose due. Il n'y a que le paiement qui n'est pas encore échu; l'action ne peut pas être intentée, jusques à ce que le jour du terme soit passé; car c'est en faveur du débiteur que le terme a été ajouté; et on ne peut l'accuser d'avoir manqué à sa promesse, que le jour de l'échéance ne soit entièrement écoulé (2).

Lorsque le lieu du paiement est ajouté à la stipulation, elle est réputée faite à terme,

---

(1) *Leg.* 68, *ff. de reg. jur.*
(2) *Leg.* 60, 73. *ff. de verb. oblig.*

comme si je stipule à Paris une somme payable à Rome; celui qui me promet, ne peut être contraint au paiement avant qu'il soit à Rome, ou qu'il ait eu assez de tems pour y aller; parce que les contractans semblent être ainsi tacitement convenus, ce tems étant accordé au débiteur pour faire plus facilement le paiement.

Quant aux différentes espèces de conditions qu'on peut insérer dans un contrat, elles sont les mêmes que celles qu'on peut mettre dans une disposition de dernière volonté, et dont nous avons parlé en traitant des testamens (1).

Il y a cependant quelque différence quant à l'effet de la condition.

Lorsque les conventions et obligations sont faites sous condition, leur effet est suspendu jusques à l'évènement de la condition (2).

Le stipulant a cependant une simple espérance que la chose portée dans la convention, lui sera due : et ce droit est transmissible à ses héritiers, au cas qu'il décède avant que la condition soit arrivée (3).

Il faut dire le contraire des legs faits sous condition, dont l'espérance ne passe point aux héritiers; mais ils s'éteignent par la mort des

____

(1) Code civil. Des contrats, etc., art. 1168, et suiv.
(2) *Leg.* 44. §. 1. *ff. de obligat. et act.*
(3) *Leg.* 13. *Cod. de contrah. et committ. stipul.*

Tome III. R

légataires, arrivée avant l'évènement de la condition (1).

La raison de la différence est, que dans les contrats on songe à l'intérêt de sa famille et de ses héritiers ; mais dans les dernières dispositions, on est présumé ne songer qu'à celui envers lequel on exerce sa libéralité, lequel on veut préférer à son héritier légitime, sous certaines conditions néanmoins. C'est pourquoi si la condition n'arrive pas avant la mort du légataire, le legs est nul.

Les obligations contractées sous des conditions impossibles sont nulles ; la raison en est que celui qui s'oblige sous une condition impossible, ne peut pas être obligé d'exécuter sa convention que la condition ne soit arrivée; et si elle est impossible, il n'y a point d'obligation, puisqu'il est certain que la condition n'arrivera pas. Ce qui a lieu dans toutes sortes de contrats et de conventions (2), c'est le contraire pour les dispositions testamentaires, lesquelles sont valables, quoique faites sous des conditions impossibles, comme nous l'avons dit ailleurs (3).

Lorsque les conditions apposées aux con-

---

(1) *Leg.* 122. §. 4. *ff. de verb. oblig.*

(2) *Instit. de inut. stipul.* §. 11. 24. *Leg.* 1. §. 11. *Leg.* 21. *ff. de oblig. et act. Leg.* 7. *Leg.* 35. *ff. de v. o.*

(3) *Leg.* 1. *ff. de condit. et demonst.* Voyez ci-dessus, *Liv.* I. chap. 18.

ventions se rapportent au tems présent ou à
une époque passée, ce ne sont plus de vraies
conditions ; l'obligation est nulle ou valable
tout de suite. Il n'est plus question que de
vérifier si le fait qui est l'objet de la condition
s'est passé ou non (1).

Après avoir indiqué les règles générales sur
la forme des contrats et les choses qui peuvent
en faire l'objet, il faut entrer dans quelque
détail sur ce qui les concerne chacun en particulier, c'est-à-dire, d'après l'idée que nous
avons donnée de la nature des contrats, sur
les diverses manières dont les hommes
font l'échange des propriétés qui leur appartiennent.

Nous commencerons d'abord par ceux où
l'on échange une chose pour un simple retour de bienfaisance; nous passerons ensuite
à ceux bien plus nombreux, où l'on échange
une chose contre une autre ou une valeur
équivalente.

____

(1) *Leg.* 100. *ff. de verb. oblig. Instit.* §. 6, *eod.*

LIVRE XXI.

DES CONTRATS DE BIENFAISANCE.

CHAPITRE I.

De la donation.

ON doit mettre, avec juste raison, la donation à la tête des contrats de bienfaisance ; c'est celui en effet qui fournit le moyen le plus facile et le plus complet, d'exercer sa bienfaisance et sa libéralité.

Le Code civil définit la donation entre-vifs, un acte par lequel le donateur se dépouille actuellement et irrévocablement de la chose donnée, en faveur du donataire qui l'accepte (1).

La loi romaine donne, ce semble, une idée plus exacte de la donation, lorsqu'elle dit que c'est une libéralité faite par quelqu'un qui n'y est point obligé par aucun droit (2).

---

(1) Code civil. Des donations, etc., art. 894.
(2) *Donari videtur quod nullo jure cogente conceditur. Leg. 29. ff. de donat.*

C'est en effet la *gratuité* de la donation, si l'on peut s'exprimer ainsi, qui en fait le vrai caractère. Celui qui donne, quand il y est obligé, s'acquitte de ce qu'il doit et n'exerce pas une libéralité.

La donation se forme, comme tous les autres contrats, par le concours du consentement du donateur et du donataire. L'acceptation de celui-ci, comme nous le dirons plus au long dans la suite, doit être expresse. Il ne suffirait pas qu'il acceptât tacitement en étant présent à la donation, ou en prenant possession des biens qu'on lui donne; il faut qu'il déclare expressément qu'il accepte la libéralité qu'on lui fait.

C'est d'après cette considération que des Jurisconsultes Romains mettent la donation dans le nombre des contrats (1).

Quand on y réfléchit bien, l'on voit que l'objet de tous les contrats est un échange de jouissances; en effet, si j'achète une maison ou un fonds de terre, c'est que je préfère la jouissance de cette maison ou de ce fonds à celle de mon argent; le vendeur a une intention contraire.

Un donateur n'exige d'autre retour que la bienveillance et la gratitude de celui qu'il oblige. C'est le sentiment d'avoir fait une

______

(1) *Leg.* 7. *Cod. de his quæ vi et met. Leg.* 17. *Cod. de fid. instrum. Leg.* 8, *cod. de præscript.* 30, *vel 40 ann.*

R 3

bonne action qui prédomine en lui. Cette jouis-sance en vaut bien une autre: c'est la raison pour laquelle on révoque la donation en cas d'ingratitude de la part du donataire. Il a manqué à la reconnaissance qu'il avait promise en acceptant le don qui lui était fait.

La donation doit donc être placée à la tête des contrats qu'on appelle de *bienfaisance*, et dans lesquels une des parties donne ou prête les choses qui lui appartiennent, ou emploie son tems et son travail gratuitement en faveur de l'autre, sans autre retour que le plaisir de lui rendre service.

En effet, la plupart des contrats de bienfai-sance, tels que le prêt, le commodat, ne sont que des donations temporaires. Celui qui prête son argent sans intérêt, ou la chose qui lui ap-partient, le donne pour un tems déterminé, sans autre recompense pour lui que le plaisir d'être utile.

On distingue plusieurs espèces de donations: La première de ces distinctions est celle des donations entre-vifs et des donations à cause de mort.

Il n'y a que les premières qui méritent pro-prement le nom de donation. Les secondes se confondent avec les autres actes de dernière volonté. Il n'y a pas de différence entre eux aujourd'hui (1).

____

(1) Ordonnance de 1731, art. 3.

Une autre distinction des donations est celle des donations pures et simples d'avec les donations conditionnelles, ou pour un objet déterminé, tel qu'un contrat de mariage, une reconnoissance à satisfaire.

Cette dernière espèce de donation s'appelle rémunératoire. La libéralité du donateur n'est pas spontanée comme dans la donation pure et simple; elle est provoquée par des services antécédens que le donateur veut reconnaître.

Mais ces services ne doivent pas être de nature à imposer à celui qui les a reçus l'obligation de les récompenser, ou du moins ce ne doit être qu'une obligation morale et de convenance; autrement ce serait une dette qu'il acquitterait. Cette distinction est assez indiquée dans le droit romain (1). Pour que la donation conserve, en ce cas, le caractère qui lui est propre, il faut que la valeur de l'objet donné excède celle du salaire que les services méritent.

La donation, comme tous les contrats d'échange, transfère de suite la propriété de la chose donnée : elle dépouille le donateur, et investit de suite le donataire. Toute donation faite sous des conditions qui dépendraient de la seule volonté du donateur serait nulle (2). C'est une suite de la maxime. *donner et retenir*

______

(1) *Leg.* 194 *et* 214, *ff. de verb. signif.*
(2) *Leg.* 1. *ff. de donat.*

R 4

ne vaut, que nous expliquerons plus clairement dans un autre endroit. Cela n'empêche
point que le donateur ne puisse se réserver la
jouissance de la chose donnée pendant un
certain temps, ou même toute sa vie ; il suffit
qu'il se dépouille de la propriété.

Quant à ce qui concerne la capacité de
disposer par donation entre-vifs, les règles en
sont à-peu-près les mêmes que celles dont nous
avons parlé, en traitant de la capacité pour
disposer par testament.

Toute personne peut disposer ou recevoir
par donation, excepté celles que la loi en déclare incapables.

Elle dit d'abord que pour faire une donation entre-vifs ou un testament, il faut être
sain d'esprit (1).

Nous avons dit plus haut dans quel sens
cette maxime devait s'entendre (2). Nous n'y
reviendrons pas.

Cependant la loi, en permettant au mineur parvenu à l'âge de seize ans de disposer
par testament d'une partie de ses biens, lui
interdit jusques à la majorite la faculté de
disposer entre-vifs.

Elle a pensé sans doute que les mineurs
étant incapables d'aliéner leurs biens, même
à titres onéreux, le sont bien davantage de

____

(1) Code civil, art. 901 et suiv.
(2) Ci-dessus, Liv. II, chap. 15.

le faire à titre gratuit. Le code civil dit donc que le mineur ne peut disposer de ses biens à titre gratuit. Il n'excepte qu'un cas, celui où il se marierait durant la minorité. Alors il devient capable de donner à son conjoint, avec le consentement et l'assistance de ceux dont le consentement est requis pour la validité de son mariage (1).

CHAPITRE II.

De la forme des donations entre-vifs.

Le code civil veut que tous les actes portant donation entre-vifs soient passés devant notaires, dans la forme ordinaire des contrats, et qu'il en reste minute, sous peine de nullité (2).

Cet article est pris mot à mot de l'ordonnance de 1731 (3).

Il avait été incertain jusqu'à cette ordonnance, si les donations faites sous seing-privé, étaient valables. Les jurisconsultes, comme les tribunaux, étaient fort partagés là-dessus. L'ordonnance fixa toutes les incertitudes.

La loi romaine n'était pas aussi rigide. Elle admettait, non-seulement les donations sous

______

(1) Code civil, tit. des donat., art. 903. 904. 905.
(2) *Ibid.* art. 931.
(3) Art. 1, 2.

seing-privé, mais encore celles faites verbalement, ou par une simple lettre (1). L'insinuation, dont nous parlerons plus bas, fut établie pour donner aux libéralités entre-vifs une publicité et une authenticité qu'on n'exigeait pas pour les autres actes.

A l'exemple de l'ordonnance de 1731, la loi veut que l'on suive dans les donations les mêmes formes que dans les actes publics.

Nous avons déjà expliqué plus haut, quelles étaient les formes requises pour la validité d'un acte public ; on peut y recourir.

Il est cependant à observer que la loi du 25 ventôse relative au notariat, qui règle les formes des actes publics, déclare nuls les actes où elles ne seront point observées, avec cette modification cependant que ceux qui seront signés par les parties vaudront comme actes sous seing-privé.

Il est aisé de s'apercevoir que cette exception ne pourrait s'appliquer à la donation. L'acte qui la contiendrait, et où l'on aurait omis quelques-unes des formes ordinaires des contrats publics, serait nul, bien qu'il fût revêtu de la signature des parties. La raison de la différence est qu'un contrat ordinaire, quoique fait sous seing-privé, ne lie pas moins les parties que s'il était fait pardevant notaire ; qu'il est seulement privé des prérogatives atta-

---

(1) *Leg.* 13, 29, 30. *ff. de donat.*

chées aux actes publics, tandis que la loi ne reconnaît de donations, que celles qui sont faites par acte devant notaire.

Outre les formes ordinaires des contrats publics auxquelles les donations ont toujours été assujetties, dans quelques pays et coutumes, on y suivait autrefois des formes particulières, que l'ordonnance de 1731 réserva expressémen'.

En effet les législateurs de certaines contrées de la France s'étaient aperçus que les hommes se dépouillaient difficilement de ce qui leur appartenait pour le seul plaisir d'obliger un autre, et que la séduction ou la surprise entraient souvent pour beaucoup dans les déterminations de cette espèce; l'expérience leur avait en outre montré que la cupidité, humble et souple quand elle demandait, devenait insolente et ingrate quand ses désirs étaient satisfaits; ils avaient donc cru devoir entourer les donateurs de quelques précautions qui les missent à l'abri de la surprise et de la séduction, et assujettir pour cela ces actes à des formalités plus solennelles que les contrats ordinaires. Cette sage prévoyance se remarque principalement dans les coutumes ou statuts de l'ancienne Provence et de l'ancien Dauphiné. Il fallait dans toutes les deux, pour la validité de la donation, la présence du juge, et même d'un administrateur de la commune et des plus proches parens du donataire ; cette dernière formalité ne s'observait pas toujours. Le statut delphinal ne permettait pas encore de faire une donation hors de son domicile, pour empêcher qu'on ne transmarchât celui de qui on voudrait arracher une libéralité.

L'ordonnance de 1731 réserva, comme nous avons vu, ces formalités ; si elle ne les étendit pas à toute la France, c'est qu'elles n'étaient pas par-tout nécessaires, la faculté de donner étant limitée en bien des lieux.

La loi du 13 avril 1791, les respecta aussi; elle ordonna que le juge de paix tiendrait la place du juge (1).

Le code civil, qui étend si considérablement la faculté de donner, aurait peut-être bien fait de rendre commune à toute la France cette ancienne loi locale.

CHAPITRE III.

Continuation du même sujet. De l'acceptation de la donation.

La donation, dit-on dans les motifs de la loi du 13 floréal, est considérée comme un engagement réciproque ; il est par conséquent indispensable que les deux parties y intervien-

____

(1) Tit. 1, art. 24.

nent, celle qui donne et celle qui reçoit. Il y a donc une grande différence entre les donations et les dispositions testamentaires, comme nous l'avons déjà fait voir; et c'est d'après ce principe que le droit romain mettait les donations dans la classe des contrats synallagmatiques ou obligatoires de part et d'autre (1).

L'acceptation est donc de l'essence de la donation, et toute donation non acceptée est encore un acte informe, qui ne saurait produire aucun effet; le donateur peut changer de volonté, et révoquer son bienfait. Il n'y a que l'acceptation du donataire qui lie le donateur irrévocablement (2).

On a toujours été d'accord sur ce point; il n'y a eu de doute que sur la nature et sur la forme de l'acceptation; le droit romain était plus facile sur ce point qu'on ne l'a été dans la suite; il suffisait que le donataire eût exprimé la volonté d'accepter, soit tacitement en assistant à l'acte, ou en prenant possession de la chose donnée, pour que l'acceptation fût censée valable (3).

Nos anciennes ordonnances exigèrent l'acceptation pour la validité des donations (4). On était, en certains parlemens, plus indul-

---

(1) *Leg.* 56. *ff. de obligat. et act.*
(2) Code civil, an 11, art. 932.
(3) *Leg.* 6 *et* 10, *ff. de donat.*
(4) 1539, art. 139. 1549, art. 4.

gent à l'égard des donations en faveur de l'église ou des établissemens de charité.

L'ordonnance de 1731 confirma, dans toute sa rigueur, la nécessité de l'acceptation pour toutes les espèces de donations, excepté celles en contrat de mariage. Elle exigea qu'elle fût expresse, et elle ne voulut pas permettre de la suppléer par aucun équipollent, et qu'on pût avoir égard aux circonstances dont on prétendrait induire une acceptation tacite ou présumée (1).

Le Code civil, sans s'exprimer d'une manière si positive, exige une accepation expresse, et les motifs disent positivement que cela doit s'entendre dans le sens le plus étendu de l'ordonnance.

Il n'est cependant pas nécessaire, pour la validité de la donation, que l'acceptation se fasse par le donataire en personne, et dans l'acte même ; elle peut se faire par un acte ou par une personne fondée de la procuration du donataire ; mais alors le donateur n'est lié par l'acceptation que du jour qu'elle lui a été signifiée (2).

On doutait autrefois si la procuration devait être expresse et spéciale pour la donation qu'il s'agissait d'accepter, ou bien si une pro-

____

(1) Art. 56.
(2) Code civil, art. 933.

curation générale, pour accepter les donations faites et à faire, était suffisante : il paraît, par les motifs, qu'une procuration générale suffit.

L'acceptation ne formant qu'un seul et même acte avec la donation, dont elle est une partie nécessaire , doit être par conséquent aussi solennelle et aussi authentique ; elle doit donc être faite par acte public, et il doit en rester minute.

La loi dit qu'il faut que l'acceptation soit faite du vivant du donateur, qui est maître de révoquer sa donation, jusqu'à ce que l'acceptation l'ait rendue irrévocable ; d'où il suit que si le donateur venait à mourir avant que le donataire eût accepté, il n'y aurait pas de donation.

En serait-il de même si le donataire venait à décéder avant d'avoir fait son acceptation ? Ses héritiers seraient-ils reçus à la faire à sa place ? Les auteurs antérieurs à l'ordonnance de 1731 n'étaient pas d'accord là-dessus ; il n'y a plus eu de doute depuis l'ordonnance, qui, quoiqu'elle ne s'exprime pas positivement sur ce point, dit cependant, ainsi que le Code civil, que l'acceptation sera faite par le donataire ou un fondé de pouvoir de sa part; d'où l'on doit conclure que ce droit est personnel au donataire, et ne peut appartenir à d'autres.

Le Code civil dit encore que l'acceptation sera faite par un acte authentique. A défaut de Notaire, pourrait-elle se faire devant un juge assisté de son greffier ? Il semble que la loi ne s'y oppose pas, puisqu'elle parle en général d'un acte authentique, et que les actes des juges sont aussi authentiques que ceux des Notaires.

Cependant l'ordonnance de 1731 disait qu'elle serait reçue par un notaire, et c'est la règle qu'il faut suivre.

Si le donateur est majeur, l'acceptation doit être faite par lui, ou, en son nom, par la personne fondée de sa procuration, portant pouvoir d'accepter la donation faite, ou un pouvoir général d'accepter les donations qui auraient été ou qui pourraient être faites.

Cette procuration devra être passée devant Notaire, et une expédition devra en être annexée à la minute de la donation, ou à la minute de l'acceptation qui serait faite par acte séparé.

La loi du 25 ventose, concernant les actes notariés, n'exige point qu'on garde une minute des procurations ; cependant le Code civil semb'e supposer qu'on en gardera une des procurations en question, puisqu'elle dit qu'une expédition en sera annexée à la minute de la donation, ou à cellede l'acceptation, si elle est faite par acte séparé. (1).

____

(1) Code civil, art. 933.

Une

Une femme en puissance de mari est dans une espèce d'interdiction qui la rend incapable de contracter, seule et sans l'autorisation de son mari, aucun engagement civil (1). Cette maxime est née du droit coutumier, et elle éprouvait des modifications dans les pays régis par la loi romaine. En effet, l'ordonnance de 1731, faisait une exception pour les donations qui, en pays de droit écrit, seraient faites à la femme pour lui tenir lieu de biens paraphernaux (2); mais cette exception n'existe plus aujourd'hui ; la loi est uniforme : une femme ne peut accepter une donation, quoique, pour l'ordinaire, elle fasse par là sa condition meilleure. Toute la ressource qu'on lui accorde contre les caprices d'un mari, qui voudrait la priver des libéralités d'un bienfaiteur, c'est de lui permettre, en cas de refus de sa part, de recourir à l'autorisation de la justice, comme il est dit aux articles indiqués de la loi sur le mariage.

On peut demander si l'acceptation, étant faite par une femme sans l'autorisation de son mari, la ratification que celui-ci en fait par la suite, rend la donation valable. Cette question, agitée postérieurement à l'ordonnance de 1731, a été fort débattue par les Jurisconsultes. Ceux qui tenaient pour la négative, et qui

____

(1) Louet et Brodeau, lett. M, somm. 11.
(2) Art. 9.

pensaient que la ratification intervenue après coup, ne pouvait valider l'acceptation faite par une personne incapable, se fondaient sur la coutume de Paris, qui veut que tout contrat passé par la femme sans l'autorisation de son mari, soit déclaré nul (1).

Le Code civil, qui a rendu cette règle générale dans toute la France, semble l'avoir adoptée dans toute sa rigueur, puisqu'il exige que l'autorisation du mari soit donnée dans l'acte même (2); elle ne peut donc être faite après.

Il faut cependant convenir qu'en prenant dans ce sens l'article du Code indiqué, il y aurait une espèce d'opposition entre cette maxime et celle établie dans la loi du 26 ventôse an 11, relative au mariage, et dans celle du 17 pluviôse an 12, sur les contrats et obligations, portant : « que la nullité fondée « sur le défaut d'autorisation (de la femme « par le mari) ne pouvait être opposée que « par la femme, par le mari ou leurs héri-« tiers (3). »

L'autorisation du mari est exigée pour l'avantage de la femme, afin de la mettre à l'abri des séductions auxquelles elle pourrait être exposée; et ensuite pour celui du mari, qui,

---

(1) Art. 203.
(2) Code civil, art. 217.
(3) *Ibid.* art. 225. 1125.

étant le chef de la famille, a intérêt de veiller à ce qu'il ne se fasse, sans son approbation, aucun acte contraire à ses intérêts.

De-là il suit que, lorsque la femme ni le mari ne se plaignent point de l'acte qui a été passé sans autorisation ; que cet acte, loin d'être nuisible à leurs intérêts, leur est peut-être favorable, il semble que personne autre n'a droit de se plaindre de l'omission d'une formalité, que le seul intérêt des époux a fait établir. Nous avons traité cette question plus haut.

Ces observations s'appliquent naturellement au cas de l'acceptation faite par la femme sans le consentement du mari. Si ni l'un ni l'autre ne réclame, et s'ils approuvent par leur silence un acte qui leur est infailliblement avantageux, pourquoi la loi ne l'approuvera-t-elle pas, comme elle fait pour les autres contrats, dans une pareille hypothèse? La donation n'est qu'un contrat qui se régit par les règles des conventions.

L'ordonnance de 1731, donnait au tuteur et au curateur le pouvoir d'accepter la donation faite à un mineur (1). Mais le tuteur ne l'a plus aujourd'hui, s'il n'y est autorisé par un conseil de famille. Cependant, lorsque le mineur sera émancipé, il pourra faire lui-même

----

(1) Art. 7.

l'acceptation, avec l'assistance de son cura--teur (1).

Mais la loi, tout en dépouillant le tuteur du pouvoir qu'il avait toujours eu d'accepter les donations faites à son mineur, accorde ce droit aux père et mère du mineur émancipé ou non émancipé, et aux autres ascendans, même du vivant des père et mère, quoiqu'ils ne soient ni tuteur, ni curateur du mineur. Cela se pratiquait même avant l'ordonnance de 1731, qui consacra cette règle (2).

Il suit néanmoins des dispositions du Code civil, qu'un mineur non émancipé est dans une incapacité absolue d'accepter une donation, quelque avantageuse qu'elle pût lui être, sans le concours de son tuteur, autorisé par un conseil de famille. L'acceptation faite sans ces formes serait nulle, et sa nullité entraînerait celle de la donation. Cependant, malgré les dispositions bien précises de l'ordonnance de 1731 à cet égard, des auteurs, tels que Furgole, doutaient encore si l'acceptation faite par le mineur ne serait point valable.

En effet, il est généralement convenu que les stipulations faites par un mineur et un pupille même, qui a déjà l'usage de la raison, quand elles leur sont avantageuses, obligent

_____

(1) Cod. civ. art. 463. 935.
(2) Art. 7. Journ. du Pal. tom 1. p. 805.

ceux avec qui ils traitent, quoique la plupart du tems ils ne soient pas obligés eux-mêmes. Comment, d'après cela, ne pas reconnaître la validité d'une donation qu'ils auraient acceptée, puisqu'il est presque impossible qu'une donation devienne onéreuse pour celui à qui on la fait ? On peut encore appliquer ici ce que nous avons déjà dit, relativement à l'acceptation faite par la femme sans le consentement du mari, et contre laquelle ni l'un ni l'autre ne réclame. L'incapacité de la femme est de la même nature que celle du mineur; leur acceptation doit être jugée d'après les mêmes principes.

Si la donation est faite à une personne en état d'interdiction, l'acceptation doit être faite par le tuteur, dans la même forme que pour le mineur (1).

Mais cette règle ne s'appliquerait point au prodigue, qui n'est pas précisément interdit, mais à qui l'on donne seulement un conseil, sans lequel il ne peut ni plaider, ni transiger, ni recevoir un capital mobilier, ni en donner décharge, aliéner, etc. (2).

Cette précaution, qui n'a été imaginée que pour empêcher un prodigue de dissiper son bien, cesse quand il s'agit d'en acquérir, comme dans la donation.

---

(1) Cod. art. 509.
(2) *Ibid.* art. 513.

Le sourd et muet qui est majeur peut accepter,lui-même, ou par un fondé de pouvoir, la donation qui lui est faite, pourvu qu'il sache écrire, et qu'il manifeste l'intention où il est d'accepter le don qui lui est fait, ou en assistant à l'acte de donation qu'il doit souscrire, ou en faisant une procuration pour donner pouvoir d'accepter à sa place (1).

Mais s'il n'a pas l'usage de l'écriture, l'acceptation ne pourra être faite que par un curateur, qui lui sera donné dans la forme établie par le Code civil, au titre de la minorité (2).

Les donations faites au profit d'hospices, des pauvres d'une commune, ou d'établissemens d'utilité publique, sont acceptées par les administrateurs de ces communes ou établissemens, après y avoir été duement autorisés (2).

Nous avons expliqué assez au long ci-dessus comment est réglée à présent l'administration des biens appartenant aux communes ou aux établissemens publics. S'il s'agit d'une donation, les administrateurs en donnent avis au préfet, qui adresse au ministre de l'intérieur les renseignemens convenables sur les avantages qui peuvent en résulter; et

---

(1) Code civil, art. 936.
(2) *Ibid.* art. 937.

ensuite, sur le rapport du ministre, le Gouvernement autorise par un arrêté les administrateurs à accepter le don qui leur est proposé. Il ne vaut pas jusqu'alors (1). L'arrêté du Gouvernement tient lieu des lettres-patentes qu'il fallait autrefois pour que les gens de main-morte pussent faire de nouvelles acquisitions. Il n'y avait que les hôpitaux qui étaient dispensés de cette formalité, en mettant, dans l'année, hors de leur main les biens acquis par donation ou testament, et en les remplaçant par des rentes sur l'état.

CHAPITRE. III.

De la tradition et de la transcription de la donation.

La donation duement acceptée est parfaite par le seul consentement des parties, et la propriété des objets donnés est transférée au donataire, sans qu'il soit besoin d'autre tradition (2).

Ceci est une conséquence ou une répétition de tout ce qui a été dit précédemment, et d'où il résulte qu'une donation est parfaite

---

(1) Ci-dessus, Liv. 3, Chap. 16.
(2) Code civil, art. 938.

S 4

par le seul consentement des parties, dont l'une donne et l'autre accepte. Ce consentement seul suffit pour transférer la propriété de la chose donnée, de la personne du donateur à celle du donataire, sans qu'il soit besoin d'une tradition de la part du donateur, ou d'une prise de possession réelle et effective de celle du donataire.

Il n'en était point ainsi dans notre ancienne jurisprudence coutumière : la donation n'était parfaite qu'autant que la tradition réelle de la chose donnée s'était ensuivie, et que le donataire en avait été saisi. Si le donateur venait à mourir avant que cette tradition fût effectuée, la donation était comme non avenue. On pensait alors que le donateur, restant en possession de la chose donnée, n'avait pas eu l'intention de s'en dépouiller. De-là la maxime, *donner et retenir ne vaut*, qu'on trouve dans nos anciens Jurisconsultes (1).

Cette maxime avait été un peu modifiée dans la coutume de Paris, qui dit que c'est donner et retenir, quand le donateur s'est réservé la jouissance de disposer librement de la chose donnée, ou qu'il demeure en possession jusqu'au jour de son décès.

Il n'y a pas de doute, que si un donateur se réservait la libre disposition de la chose

---

(2) Instit. coutum. de Loisel, liv. IV, tit. IV, n°. 5. Coutume de Paris, art. 273. 274.

donnée, ou s'il ne faisait la donation que sous une condition, de l'exécution de laquelle il demeurerait le maître, ce serait le cas de la maxime, *donner et retenir ne vaut*, et que la donation serait comme non avenue (1).

Mais rien n'empêche que, comme dans le droit romain, on ne puisse faire une donation sous une condition casuelle, ou que se contentant d'une translation fictive de la propriété, le donateur ne puisse se réserver l'usufruit des biens donnés; ce qui n'était pas autrefois.

Ainsi, quand la condition apposée dans la donation dépend du donataire ou d'un évènement incertain, ou que le donateur s'est réservé seulement pour lui ou pour d'autres la jouissance des fruits des biens donnés, la propriété de ces biens est transférée par le seul fait du consentement des parties, dont le rôle change dès ce moment: le donateur devenant simplement usufruitier, de propriétaire qu'il était auparavant; et le donataire acquérant, par la donation, la propriété d'une chose à laquelle il n'avait précédemment aucun droit; sauf l'usufruit, qui n'y sera réuni qu'à l'expiration du terme pendant lequel il est accordé à un autre.

Pour achever de bien faire entendre le sens de la maxime *donner et retenir ne vaut*,

____

(1) Ordonnance de 1731, art. 15.

nous ajouterons ici un passage d'une lettre de d'Aguesseau, où il dit : « Que le sens de cette maxime n'est point que la tradition feinte ne puisse avoir lieu dans les donations, et que personne, dans les pays coutumiers même, n'a jamais pensé à exiger des donateurs une tradition réelle. Tout ce que cette maxime signifie, est que le donateur ne peut se réserver, ni la propriété de la chose donnée, dans le tems qu'il la donne, ni le droit d'en priver le donataire quand il le jugera à propos, et, en ce sens, la maxime est en quelque manière de droit naturel (1). »

D'Aguesseau donne ici la maxime du droit coutumier, telle qu'elle existait de son tems, épurée par les principes du droit romain. Mais il n'en était pas ainsi dans les anciens tems, où les esprits, peu accoutumés à la distinction subtile de la tradition feinte et de la tradition réelle, ne voyaient de donation que là où il y avait désemparation totale de la propriété.

D'après ces principes, il est évident qu'une simple promesse de donner, fût-elle revêtue de toutes les formes de la donation, ne peut jamais en avoir les effets. Une promesse de donner ne saurait être une donation, puisque promettre et faire ce que l'on promet

(1) Tom. 9. lett. 289. 290.

sont deux choses très-distinctes , et qu'on ne saurait confondre. Une simple promesse n'est point un engagement irrévocable , consommée par le consentement de deux parties ; elle n'est que l'acte d'une partie : c'est l'espoir qu'on donne d'un bienfait à venir , et non la consommation d'un bienfait présent. Celui qui promet peut s'en dédire : il n'y a donc pas cette irrévocabilité qui fait un des caractères essentiels de la donation. Tous les efforts de Fargole pour en trouver une dans la simple promesse de donner sont donc vains.

Observons encore qu'une donation faite sans tradition feinte ou réelle , est prescrite par trente ans (1). Ainsi, si, à la suite d'une donation pure et simple, le donateur restait détenteur des biens donnés , et si le donataire laissait passer trente ans sans en demander la délivrance , son action serait prescrite.

Tout ce que nous avons dit de la tradition ne concerne que les immeubles qui ont une assiette fixe et qu'on ne peut changer. Car , quant aux meubles, la tradition réelle qu'on en fait complète la donation. Il en est de même pour le don d'une somme modique. On n'y exige aucune des formes de la loi. Il ne faut pas d'écrit , ni pour la donation , ni

____

(1) D'Aguess. plaid. 15.

pour l'acceptation. La tradition effective du meuble, et l'acceptation de celui à qui on le donne, sont suffisans sans formalité (1).

Mais quand le donateur veut faire une donation d'effets mobiliers et s'en conserver la jouissance, il faut nécessairement prendre quelque précaution pour en indiquer la consistance, et en fixer en quelque sorte la mobilité.

On peut donner des effets mobiliers de deux manières : ou la donation est faite d'une somme mobiliaire à prendre sur les biens du donateur après sa mort, ou bien elle est faite d'effets purement mobiliers.

La donation d'une somme mobiliaire à prendre sur les biens du donateur, produit le même effet qu'une reconnaissance ou une obligation que le donateur ferait de cette somme. L'acte qui la contient doit renfermer les mêmes formalités que les donations ordinaires ; et, lorsque l'acte est parfait par l'acceptation, on le fait inscrire aux hypothèques; et, du jour de cette inscription, les biens du donateur sont affectés à cette somme, et le donataire a un droit irrévocablement acquis et indépendant de la volonté du testateur.

Il ne peut en être ainsi d'une donation d'effets purement mobiliers, qui ne sont pas

____

(1) *Leg.* 25, *Cod. de donat.* D'Aguess. tom. 9. lett. 290. 293.

eux-mêmes susceptibles d'hypothèques. Le donateur qui en reste possesseur, est le maître d'en disposer encore à son gré; le donataire n'a aucun droit de suite pour les revendiquer de ceux à qui le donateur les aurait vendus ou donnés. On ne peut y donner de la consistance et de la stabilité qu'en en fixant la valeur et la quantité dans un état estimatif, qui demeure annexé à la donation : cet état est de rigueur (1). La donation serait autrement nulle ; car on ne connaîtrait pas sans cela les objets sur lesquels elle porte. Le donateur ayant en outre la faculté d'en disposer, la donation deviendrait illusoire. Au moyen de l'état estimatif, la valeur des meubles est déterminée. On connaît les objets que comprend la donation; et si les meubles ne se retrouvent pas, le donataire peut en réclamer la valeur, comme il sera dit à l'instant.

Mais cet état estimatif n'est nécessaire que quand il n'y a pas de tradition réelle (2).

A la mort du donateur , le donataire prend les meubles qui existent en nature, et en l'état où ils se trouvent. S'ils ont été dégradés par l'usage ou par le tems , il n'a aucune indemnité à prétendre pour cela. Mais si les effets donnés ont péri pendant la vie

______

(1) Code civil , art. 948. Ricard, n°. 963 et suiv.
(2) Ordonn. de 1731 , art. 15.

du donateur , ou s'il en a disposé en faveur d'autres personnes parentes ou autrement , le donataire n'a pas le droit de les revendiquer. Il a seulement action contre les héritiers du donateur pour raison des objets non existans, jusqu'à concurrence de la valeur qui leur aura été donnée dans l'état estimatif (1).

Mais, pour s'assurer le recouvrement de cette valeur, en cas qu'il se trouve en concurrence avec d'autres créanciers , il faudra qu'il ait fait inscrire l'acte de donation au bureau des hypothèques. Comme il ne s'agit que du recouvrement d'une somme mobiliaire, l'inscription seule suffit.

Lorsqu'il y **aura** donation de biens susceptibles d'hypothèques , la transcription des actes contenant la donation et l'acceptation, ainsi **que** la notification de l'acceptation qui aurait eu lieu par acte séparé , devra être faite aux bureaux des hypothèques dans l'arrondissement desquels les biens sont situés (2).

La transcription remplace ainsi l'ancienne formalité de l'insinuation , qu'on exigeait dans les donations sous peine de nullité , et dont il est essentiel de faire connaître l'origine.

La plupart des actes se faisaient verbale-

---

(1) Code civil, art. 950.
(2) *Ibid.* art. 939.

ment ou sous seing-privé chez les Romains. Il n'y avait pas, comme chez nous, des Notaires pour les recevoir, ou qui eussent du moins le droit de leur imprimer un caractère de publicité et d'authenticité. Un acte ne devenait public que lorsqu'il était *insinué*, c'est-à-dire, enregistré au greffe des tribunaux. Cette formalité n'était point requise pour les actes ordinaires ; on l'exigea, sous peine de nullité, pour les donations, auxquelles il était nécessaire, pour éviter les surprises, de donner de la publicité, lorsqu'elles excédaient une certaine somme (1).

Quand le droit romain fut devenu celui d'une grande partie de la France, et qu'on y eut adopté l'usage des donations, celui de l'insinuation se conserva aussi. La plupart des ordonnances, à dater de celle de 1539, en font mention (2) : il se maintint même lorsqu'on eut établi la nécessité de la rédaction par écrit de la plupart des actes, et même après que le contrôle, aujourd'hui l'enregistrement, eut ajouté un nouveau caractère de publicité, à celui que l'acte avait déjà reçu par le ministère du Notaire.

L'insinuation était de rigueur ; et il n'y avait d'exception que pour les donations en ligne directe faites en contrat de mariage, comme on le voit par l'ordonnance de 1731.

____

(1) *Leg.* 36. §. *ultim. Cod. de donat.*
(2) Art. 132.

Le principal objet de l'insinuation était de donner connaissance aux créanciers du donateur ou à ceux qui voudraient traiter avec lui, des engagemens qu'il avait pris par la donation qu'il avait consentie. L'établissement du régime hypothécaire, et les transcriptions qu'il exige des actes d'aliénation, pour leur donner toute leur force, remplissent d'une manière plus simple l'objet de l'insinuation. Cette formalité devenait dès-lors inutile. Elle a donc été supprimée, comme cela résulte du silence de la loi, et de l'assertion positive des motifs à ce sujet. Elle a été remplacée par la transcription aux bureaux des hypothèques de l'arrondissement où les biens sont situés.

Si l'acceptation a été faite séparément de la donation, elle doit être transcrite, de même que la notification qui en aurait été faite au donateur.

La transcription transmet au donataire les droits que le donateur avait à la propriété des immeubles donnés ; mais avec les dettes et hypothèques dont ces immeubles sont grevés (1). Jusqu'alors, le droit du donataire est encore incertain ; et si le donateur en disposait autrement, ou s'il grevait les immeubles donnés, de nouvelles charges et hypothèques, la do-

---

(1) Cod. civ. Tit. des hypothèques.

nation

nation serait en vain alléguée pour contester leur légitimité.

Il s'éleverait seulement la question de savoir si une personne faisant une nouvelle donation d'une chose déjà donnée, mais dont l'acte ne serait pas transcrit encore, serait tenue de dommages et intérêts à l'égard du donataire. Il n'y a pas de doute pour le cas de la vente, puisqu'il y a stellionat, lorsqu'on vend une même chose à deux personnes différentes.

La question semble douteuse dans le cas de la donation, parce que, s'agissant d'une aliénation gratuite, le donataire n'a pas donné, comme l'acheteur, une somme en retour des biens qu'il a acquis.

Il n'en est pas moins vrai que la donation opère, comme la vente, le transport de la propriété, et qu'il ne peut être au pouvoir du donateur d'anéantir un acte consommé, en disposant en faveur d'un autre d'un bien qui n'était plus en sa propriété. La loi l'entend tellement de cette manière, qu'elle exclut le donateur du droit d'opposer le défaut de transcription, comme nous le verrons plus bas.

Le mari qui était obligé de faire faire, dans l'ancienne jurisprudence, l'insinuation des donations que l'on faisait à sa femme; les tuteurs, curateurs des mineurs ou interdits, les administrateurs, à qui la même obligation était imposée , pour les donations faites aux personnes ou aux établissemens dont le soin leur était confié, sont également chargés aujourd'hui de faire faire la transcription.

Si le mari néglige ce devoir ,la femme pourra faire procéder à la transcription sans l'autorisation de son mari. Le mineur aurait sans doute le même droit, en cas de négligence de son tuteur , s'il était en état de veiller lui-même à ses affaires. (1)

Le défaut de transcription peut être opposé par toutes personnes ayant intérêt, excepté toutefois celles qui sont chargées de faire faire la transcription , ou leurs ayans-cause et le donateur (2).

La même règle existait autrefois relativement à l'insinuation ,comme on le voit par l'ordonnance de 1731 (3). Tous ceux qui avaient intérêt à contester une donation , et les héritiers même du donateur, pouvaient faire valoir le défaut d'insinuation : il n'y avait que ceux qui étaient chargés par devoir de faire remplir cette formalité, qui ne pouvaient exciper de son omission ; tels que le mari, les tuteurs , curateurs, administrateurs, dont nous avons parlé plus haut ; aujourd'hui encore s'ils ont des intéréts à démêler avec le donataire, et dans la discussion desquels il leur

(1) Code civil. art. 940.
(2) *Ibid.* art. 941.
(3) Art. 27. 31.

fût utile de faire valoir le défaut de transcription, ils n'en auraient pas le droit. Il en est de même du donateur, qui ne peut alléguer le défaut de transcription pour s'exempter d'exécuter la donation, ou pour justifier la disposition frauduleuse qu'il aurait faite des biens donnés en faveur d'un tiers, comme nous l'avons déjà dit. La transcription n'étant faite que pour rendre la donation publique, et en donner connaissance à ceux qui pourraient avoir intérêt à se la procurer, ce motif cesse à l'égard du donateur.

Mais la faculté dont on prive le donateur, on l'accorde à ses héritiers (1). Si le donateur était mort avant la transcription de la donation, elle serait comme non avenue.

Par les lois anciennes il y avait quatre mois pour faire faire l'insinuation ; et lorsqu'elle était faite dans ce délai, la donation était valable, quand même le donateur serait venu à décéder dans cet intervalle. Mais si on avait laissé passer ce délai, et que le donateur fût venu à mourir, on n'était plus à temps de réparer cette omission. Il en était autrement lorsque le donateur était vivant : on pouvait même, après les quatre mois, faire faire l'insinuation ; mais, en ce cas, la donation n'avait d'effet à l'égard des tiers que du jour de

____

(1) Ordonn. de 1731, art. 27. D'Aguess. tom. 9. Lett. 290.

l'insinuation ; et si dans l'intervalle le donateur contractait de nouvelles dettes, les créanciers avaient action sur les biens donnés, comme sur tous les autres. La mort du donataire n'empêchait point l'insinuation de la donation, tant que le donateur était vivant.

Le délai qu'on avait pour l'insinuation n'existe plus pour la transcription : on doit donc se hâter de la faire faire, pour éviter les difficultés qui pourraient s'élever, si le donateur venait à mourir avant la transcription, ou si, dans l'intervalle dela donation à la transcription, le donateur contractait de nouveaux engagemens.

Les mineurs, les interdits, les femmes mariées, ne sont point restitués contre le défaut de transcription des donations; on leur laisse seulement un recours contre leurs tuteurs ou maris, dont l'insolvabilité ne serait point un prétexte pour demander que la donation soit confirmée à l'égard des tiers, nonobstant le défaut de transcription (1).

L'ordonnance de 1731, contenait une disposition semblable à l'égard du défaut d'insinuation (2). Il y a cependant cette différence, c'est que le défaut d'insinuation était une nullité de la donation, tandis que le défaut de transcription n'annulle pas précisé-

---

(1) Code civil, art. 942.
(2) Art. 28.

ment la donation ; il empêche seulement qu'on
ne puisse en faire usage au préjudice des tiers.

CHAPITRE VI.

De la quotité de biens dont on peut disposer
par des donations entre-vifs, et de la
réduction de celles qui excèdent.

La quotité disponible fixée par la loi pour
ceux qui laissent des descendans ou des ascendans, est toujours la même, soit qu'on la donne
par des actes entre-vifs ou par des actes de
dernière volonté.

Mais si quelqu'un épuise son droit de son
vivant par des actes entre-vifs, il ne lui reste
plus rien à disposer par testament. Tous ses
pouvoirs sont consommés, comme on le verra
encore mieux tout-à-l'heure.

Les donations qui excèdent la quotité disponible, ne sont pas nulles pour cela ; elles sont
seulement réductibles à cette quotité, lors de
l'ouverture de la succession (1).

Cette observation était d'autant plus importante, que l'on avait mal à propos élevé des
doutes à ce sujet, relativement à la loi du 4 germinal an 8.

Mais les règles ne sont pas les mêmes relativement à la réduction qu'on est en droit de

----

(1) Code civil, art. 90.

demander des libéralités faites par des actes entre-vifs, et de celles qui sont contenues dans des actes de dernière volonté.

La réduction des dispositions entre-vifs ne peut être demandée que par ceux au profit desquels la loi fait la réserve, par leurs héritiers ou ayans cause; les donataires, les légataires, ni les créanciers du défunt, ne peuvent demander cette réduction, ni en profiter (1).

Les dispositions entre-vifs, diffèrent en effet en plusieurs points, dont nous avons déjà vu quelques-uns, des dispositions de dernière volonté, mais sur-tout relativement à ceux qui ont le droit d'en demander la réduction.

La loi indique d'abord ici ceux qui peuvent exiger celle des donations entre-vifs, qui excèdent la quotité disponible. Elle n'admet que les personnes à qui elle assure une portion des biens du donateur; la loi les désigne *par ceux au profit de qui elle a fait la réserve.* Il eût été, ce semble, préférable, pour la clarté et la précision, de les appeler les *héritiers légitimes*; car ceux en faveur de qui la réserve est faite sont toujours les héritiers de droit; ceux à qui on donne la quotité disponible ne sont que de simples donataires ou légataires.

Les héritiers ou ayans-cause de ceux en faveur de qui la réserve est faite, succèdent aussi

______

(1) Code civil, art. 91.

à leur droit de pouvoir demander la réduction de la donation faite à leur préjudice, puisque ce droit fait partie de la succession à laquelle ils sont appelés.

Quant aux donataires et aux légataires, ils n'y sont point admis, et la raison en est toute simple. L'intérêt, en général, est la mère de l'action ; d'où il suit que ceux qui n'ont rien à prétendre dans les biens d'une personne, ne peuvent se plaindre de l'étendue qu'elle a donnée à ses dispositions. Il n'y a que ceux en faveur de qui la loi faisait une réserve ou leurs héritiers et ayans-cause, qui aient le droit de réclamer, si on les en prive. Des étrangers ne peuvent se servir d'un droit qui n'est point établi pour eux.

De plus, une donation est une translation irrévocable des biens donnés. Un donataire postérieur ou un légataire même, qui ne trouve point à se payer du montant de sa donation et de son legs, ne peut pas plus quereller la donation antérieure à la sienne, qu'il ne pourrait rechercher une vente ou une aliénation quelconque ; lorsque sa donation a été faite ou que son legs est échu, les biens antérieurement donnés n'appartenaient plus au donateur ou au testateur ; il n'a donc pu les comprendre dans une nouvelle libéralité.

Quant aux créanciers, il semble que la disposition qui les concerne dans la loi est superflue ; ou ils sont antérieurs à la donation qui excède la quotité disponible, ou ils sont postérieurs. On n'estime une succession qu'après avoir prélevé les dettes, *deducto aere alieno*. Pour évaluer la quotité disponible d'une succession, et par une suite nécessaire, la réserve des héritiers de droit, il faut en avoir évalué la valeur, moins les dettes. Les créanciers ne peuvent demander la donation qui excède cette quotité, parce qu'ils ont dû être payés avant que le montant de la réserve et de la quotité disponible ait été fixé.

Si on entend parler des créanciers postérieurs à la donation qui a excédé la quotité disponible, il est bien certain qu'ils ne peuvent en demander la réduction, puisque lorsque leur créance a été établie, les biens donnés ne faisant plus partie de ceux du donateur, ne pouvaient être soumis à l'hypothèque ou au privilége de ces créanciers.

Il n'y aurait du doute que pour les créanciers chirographaires, dont la créance n'aurait pas une date authentique. Mais ce cas doit se régler d'après les dispositions ci-après, qui concernent les dettes, dont un donataire peut être chargé.

La loi dit ensuite que la réduction se détermine en formant une masse de tous les biens existans au décès du donateur ou testateur. On y réunit fictivement ceux dont il a été disposé par donation entre-vifs, d'après leur état à l'époque des donations, et leur valeur au tems du décès du donateur. On calcule, sur tous ces biens, après en avoir déduit les dettes, quelle est, eu égard à la qualité des héritiers qu'il laisse, la quotité dont il a pu disposer (1).

Comme il ne s'agit ici que de la réduction des donations entre-vifs, il semble que dans cette phrase, *existant au decès du donateur ou testateur*, ce dernier mot est superflu. L'on voit également que l'on donne dans l'article indiqué, le nom d'héritiers à ceux en faveur de qui la réserve est faite, ce qui vient à l'appui de ce que nous disions tout à l'heure à ce sujet.

Au demeurant, pour connaître la portion de biens dont une personne a eu le pouvoir de disposer, il faut nécessairement connaître le montant de sa succession; et une succession n'existe qu'après le décès, ou la mort civile de celui qui la laisse.

On fait alors une masse, non-seulement de ce qui lui appartenait à l'époque de sa mort naturelle ou civile, mais encore des biens dont il a disposé par des donations entre-vifs. Car si ces biens ne font plus partie effective de la succession, ils y sont rapportés fictivement, pour savoir s'il a épuisé de son vivant la faculté que la loi lui donnait.

Ces biens sont rapportés à la succession en l'état où ils étaient à l'époque de la donation.

______

(1) Code civil, art. 922.

Les améliorations que le donataire peut y avoir faites ne sont point comptées ; mais si la valeur en a augmenté ou diminué par le bénéfice du tems ou des circonstances, on en tient compte. Car ce calcul se faisant lors de l'ouverture de la succession, les biens quelconques doivent être estimés suivant leur valeur à cette époque.

On doit prélever les dettes comme nous le disions tout-à-l'heure.

Ces opérations terminées, on évalue facilement la quotité dont le défunt a pu disposer, eu égard à la qualité et au nombre des héritiers qu'il laisse (1).

Il n'y a jamais lieu à réduire les donations entre-vifs, qu'après avoir épuisé la valeur de tous les biens compris dans les dispositions testamentaires ; et lorsqu'il y aura lieu à cette réduction, elle se fera en commençant par la dernière donation, et ainsi de suite, en remontant des dernières aux plus anciennes (2).

La première partie de cette disposition de la loi signifie que les legs ne seraient pas payés, si le testateur qui les a faits avait déjà épuisé la quotité disponible, par des donations entre-vifs.

Ces derniers actes sont irrévocables de leur nature. On ne peut y toucher qu'autant que la

_____

(1) Code civil, art. 913. 922.
(2) *Ibid.* art. 923.

valeur des biens dont on y dispose, excéderait la quotité permise au donateur. Si elle n'excède pas, et qu'elle équivale seulement, le droit du donateur est consommé. Les legs qu'il pourrait faire ensuite seraient caducs, puisqu'ayant déjà usé de la faculté qui lui était concédée, il ne lui restait plus rien à donner.

Les légataires ne peuvent demander une réduction sur les donations qui avaient transporté la propriété des biens au donataire, parce que ces biens n'étaient plus à la disposition du donateur.

Mais s'il existait plusieurs donations successives, et que dans les dernières on eût excédé la quotité disponible, la réduction devait-elle se faire sur toutes les donations indistinctement au marc le franc, ou bien en commençant par les plus récentes, et en remontant successivement aux plus anciennes?

Le même principe qui empêche qu'on ne réduise les donations pour acquitter les legs, oblige aussi, dans le cas de plusieurs donations, de faire porter la réduction d'abord sur les plus récentes, et de remonter successivement aux plus anciennes.

Les donations ont une date certaine, et elles ont reçu toute leur perfection, du jour où les formalités prescrites par la loi ont été remplies : de ce jour, la propriété des biens donnés a été irrévocablement transportée aux donataires. Si, dès-lors, il restait des biens suffisans pour remplir la réserve des héritiers légitimes, il n'y aurait aucune réduction à prétendre sur la donation.

Si l'on en a fait ensuite une seconde où l'on ait empiété sur la réserve, une telle donation est nulle par le fait, puisqu'il ne restait plus rien au donateur dont il pût disposer. La réduction doit donc porter sur cette donation, qui a disposé de ce qui n'était plus au donateur, et non sur celle dont l'effet était opéré, qui n'était point allée au-delà des limites établies par la loi. Ce principe se trouve établi par la loi romaine (1).

Malgré cette autorité et l'évidence des raisons dont elle est appuyée, la question fut long-temps problématique (2); l'ordonnance de 1731 fixa les incertitudes (3).

Mais, pour juger si la donation a excédé la quotité disponible, il faut, comme on l'a déjà dit, attendre l'époque de la mort; une donation peut n'avoir pas excédé au moment où elle a été faite, et l'avoir fait au décès du donateur, si postérieurement il avoit aliéné, en totalité ou en partie, les biens qui lui restaient.

Toutes les donations sont censées faites, à la condition que la réserve sera entière, et elles

---

(1) *Leg.* 16, *ff. de jur. patronat.*
(2) Journ. du Palais, tom. 1. p. 639.
(3) Art. 34.

ne transportent la propriété des biens donnés, que sous cette condition.

Lorsque le donataire se trouve être du nombre des successibles ayant droit à la réserve, la loi lui accorde la faculté de retenir la donation jusqu'à concurrence de la portion qui lui revient dans la succession : en ce cas, le père, loin d'excéder les bornes de son pouvoir en donnant à un ou plusieurs de ses enfans jusqu'à concurrence de ce qui leur reviendra dans sa succession, n'a fait qu'acquitter de son vivant une dette qui, dans la règle ordinaire, ne devait l'être qu'après sa mort (1).

L'ordonnance de 1731 portait aussi cette exception (2).

Le code civil ajoute seulement, si les biens donnés sont de la même nature que ceux qui restent dans la succession.

On a voulu maintenir par là une égalité plus parfaite parmi les successibles, et empêcher qu'un père ne donnât ce qu'il y avait de meilleur dans sa succession à un ou plusieurs de ses enfans, et ne laissât aux autres que les biens d'une qualité inférieure.

Il n'y a que des experts qui puissent vérifier si la qualité des biens est égale ou non.

Lorsque la valeur des donations entre-vifs excède ou égale la quotité disponible, toutes

____

(1) Code civil, art. 924.
(2) Art. 34.

les dispositions testamentaires seront caduques (1).

Ce n'est là que la conséquence ou, pour bien dire, la répétition de ce qui vient d'être dit. Il est bien évident, comme nous l'avons déjà observé, que dès qu'un père a consommé son droit par des dons entre-vifs, il ne lui reste plus rien à disposer par acte de dernière volonté; ses dispositions, en ce cas, sont caduques, puisqu'il n'y a pas de biens sur lesquels elles puissent porter.

Mais lorsque les dispositions testamentaires excèdent, soit la quotité disponible, soit la portion de cette quotité qui reste, après avoir déduit la valeur des donations entre-vifs, la réduction est faite au marc le franc, sans aucune distinction entre les legs universels et les legs particuliers (2).

On voit encore ici la différence qu'il y a entre les dispositions entre-vifs et celles de dernière volonté, et combien il faut se garder de les confondre. Les donations ont une date certaine, et sont parfaites du jour où les formalités ont été remplies; mais les dispositions testamentaires ne sont point susceptibles de priorité ni de postériorité, puisqu'elles ne sont parfaites et irrévocables, et ne commencent d'avoir leur effet que du jour de la mort du testateur.

_____

(1) Code civil, art. 925.
(2) *Ibid.* art. 926.

Quand elles excèdent la quotité disponible, et qu'il s'agit de leur faire subir une réduction, on ne peut pas procéder, comme pour les donations, en commençant par les plus récentes et en remontant aux plus anciennes, puisqu'elles n'ont toutes qu'une même date. Cette réduction doit donc s'opérer sur toutes au marc le franc, c'est-à-dire, à proportion de leur valeur.

La loi ajoute que cette réduction se fera, sans aucune distinction, entre les legs universels et les legs particuliers. La loi explique dans la suite ce qu'elle entend par legs universels et legs particuliers; ce qui semble indiquer que ces dispositions auraient été mieux placées dans un autre endroit. Nous en avons parlé plus haut.

Le testateur peut dire cependant que, s'il y a des réductions à faire, elles doivent porter de préférence sur certains legs plutôt que sur d'autres, qui seront acquittés en entier : une telle disposition est valable, le testateur pouvant mettre à ses libéralités les conditions qu'il trouve bon; en ce cas la réduction ne peut tomber sur les legs privilégiés, qu'autant que la valeur des autres ne remplirait pas la réserve légale (1).

Le donataire restitue les fruits de ce qui excéde la portion disponible, à compter du jour du décès du donateur, si la demande en

____

(1) Code civil, art. 927.

réduction est faite dans l'année; sinon du jour de la demande (1).

Le donateur était le maître de disposer des fruits de ses biens comme il trouvait bon ; il pouvait a son gré les garder ou les donner à d'autres : il ne devait, de son vivant, ni réserve ni légitime à ses héritiers. D'après cela, quoique la donation excède la quotité disponible, le donataire ne doit la restitution des fruits de ce qui excède, que du jour du décès du donateur ; encore la loi exige-t-elle pour cela, que la demande en réduction soit formée dans l'année du décès ; si elle est formée après, les fruits, même de la partie excédante, ne seront dus que du jours de la demande.

C'est là une règle nouvelle introduite dans notre jurisprudence, et qu'on applique même, en certains cas, aux successions, comme nous l'avons vu ailleurs. On veut empêcher que l'on ne laisse accumuler une quantité considérable d'intérêts, qui peuvent devenir ruineux pour le débiteur ; ce qui n'est pas dénué de sagesse.

Mais si un tuteur a négligé de former dans l'année la demande en réduction d'une donation faite au préjudice de son mineur ; si un mari s'est rendu coupable de la même négligence à l'égard de sa femme, seront-ils responsables de la perte qui en résultera pour

____

(2) *ibid.* art. 928.

eux ?

eux? Il semble qu'une telle question ne saurait être problématique.

Les immeubles à recouvrer par l'effet de la réduction, le seront sans charge de dettes ou hypothèques créées par le donataire (1).

Si, pendant la jouissance que le donataire a eue de l'excédant de la quotité disponible, il avait contracté des dettes, et que ses créanciers eussent pris des inscriptions hypothécaires sur tous ses biens, la demande en réduction en détruirait l'effet pour les biens de cet excédant, et ils rentreraient francs et quittes de toutes dettes et hypothèques entre les mains des héritiers.

Les créanciers du donataire ne pourraient pas se plaindre d'avoir été trompés; la transcription de la donation, **au bureau de la conservation des hypothèques,** qui est nécessaire pour sa perfection, comme nous l'avons déjà dit, a dû leur faire connaître à quel titre le donataire possédait, et à quel danger il pouvait être exposé : ils devaient faire ce calcul en traitant avec lui.

La loi prévoit ensuite le cas où le donataire aurait aliéné les biens donnés, et excédant la quotité disponible. Cette aliénation est nulle de droit; puisqu'en ce cas le donataire a aliéné ce qui ne lui appartenait pas. Les héritiers ont donc le droit de revendiquer ces biens entre les mains des tiers-détenteurs (2).

____

(1) Code civil, art. 929.
(2) *Ibid.* art. 930.

La loi veut que cette revendication se fasse de la même manière, et dans le même ordre que contre les donataires mêmes ; de façon que, comme on commence la réduction par la donation la plus récente, pour remonter aux plus anciennes, de même on commence par faire restituer l'acquéreur le plus récent, pour remonter successivement aux plus anciens.

Ces paroles que la loi ajoute : *discussion préalablement faite de leurs biens,* ne laissent pas de causer quelque embarras ; car on ne sait pas si c'est aux donataires ou aux acquéreurs qu'elles doivent s'appliquer.

L'on peut dire que si on les applique aux donataires, on ne pourra pas user de la revendication contre les tiers-détenteurs, comme la loi cependant y autorise expressément, puisque si, par l'effet de cette discussion, on trouvait à se payer sur les biens du donataire, de la valeur des biens aliénés, toute action cesserait par là contre les tiers - détenteurs. Il résulterait même de cela, en certains cas, du préjudice pour les héritiers. Car, au lieu d'avoir les biens, ils n'en auraient que le prix ; et encore on ne sait s'ils seraient obligés de se contenter du prix de l'aliénation, ou bien si, ce qui est plus naturel et plus juste, ils pourraient exiger la valeur réelle de la chose.

D'un autre côté, il semble que cette disposition ne peut guères s'appliquer aux tiers-détenteurs, contre lesquels on n'a à prétendre

que la restitution des biens induement acquis.
En les rendant, ils sont à couvert de toute recherche ultérieure, et il n'y a dans aucun cas
de discussion à faire de leurs biens.

Il paraît que la disposition de cette clause
ne s'applique qu'aux donataires.

CHAPITRE V.

*Des biens que la donation peut com-
prendre.*

La donation entre-vifs ne peut comprendre
que les biens présens du donateur ; si elle
comprend des biens à venir, elle est nulle à
cet égard (1).

C'était une grande question dans la jurisprudence française, avant l'ordonnance de
1731, de savoir si la liberté indéfinie qu'a
toute personne jouissant de ses droits, de disposer de l'universalité de ses biens par donation entre-vifs, s'étendait aux biens à venir
comme aux biens présens. Cette question ne
faisait pas beaucoup de difficulté dans les pays
de droit écrit, où la faculté de disposer de
tous ses biens, par acte de dernière volonté,
était si étendue. La donation des biens présens et à venir, étant une espèce d'institution

____

(1) Code civil, art. 943.

universelle, entrait assez bien dans l'esprit de la loi romaine.

Mais elle était absolument contraire à celui du droit coutumier ; et c'est une de ses bizarreries les plus singulières, qu'en mettant d'un côté tant de gêne à la faculté de tester, elle laissât de l'autre tant de latitude à celle de donner. On justifiait cette singularité en disant qu'il était plus nécessaire de mettre les hommes en garde contre les dispositions de dernière volonté, parce que ne s'exécutant qu'après leur mort, et ne les dessaisissant point de leur vivant, ils s'y portaient avec moins de répugnance. On croyait qu'il n'en était pas de même de la donation entre-vifs, qui, d'après les anciens principes du droit coutumier, n'étant parfaite que par la tradition réelle et le dépouillement effectif des donateurs, se trouvait par là munie d'un préservatif suffisant contre l'intrigue et la séduction.

On attaquait encore les donations de biens présens et à venir par des raisons légales : on n'y trouvait plus cette tradition même fictive, qui fait un des caractères principaux de la donation. On ne pouvait transmettre la propriété des biens que l'on n'avait point encore. D'un autre côté, les biens à venir ne pouvant s'apprécier qu'à l'époque de la mort du donateur, il avait le droit d'en disposer jusqu'alors comme il l'entendait, et sa donation manquait encore d'un de ses caractères essentiels, qui est l'irrévocabilité (1).

Une donation des biens présens et à venir n'était qu'une institution universelle déguisée sous un autre nom ; elle ne pouvait donc s'allier avec une législation qui était si contraire à ce dernier genre de disposition.

On voit même par les lettres de d'Aguesseau, que l'on regardait comme un acte de folie, celui par lequel on se dessaisissait des biens que l'on n'avait pas encore. (2).

Sous ce rapport, la donation des biens présens serait bien moins sage encore. On a observé plus haut que les hommes se décidaient plus facilement à disposer par acte de dernière volonté que par acte entre-vifs ; parce que l'un les laissait jouir, et l'autre les dépouillait de suite. Celui qui donne ce qu'il tient, a plus d'effort à faire que celui qui renonce à ce qu'il n'aura peut-être jamais.

Ceux même qui rejetaient les donations des biens présens et à venir, n'étaient pas d'accord sur la question de savoir si la donation des biens présens et à venir était au moins valable pour les biens présens, c'est-à-dire , existant à l'époque de la donation.

Plusieurs étaient d'avis que le donataire pouvait se restreindre aux biens présens , et renoncer à

----

(1) Journ. du Palais , tom. 1 , pag. 467.
(2) Tom. 9 , lett. 288 et suiv.

ceux à venir ; et, en se chargeant des dettes antérieures à la donation, se débarrasser par là de celles créées postérieurement.

Pour admettre cette division des biens, d'autres voulaient qu'on en eût fait une clause de la donation.

Le chancelier d'Aguesseau n'était pas pour cette division ; il la regardait comme contraire aux vrais principes du droit, qui ne veulent pas qu'on puisse diviser un acte qui avait été originairement *un* dans l'esprit des contractans ; et cela avec d'autant plus de raison que les choses n'étant plus entières, lorsqu'on en venait à cette distinction , il n'était pas possible de savoir si elle était conforme à l'intention du donateur, et que la liberté qu'on laissait au donataire d'opter entre les biens présens et ceux à venir, était cause d'un grand nombre de procès (1).

C'est d'après ces considérations que l'ordonnance de 1731 déclarait les donations de biens présens et à venir, nulles même pour les biens à venir.

Dans le Code civil, on est revenu à l'ancienne jurisprudence qui n'annullait la donation qu'à l'égard des biens à venir, et les laissait subsister pour les biens présens.

Cependant il y a cette différence, que dans

---

(1) Henrys, tom. 2 , liv. 4 , quest. 69.

l'ancienne jurisprudence le donataire pouvait prendre la donation en entier des biens présens et à venir, ou en demander à son choix la séparation; au lieu que, par la nouvelle loi, il est décidé que la donation entre-vifs ne peut comprendre que les biens présens, et qu'elle est nulle pour les autres (1).

Nous avons parlé plus haut des diverses espèces de conditions auxquelles un acte peut être soumis. Une donation en est susceptible comme tous les autres, à moins qu'il ne s'agît d'une condition dont l'exécution dépendît de la seule volonté du donateur, puisqu'alors il pourrait révoquer et anéantir à son gré sa libéralité : ce serait le cas de la règle *donner et retenir* dont nous avons parlé ci-dessus (2).

Lorsque l'ordonnance de 1731 prohibait les donations des biens présens, à la charge de payer toutes les dettes qui pourraient exister à la mort du donateur, on ne révoquait pas en doute que celui-ci n'eût le droit d'imposer telles conditions qu'il lui plairait à sa libéralité ; mais on pensait, par une conséquence de la disposition dont nous venons de parler, qu'il ne serait pas juste qu'il abusât de cette liberté jusqu'au point d'anéantir ou de diminuer la donation par des dispositions posté-

---

(1) Voyez les motifs de la loi du 13 floréal an 11.
(2) Code civil, art 944.

rieures, qui dépendraient absolument de sa volonté.

Or, dès que la donation entre-vifs ne peut comprendre que les biens présens, il suit évidemment que le donataire ne peut être chargé d'acquitter d'autres dettes ou charges que celles qui existaient à l'époque de la donation; car si le donateur imposait au donataire l'obligation de payer toutes les dettes qu'il pourrait contracter jusqu'à sa mort, il se réserverait le pouvoir indirect de disposer des biens donnés, et d'anéantir sa libéralité, en faisant des dettes capables d'en absorber la valeur: ce serait alors *donner et retenir* (1).

La loi, en parlant des dettes existant à l'époque de la donation, ajoute, ou qui seraient exprimées, soit *dans l'acte de donation, soit dans l'état qui devrait y être annexé.* Cette précaution est sur-tout nécessaire pour les dettes mobiliaires et chirographaires, qui n'ont pas une date authentique; car si le donataire était tenu de payer toutes les dettes de cette espèce, on pourrait, par des antidates, tomber dans l'inconvénient que la loi a voulu prévenir, de ne pas laisser au donateur le pouvoir d'anéantir la donation, en créant postérieurement des dettes nouvelles.

D'un autre côté, les créanciers chirogra-

_____

(1) Ordonn. 1731, art. 16. Code civil, art. 945. D'Aguess. t. 9, lett. 293.

phaires du donateur ne doivent pas être la dupe de la mauvaise foi qu'il aurait eue de ne pas déclarer leur créance, en faisant la donation. Ce sont les circonstances plus ou moins fortes d'où l'on peut présumer la bonne ou la mauvaise foi, qui doivent décider.

Il peut arriver que le donateur se soit réservé la liberté de disposer d'un effet compris dans la donation, ou d'une somme fixe sur les biens donnés ; en ce cas, s'il meurt sans en avoir disposé, cet effet ou cette somme appartient aux héritiers du donateur, nonobstant toutes clauses et stipulations à ce contraires (1).

Cette disposition est prise de l'ordonnance de 1731 (2) : elle suppose que le donateur n'a pas donné la totalité de ses biens, et qu'il s'en est réservé une partie. La réserve était si nécessaire, suivant le droit romain, qu'une donation qui aurait compris l'universalité des biens du donateur, aurait été regardée comme un acte de démence, parce qu'on ne pouvait imaginer qu'un homme sain d'esprit, pût se dessaisir de tout ce qui lui appartenait, au point de ne pas se réserver de quoi vivre. Les donations universelles furent ensuite permises, sauf les modifications dont il sera question

----

(1) Code civil, art. 946.
(2) Art. 16.

plus bas. Mais quand il y avait une réserve dans la donation, on était toujours en doute de savoir qui devait en hériter après la mort du donateur : étaient-ce ses héritiers de droit, ou bien devait-elle être réunie à la donation ?

On était assez d'accord que quand la donation ne contenait aucune stipulation à ce sujet, c'étaient les héritiers de droit qui profitaient de la réserve, ou ceux en faveur de qui le donateur en disposait, soit entre-vifs, soit par testament, lorsque la loi lui en donnait le pouvoir. Le doute était seulement lorsque la donation contenait la clause qu'au cas où le donateur ne disposerait pas de la réserve, elle appartiendrait au donataire. On regardait assez généralement cette clause comme nulle. La raison était qu'un objet dont il n'y avait pas de dessaisissement actuel de la part du donateur, puisqu'il se réservait le droit d'en disposer, ne pouvait faire partie de la donation, dont ce dessaisissement fait, pour ainsi dire, l'essence.

Il fallait donc une nouvelle disposition relative à la réserve pour en transmettre la propriété au donataire, à défaut de laquelle elle appartenait aux héritiers légitimes.

L'ordonnance de 1731 consacra ces principes ; et sa décision a été maintenue par le Code civil. Si le donateur est du nombre de ceux qui ont la disposition pleine et entière de leurs biens, il lui est libre de disposer de sa réserve en faveur du premier donataire; mais il faut qu'il le fasse par une disposition nouvelle.

Le donateur a le droit de faire la réserve à son profit, ou de disposer au profit d'un autre, de la jouissance ou de l'usufruit des biens meubles ou immeubles donnés (1).

Cela ne fait que confirmer la maxime que nous avons dit précédemment avoir lieu pour les donations d'immeubles; et la tradition feinte par laquelle le donateur transfère la propriété au donataire, et ne réserve pour lui que l'usufruit, s'applique aussi aux effets mobiliers, quoiqu'ils n'en paraissent pas autant susceptibles. Ainsi, on peut donner des meubles dont le donataire n'entrera en possession qu'après la mort du donateur, en observant cependant la formalité d'en faire un état estimatif.

CHAPITRE VI.

Des donations des biens présens et à venir, et dans quels cas elles peuvent avoir lieu.

Les donations par contrats de mariage ou faites entre époux sont exceptées de la rigueur des règles dont nous avons parlé dans le chapitre précédent. Dans ces donations

---

(1) Code civil, art. 949.

on peut comprendre les biens présens et à
venir, obliger le donataire à acquitter toutes
les dettes qui se trouveront à la mort du donateur, et enfin stipuler que la réserve apppar-
tiendra au donataire, au cas que le donateur n'en
ait pas disposé autrement (1).

L'ordonnance de 1731 contenait une exception pareille (2); et tout ce que le Code civil contient à ce sujet, en a été tiré.

Le Code dit d'abord, à la vérité, que les donations entre-vifs de biens présens, quoique faites par contrat de mariage aux époux
ou à l'un deux, sont soumises aux mêmes
formalités que les donations ordinaires, et
dont nous avons parlé plus haut (3). Il semble
donc, d'après cela, qu'il faut qu'elles soient
faites par acte public, qu'elles soient acceptées
par les donataires, qu'elles soient transcrites au
bureau des hypothèques, etc.

L'ordonnance de 1731 dispensait cependant
de la formalité de l'acceptation, et même de
l'insinuation, les donations faites par des ascendans en contrat de mariage.

Cette exception se trouve dans un autre endroit du Code, où il est dit que les donations
faites en faveur du mariage, ne seront pas soumises à la formalité de l'acceptation ; l'obligation de la transcription subsiste toujours (4).

_____

(1) Code civil, art. 947.
(2) Art. 17. 18.
(3) Code civil, art. 1081.
(4) *Ibid.* art. 1087

La faveur du mariage amène ensuite des exceptions plus étendues et plus importantes.

On permet aux ascendans, collatéraux , et même aux étrangers, de donner en contrat de mariage, aux époux ou à l'un d'eux, tout ou partie des biens qu'ils laisseront au jour de leur décès. Ces donations pourront être également faites au profit des enfans à naître du mariage qui en sera l'objet, dans le cas où le donateur survivrait à l'époux donataire.

Lors même qu'elles seront faites au profit seulement des époux ou de l'un d'eux, elles seront toujours, dans le cas de survie du donateur, présumées faites au profit des enfans et descendans à naître du mariage (1).

C'était l'ancienne maxime : pour que le droit de retour pût avoir lieu en faveur du donateur, il fallait qu'il eût survécu non-seulement au donataire, mais encore à toute sa postérité.

Le donataire est toujours le maître des biens donnés; les enfans, quoiqu'en empêchant le retour, n'y ont un droit assuré qu'autant que la disposition est faite conformément aux règles sur les nouvelles substitutions (3).

Il n'y a que les donations faites dans le contrat de mariage même, qui jouissent des faveurs dont on vient de parler. Il n'en se-

---

(1) Code civil , art. 1082.
(2) *Ibid.* art. 1081.

rait pas de même de celles faites hors du contrat, quoiqu'en considération du mariage.

Il faut en outre qu'elle soit faite au profit d'un des conjoints. Elle n'est irrévocable qu'à leur égard. Si elle contenait des libéralités en faveur d'un tiers; si, par exemple, elle était faite à condition de payer ou de donner quelque chose à un autre, la condition ne serait exécutée, qu'autant que le donateur ne l'aurait pas révoquée.

La donation dont il est question ici est la même chose que l'institution contractuelle, par laquelle on instituait une personne pour tous ou une partie des biens qu'on laissait à son décès. Cette espèce d'institution, dont on veut faire remonter l'origine jusques au droit romain, paraît être particulière au droit français. On la regardait comme une de ses dispositions les plus favorables, et elle était également usitée dans les pays de droit écrit et dans les pays coutumiers. Elle se réglait à-peu-près comme la donation : elle devait être insinuée, quand elle était faite par des collatéraux et des étrangers. L'instituant ne pouvait plus aliéner ses biens qu'à concurrence d'une somme modique. On la confondait la plupart du tems avec la donation des biens présens et à venir, dont il n'aurait pas fallu peut-être la distinguer ici (1).

___

(1) Henrys, tom. 1ᵉʳ, liv. 5, quest. 59. Ricard, des donat. part. 1, chap. 4, n°. 1075 et suiv. Louet et Brod, lett. S, somm. 9. D'Aguess. tom. 9, lett. 288 et suiv.

La seule différence que les Jurisconsultes trouvaient entre l'institué contractuellement et le donataire des biens présens et à venir, consistait en ce que le premier était un héritier proprement dit, qui devait acquitter toutes les charges de la succession, quand il l'avait acceptée purement et simplement ; tandis que l'autre jouissait du privilége des donataires, de ne pouvoir être tenu au-delà de la valeur de ce qu'il avait reçu.

Cette différence était sujette à contestation : il n'y en a donc pas de réelle entre l'institution contractuelle et les donations des biens présens et à venir, dont le Code civil fait un article à part comme nous allons le voir dans l'instant.

Ici seulement, l'institué ou le donataire doit prendre les biens tels qu'ils se trouvent à l'époque de la mort du donateur, sans pouvoir s'en tenir, comme dans le cas ci-après, aux biens existans à l'époque de la donation, en acquittant les charges aussi existantes à cette époque.

Mais, si le donataire contractuel acceptait imprudemment la succession qui lui est dévolue, sans s'apercevoir que les dettes en absorbent le revenu, il jouirait alors du privilége du donataire, qui ne peut être tenu de payer au-delà de la valeur de ce qu'il a reçu, et sans même avoir recours au bénéfice d'inventaire (1).

______

(1) Henrys, tom. 1. Liv. IV. Chap. 5. quest. 11. Ricard, part. 3. Chap. 11. n°. 15 et suiv.

L'institution contractuelle est irrévocable, en ce sens seulement que le donateur ne peut plus disposer, à titre gratuit, des objets compris dans la donation, si ce n'est pour sommes modiques, à titre de récompense ou autrement (1).

C'étaient là les anciennes maximes relatives aux institutions contractuelles. L'instituant ne pouvait plus disposer, à titre gratuit, des objets compris dans l'institution.

Après avoir parlé des donations que les ascendans et même les étrangers peuvent faire en faveur du mariage, de la totalité ou d'une partie de leurs biens, la loi traite des donations des biens présens et à venir.

La donation par contrat de mariage pourra être faite cumulativement des biens présens et à venir, en tout ou en partie ; à la charge qu'il sera annexé à l'acte un état des dettes et charges du donateur, existantes au jour de la donation : auquel cas il sera libre au donataire, lors du décès du donateur, de s'en tenir aux biens présens, en renonçant au surplus des biens du donateur (2).

C'est ici la donation des biens présens et à venir, qui est aujourd'hui à peu-près la même chose que l'institution contractuelle, dont nous venons de parler. La donation des biens

____

(1) Code civil, art. 1083.
(2) *Ibid.* art. 1085.

présens

présens et à venir , déclarée nulle en toute autre circonstance , est permise en contrat de mariage; mais la loi exige qu'on y annexe un état estimatif des dettes et charges du donateur, existant à l'époque de la donation.

Au moyen de cette précaution, le donataire a la liberté, lors du décès du donateur, de s'en tenir aux biens présens, en acquittant les dettes existantes à l'époque de la donation, et en renonçant au surplus des biens du donateur. On obvie par là à l'abus du droit qu'aurait le donateur de contracter postérieurement à la donation des dettes capables d'absorber la totalité de ses biens. On sauve au moins les biens présens, à la charge d'acquitter les dettes existantes à l'époque où ils ont été donnés.

Il y a cependant une difficulté qui n'a pas même été résolue dans l'ancienne jurisprudence. Si , dans l'état annexé à la donation, on avait, par oubli ou autrement, omis d'insérer une dette résultante d'une obligation sous seing-privé , le donataire n'en serait-il pas tenu ? La négligence et la mauvaise foi du donateur pourrait-elles nuire au créancier ? Mais, d'un autre côté, n'ouvrirait-on pas la porte à l'abus qu'on a voulu prévenir ? Le donateur n'aurait-il pas le moyen d'augmenter ses dettes à volonté par des antidates ?

La précaution d'annexer l'état des dettes aux donations des biens présens et à venir, ne doit-elle pas avoir lieu également dans les institu-

tions contractuelles, dont il est parlé ci-devant
Ces actes étant exactement les mêmes, ne doi-
vent-ils pas être soumis aux mêmes règles?
ou bien doit-on conclure de-là que les institués
contractuellement doivent suivre les règles
des successions testamentaires, où l'héritier
doit prendre ou laisser la succession en l'état
où elle se trouve. On ne peut en douter d'a-
près ce que nous avons dit précédemment;
et cela résulte encore d'une manière évidente
des dispositions du Code civil.

Il porte en effet que, lorsqu'on a négligé
d'annexer à la donation des biens présens et
à venir, l'état des dettes dont on vient de
parler, cette donation se résout alors en
simple institution contractuelle. Le donataire
n'a plus le droit de demander la division
des biens. Il faut qu'il accepte ou qu'il ré-
pudie. S'il prend le premier parti, il est soumis au paiement de toutes les dettes et charges
de la succession ; ce qui doit s'entendre en
tant qu'elles n'excéderaient pas la valeur des
biens reçus, comme nous l'avons déjà observé (1).

Il y a encore d'autres priviléges accordés aux
donations en faveur du mariage.

La donation par contrat de mariage en faveur des époux et des enfans à naître de leur
mariage, pourra encore être faite, à condition de

_____

(1) Code civil, art. 1085.

payer indistinctement toutes les dettes et charges de la succession du donateur, ou sous d'autres conditions dont l'exécution dépendrait de sa volonté, par quelque personne que la donation soit faite : le donataire sera tenu d'accomplir ces conditions, s'il n'aime mieux renoncer à la donation ; et en cas que le donateur, par contrat de mariage, se soit réservé la liberté de disposer d'un effet compris dans la donation de ses biens présens, ou d'une somme fixe à prendre sur ces mêmes biens, l'effet ou la somme, s'il meurt sans en avoir disposé, seront censés compris dans la donation, et appartiendront au donataire ou à ses héritiers (1).

Toutes les clauses mentionnées dans cette disposition du Code, qui sont prohibées dans les donations ordinaires, sont permises dans celles en faveur du mariage. Avant l'ordonnance de 1731, dont ceci est tiré, on doutait si un donataire pouvait renoncer à une donation qui lui devenait onéreuse, parce qu'une donation étant un acte synallagmatique, c'est-à-dire, obligatoire de part et d'autre, il paraissait illicite que le donataire pût se dégager ainsi, à son gré, des obligations qu'il avait contractées. Mais, outre que l'ordonnance avait décidé la difficulté, elle ne peut se rencontrer dans les donations des biens présens et à venir, qui tiennent plus des actes

______

(1) Code civil, art. 1086.

de dernière volonté que des actes entre-vifs.

Les donations faites par contrat de mariage ne peuvent aussi être attaquées, ni déclarées nulles, sous prétexte de défaut d'acceptation (1).

L'ordonnance de 1731 avait accordé ce privilége aux donations en faveur du mariage. Cette disposition s'applique spécialement aux institutions contractuelles, qui sont, comme nous avons dit, plutôt des actes de dernière volonté que des actes entre-vifs. L'acceptation ne peut donc y être nécessaire.

Toute donation faite en faveur du mariage sera caduque, si le mariage ne s'ensuit pas (2).

La cause cessant, l'effet doit cesser aussi.

Nous avons parlé ailleurs des donations entre époux, soit dans leur contrat de mariage, soit pendant sa durée.

CHAPITRE VII.

Du droit de retour.

Le droit de retour est celui par lequel les biens qui ont été donnés, retournent au donateur, en cas de prédécès du donataire sans enfans. Il est fondé sur cette présomption que le donateur ne s'est dépouillé qu'en faveur du

______

(1) Code civil, art. 1087.
(2) *Ibid.* art. 1088.

donataire ou de ses enfans, et non en faveur de ses autres héritiers ou ayans-cause.

Il ne paraît pas trop qu'il fût admis en général par le droit romain, et en faveur de tous les donateurs. C'était une maxime de ce droit que la dot constituée par le père lui retournait, en cas de prédécès de sa fille sans enfans. Des Parlemens de droit écrit accordèrent ensuite le même droit à la mère, et même aux aïeuls et aïeules (1). Le droit de retour n'avait pas autant de faveur dans les pays coutumiers. Il n'avait lieu qu'autant qu'il avait été stipulé. La loi du 17 nivôse an 2 confirma ce principe. Il ne fallait pas toujours une stipulation expresse : on la concluait quelquefois des clauses du contrat.

Le Code civil porte que les ascendans succèdent, à l'exclusion de tous autres, aux choses par eux données à leurs enfans ou descendans décédés sans postérité, lorsque les objets donnés se retrouvent en nature dans la succession (2).

Si les objets ont été aliénés, les ascendans recueillent le prix qui peut en être dû. Ils succèdent aussi à l'action en reprise, que pourrait avoir le donataire.

Cette disposition établit un droit de retour

____

(1) Henrys, tom. 1, liv. VI, chap. 5, quest. 12.
(2) Art. 747.

légal en faveur des ascendans ; et cela est conforme à la jurisprudence des pays de droit écrit.

Mais il peut naître bien des doutes sur cette
disposition qui existait déjà dans l'ancienne
jurisprudence, et la loi ne fournit aucun principe pour les résoudre.

Elle n'admet le retour qu'autant que les
biens donnés existeront encore en nature, ou
qu'ayant été aliénés, le prix en sera dû en totalité ou en partie.

Le droit de retour semble borné par là aux
donations d'immeubles ; de façon que s'il s'agissait du don d'une somme pécuniaire, dont le
donataire aurait profité, l'ascendant donateur
n'aurait rien à réclamer.

Il est encore décidé aujourd'hui, ce qui était
problématique autrefois, que les enfans peuvent hypothéquer et aliéner les choses qui leur
ont été données par leurs père et mère et autres
ascendans.

Mais peuvent-ils en disposer par testament ?
c'est ce que le Code civil ne décide point ;
et les choses restent à cet égard dans l'incertitude où elles étaient anciennement.

Dans les pays de droit écrit du ressort du
Parlement de Paris, les enfans pouvaient disposer par testament, au préjudice de l'ascendant donateur.

Ils ne le pouvaient pas dans d'autres res-
sorts (1).

_____

(1) Argou. Institut. Liv. II, chap. 22. Henrys, tom.
2, Liv. V, quest. 60.

Le donateur autre qu'un ascendant pourra stipuler le droit de retour des objets donnés, soit pour le cas du prédécès du donataire seul, soit pour le cas du prédécès du donataire et de ses descendans.

Ce droit ne pourra être stipulé qu'au profit du donateur seul (1).

De tout cela, il suit que la stipulation nécessaire pour assurer le droit de retour, ne peut être requise en ligne directe, que quand il s'agit d'une somme pécuniaire. Il a lieu autrement de plein droit, au moins quand les biens n'ont pas été aliénés. On pourrait empêcher cette aliénation par une stipulation expresse, et prévenir l'effet d'une disposition testamentaire. Ce droit de retour en faveur des ascendans paraît si équitable, qu'on doit le favoriser autant qu'il est possible.

Il n'en est pas de même en collatérale. On suit à cet égard toute la rigueur de l'ancien droit coutumier; il n'y a pas de retour, s'il n'est stipulé; et encore le donateur ne peut-il le stipuler que pour lui-même. Les stipulations pour les héritiers ou ayans-cause seraient nulles. Pour qu'il ait lieu, même en cas de stipulation, il faut que le donataire décède sans enfans, avant le donateur.

____

(1) Code civil, art. 951.

X 4.

L'effet du droit de retour stipulé, est de résoudre toutes les aliénations des biens donnés, et de les faire revenir au donateur francs et quittes de toutes charges et hypothèques, sauf néanmoins l'hypothèque de la dot et des conventions matrimoniales, si les autres biens de l'époux donataire ne suffisent pas, et dans le cas seulement où la donation lui aura été faite par le même contrat de mariage duquel résultent ces droits et hypothèques.

Le droit de retour stipulé en collatérale, opère cependant de plus grands effets que celui que la loi accorde en ligne directe. Nous avons vu que d'après le Code civil, le retour n'a lieu en ce dernier cas qu'autant que les biens existent en nature, et que là où ils ont été aliénés, on n'a à répéter que le prix qui en est encore dû.

Ici, au contraire, le droit de retour a la vertu de résoudre les aliénations qui ont été faites des biens donnés, et de les faire rentrer dans les mains du donateur, francs et quittes de toutes charges et hypothèques. On n'excepte que celles de la dot et des conventions matrimoniales, et dans le cas seulement où la femme ne trouve pas d'autres biens pour se payer, et où la donation a été faite par le même contrat de mariage duquel résultent ces droits et hypothèques. On suppose sans doute que dans ce cas, le donateur a voulu affecter les biens donnés à la restitution de la dot, stipulée dans le mariage, en faveur duquel il disposait.

Dans l'intention d'encourager les donations en faveur du mariage, on a établi que les institutions contractuelles et les donations des biens présens et à venir, deviendraient caduques par le prédécès du donataire et de sa postérité (1).

Cela ne concerne pas les donations des biens présens dont il est parlé ailleurs (2). Le droit de retour n'y aurait lieu que par une stipulation expresse.

Le donateur pourrait également, par une stipulation particulière, s'assurer ce retour dans les autres donations, en cas du prédécès du donataire seul.

CHAPITRE VIII.

De la révocation des donations.

Il résulte de tout ce que nous avons dit jusques à présent, que la donation entre-vifs est un acte irrévocable de sa nature. Quand les formalités prescrites par la loi ont été exactement observées, et que la donation, ainsi que l'acceptation ont été transcrites au bureau des hypothèques, tout est consommé. La propriété

______

(1) Code civil, art. 1088.
(2) *Ibid.* art. 1081.

des biens donnés est transférée au donataire, et il n'est plus au pouvoir du donateur de révoquer son bienfait.

Cette règle souffre cependant trois exceptions, mentionnées au Code civil, et la donation peut être révoquée, 1.° pour cause d'inexécution des conditions sous lesquelles elle a été faite; 2.° pour cause d'ingratitude; 3.° pour cause de survenance d'enfans(1).

On pourrait à la rigueur soutenir qu'il n'y a que deux causes qui peuvent opérer la révocation d'une donation ; car les deux premières se confondent et rentrent, en quelque sorte, l'une dans l'autre. L'ingratitude est en effet une inexécution formelle de la donation, pour laquelle le donateur n'avait exigé d'autre retour que la reconnaissance du donataire. Celui-ci, en acceptant le bienfait, s'était engagé à s'en montrer reconnaissant; en devenant ingrat, il a manqué essentiellement aux conditions de la donation. Or, dans tous les contrats, lorsque l'une des personnes qui s'est obligée refuse ou néglige de remplir ses engagemens, l'autre est également déchargée des siens. D'après cela , la loi romaine met le cas de l'inexécution des conditions parmi ceux d'ingratitude (2).

Dans le cas de la révocation pour cause d'inexécution des conditions, les biens rentrent dans les mains du donateur, libres de toutes

____

(1) Code civil, art. 953.
(2) *Leg. ultim. Cod. de revoc. donat.*

charges et hypothèques du chef du donataire; et le donateur a, contre les tiers-détenteurs des immeubles donnés, tous les droits qu'il aurait contre le donataire lui-même (1).

La loi donne à la révocation pour cause d'inexécution des conditions de la donation, un effet qu'elle n'accorde point avec tant de latitude à la révocation pour cause d'ingratitude. Elle veut non-seulement que les biens donnés retournent au donateur, francs et quittes de toutes charges et hypothèques que le donataire aurait pu y imposer; mais elle lui permet encore de déposséder les tiers-acquéreurs de ces biens, et de faire résoudre les aliénations qui en auraient été faites par le donataire, sauf aux acquéreurs leur recours contre leur vendeur. C'est la conséquence nécessaire de la disposition, portant que le donateur aura contre les tiers-détenteurs des immeubles donnés, tous les droits qu'il aurait contre le donataire lui-même. Or, comme il a incontestablement le droit de reprendre les biens donnés des mains du donataire, il l'a donc aussi à l'égard des tiers-détenteurs.

Nous reviendrons sur cette disposition de la loi, parce que le retour des biens donnés a lieu également dans les autres cas de révocation dont nous allons parler, mais avec quelques modifications.

L'ordonnance de 1731 n'avait point parlé

---

(1) Code civil, art. 954.

de la révocation pour cause d'inexécution des conditions de la donation, ni pour cause d'ingratitude. Ce n'est pas qu'elle rejetât ces moyens de révocation ; mais, comme les principes en étaient assez clairement établis par le droit romain, et que son objet principal était de décider seulement les questions problématiques, elle avait laissé celle dont il s'agit ici dans la doctrine générale de la jurisprudence. L'ingratitude d'ailleurs d'un donataire pouvant se manifester de plusieurs manières différentes, il n'était pas toujours aisé d'en spécifier les caractères positifs.

Le Code civil a cru devoir comprendre ces cas dans ses dispositions, et ériger en préceptes positifs, quelques-uns des caractères que la loi romaine et ses interprètes avaient assignés à l'ingratitude.

Il réduit les signes d'ingratitude à trois principaux.

1°. Si le donataire a attenté à la vie du donateur.

2°. S'il s'est rendu coupable envers lui de sévices, délits ou injures graves.

3°. S'il lui refuse des alimens (1).

La loi romaine entre là-dessus dans quelques détails qui reviennent à peu-près aux deux premiers chefs d'ingratitude établis par le Code civil (2).

---

(1) Code civil, art. 951.
(2) *Leg. ultim. Cod. de revocand. donat.*

Elle donne pour preuves d'ingratitude, si le donataire s'est porté jusqu'à battre le donateur; s'il lui a suscité des affaires capables de compromettre tous ses biens ou du moins la plus grande partie; s'il a mis le donateur en danger de perdre la vie, ou par des voies de fait, ou par des accusations criminelles, ou même par des dénonciations; enfin s'il refuse d'accomplir les charges sous lesquelles la donation a été faite, et tout ce qu'il a promis au donateur.

Ainsi, on voit que le Code civil n'a ajouté à cela que le refus du donataire de fournir des alimens au donateur.

Mais ce refus du donataire, dont les anciennes lois ne parlaient point, peut donner lieu à un grand nombre de difficultés. L'obligation de fournir des alimens au donateur ne peut, ce semble, exister qu'à l'égard du donataire de tous les biens ou de la plus grande partie, de manière qu'il ne restât plus au donateur de quoi vivre. Elle ne saurait être justement imposée au donataire d'un objet particulier, qui n'a que médiocrement diminué la fortune du donateur.

D'un autre côté, il faut que cette obligation ait existé à l'époque même de la donation, et elle ne peut naître postérieurement; sans cela on fournirait au donateur un moyen indirect d'anéantir sa libéralité, puisqu'il pourrait aliéner réellement ou fictivement les biens qu'il s'était réservés pour sa subsistance, et exiger ensuite que le donataire d'une partie, quelle qu'elle fût, de ses biens, lui fournît des alimens ou lui restituât les biens donnés ; car le donataire pour qui la charge des alimens excéderait le bénéfice de la donation, en serait réduit à cette alternative.

Au reste, cette obligation ne peut avoir lieu qu'à l'égard des donations faites à des étrangers ou à des parens en collatérale, puisque les parens en ligne directe sont tenus de se donner des alimens, indépendamment de toute donation de leur part (1).

La loi romaine accordait au donateur le bénéfice de compétence, c'est-à-dire, qu'il n'était pas tenu d'exécuter la donation au-delà de ce qui lui était nécessaire pour vivre; ainsi, le donateur, qui se croyait plus riche qu'il n'était réellement, ayant donné plus qu'il ne pouvait, et étant poursuivi pour délivrer les biens donnés, pouvait toujours en retenir ce qui était absolument nécessaire pour le soutien de ses jours. Car la donation ne venant ordinairement que de la pure libéralité de celui qui donne, la loi ne veut pas qu'il soit contraint de l'accomplir avec une telle rigueur qu'il se réduise à l'extrémité. On ne peut donc pas tout ôter au donateur : on doit lui laisser de quoi vivre ; ce qui est en

____

(1) Code civil, art. 203 et suiv.

quelque sorte arbitraire , et dépend· de la condition et des facultés du donateur (1).

Au reste, l'obligation de fournir des alimens ne peut avoir lieu que comme toutes les autres actions de cette espèce, c'est-à-dire, dans le cas où le donateur n'aurait pas les moyens d'y pourvoir d'ailleurs.

La révocation pour cause d'inexécution des conditions, ou pour cause d'ingratitude, n'a jamais lieu de plein droit (2).

Cette disposition est tirée encore de la loi romaine, que nous avons déjà citée plusieurs foi (3). La résolution de la donation pour cause d'ingratitude ne se fait pas de plein droit : elle n'a lieu qu'autant qu'elle a été prononcée en jugement sur la plainte du donateur. Il est toujours censé avoir pardonné l'injure qui lui a été faite, jusqu'à ce qu'il ait intenté son action pour poursuivre la révocation.

Par une conséquence nécessaire, l'action en ingratitude ne passe ni aux héritiers du donateur, ni contre ceux du donataire.

La demande en révocation doit être intentée dans l'année, à compter du jour du délit imputé par le donateur au donataire, ou du

---

(1) *Leg.* 12. *ff. de donat. Leg.* 19, §. 1., *et Leg.* 30, *ff. de re judicat.*
(2) Code civil , art. 956.
(3) *Leg. ultim. Cod. de revoc. donat.*

jour qu'il aura pu en avoir connoissance (1).

Mais s'il ne s'agit pas d'un délit proprement dit, mais seulement du refus d'exécuter les conditions de la donation, ou de fournir des alimens au donateur, le délai sera-t-il le même ? On ne peut en douter; un tel refus ne peut être traité plus rigoureusement qu'un délit ; mais alors l'année ne pourra compter que du jour où le donateur aura fait faire sommation au donataire de remplir ses obligations ou de lui fournir des alimens.

Les héritiers du donateur peuvent poursuivre l'action en révocation contre le donataire, si le donateur l'avait commencée de son vivant, et s'il était mort avant l'expiration du délai d'un an qui lui est accordé pour l'intenter (2).

Le Code civil met une différence dans les effets de la révocation, pour n'avoir pas exécuté les conditions de la donation, et celle qui a lieu pour cause d'ingratitude. Dans le premier cas, les biens retournent au donateur, francs et quittes de toutes charges et hypothèques; et s'ils ont été aliénés, le donateur a contre les tiers-détenteurs, les mêmes droits que contre le donataire. Dans le second cas, si le donataire a aliéné les biens donnés, ou s'il les a hypothéqués, la révocation pour

____

(1) Code civil, art. 957.
(2) *Ibid.*

cause

cause d'ingratitude ne nuit point aux tiers-acquéreurs, ni aux créanciers du donataire. Telle était la disposition de la loi romaine (1). Il en était de même dans le cas de révocation pour non-exécution, que cette loi confondait avec celui d'ingratitude. Le motif sur lequel elle s'appuyait, s'appliquait à tous les deux. La révocation provenant d'une cause postérieure à une donation parfaite et consommée, les tiers-acquéreurs et les créanciers ont dû croire qu'ils pouvaient contracter en sûreté avec le donataire, devenu propriétaire incommutable des biens donnés. Les engagemens relatifs à ces biens ne pouvaient sur-tout être annullés par le fait du donataire.

Le Code civil s'est conformé à ces principes de la loi romaine, pour le cas qu'il qualifie d'ingratitude, et non pour celui de simple inexécution des clauses de la donation (2).

Mais, pour que les tiers-acquéreurs ou les créanciers puissent se maintenir dans la propriété ou dans les droits qu'ils ont acquis sur les biens donnés, il faut que les actes sur lesquels ils fondent leurs prétentions soient antérieurs à la demande en révocation et à l'inscription qui doit en être faite en marge

____

(1) *Leg.* 7. *Cod. de revocand. donat.*
(2) Code civil, art. 958.

Tome III.   Y

de la transcription de la donation au bureau de la conservation des hypothèques. On prévient les fraudes par ce moyen, et on ne peut, par des actes après coup, frustrer le donateur de ses droits.

Lorsque les biens donnés ont été aliénés et transcrits avant la demande en révocation, le donateur n'a plus à prétendre contre le donataire que la valeur des objets aliénés, eu égard au temps de la demande, et les fruits, à compter du jour de cette demande.

Ainsi la valeur de ces biens doit être appréciée, non ce qu'elle était à l'époque de la donation, mais ce qu'elle est à celle de la demande en révocation (1).

Il se présente une autre question, celle de savoir quelle date on donnera à l'hypothèque du donateur, pour la valeur des biens aliénés. Datera-t-elle de l'époque de la donation, ou de celle de la demande, ou du jugement qui l'aura accordée?

Si l'on faisait dater l'hypothèque de l'époque de la donation, la faveur qu'elle accorde aux tiers-acquéreurs et aux créanciers serait vaine la plupart du temps, puisque le donateur, s'il ne les dépouillait pas en cette qualité, pourrait le faire en vertu de son hypothèque.

---

(1) Code civil, art. 958.

Cette hypothèque ne doit donc dater que du jour du jugement, qui a déclaré la donation révoquée, ou tout au plus du jour où le donateur a fait inscrire la demande en révocation.

Il est à observer que les donations en faveur de mariage ne sont pas révocables pour cause d'ingratitude (1).

La justice l'exige ainsi ; car la donation en faveur d'un mariage étant souvent moins faite pour celui qui le contracte, qu'en considération de l'autre époux et des enfans qui peuvent naître de leur union, il ne saurait dépendre d'un seul d'entr'eux d'annuller un acte, dont l'objet a été l'intérêt de plusieurs. C'était là l'ancienne jurisprudence.

CHAPITRE IX.

De la révocation par survenance d'enfans.

Il nous reste à parler de la troisième espèce de révocation de la donation, qui est la survenance d'enfans.

Tout ce que le Code civil contient à ce sujet est copié de l'ordonnance de 1731 (2), qui elle-même n'avait fait que consacrer la ju-

----

(1) Code civil, art. 959.
(2) Art. 39 et suiv.

risprudence qu'on avait tirée de la fameuse loi *si unquam*, du Code de Justinien (1).

Cette loi portait que si un patron, n'ayant pas d'enfans, avait donné à ses affranchis ses biens en totalité ou en partie, et qu'il vînt ensuite à avoir des enfans, les biens donnés devaient lui revenir, et lui appartenir tout comme s'il n'y avait pas eu de donation.

Cette loi mit sur la voie pour dévoiler un sentiment du cœur humain ; on supposa qu'un homme qui donnait son bien n'ayant pas d'enfans, ne l'aurait pas fait s'il en avait eu ; et qu'en ce cas, il aurait préféré leur intérêt à celui d'un étranger.

De-là la jurisprudence étendit à tous les cas la décision que la loi *si unquam* avait bornée à celui de la donation faite par un patron à son affranchi.

Cette maxime passa de la jurisprudence du droit romain, dans celle de plusieurs coutumes ; il y eut cependant beaucoup de doute sur l'étendue qu'on devait y donner. Les uns voulaient excepter les donations pour cause pie ; les autres, les donations rémunératoires, ou celles faites en faveur de mariage. Les anciennes cours souveraines étaient fort partagées là-dessus.

L'ordonnance de 1731, dont le Code civil a accepté les dispositions, fit cesser toutes les

____

(1) *Leg.* 8, *Cod. de revocand. donat.*

incertitudes, et statua que la révocation par survenance d'enfans aurait lieu pour toutes les donations, de quelque espèce qu'elles fussent (1).

Cette ordonnance, en déclarant que la révocation se fait de plein droit, a encore terminé une grande dispute entre les docteurs, et a concilié la diversité de jurisprudence dont elle était la source : car plusieurs Jurisconsultes tenaient, et des tribunaux jugeaient que cette révocation n'avait pas lieu de plein droit, et qu'il fallait que le donateur l'eût demandée en justice (2).

La jurisprudence et le sentiment des auteurs étaient conformes à la disposition du code, qui veut que les enfans naturels du donateur, légitimés par le mariage subséquent, donne également lieu à la révocation (3).

L'ordonnance ajoutait qu'aucune autre sorte de légitimation que celle par mariage subséquent, ne produirait l'effet de la révocation. Il y avait, à l'époque de cette ordonnance, d'autres formes de légitimation, telle que celle par rescrit du prince, qui n'existe plus aujourd'hui. Aussi a-t-on retranché cette disposition du Code civil.

---

(1) Code civil, art. 960.
(2) Journal des Audiences, tom. 1, liv. 8, chap. 33. Journal du Palais, tom. 1, pag. 256.
(3) Ricard, des donat. part. 3, n°. 599.

D'un autre côté on y en a ajouté une qui ne se trouve pas dans l'ordonnance , et suivant laquelle la légitimation de l'enfant naturel ne peut opérer la révocation de la donation , qu'autant qu'il est né depuis qu'elle a été faite. S'il était déjà au monde à cette époque, la révocation n'aurait pas lieu.

Si un homme condamné à mort par contumace, et par conséquent réputé mort civilement, venait à se marier, les enfans qu'il aurait de ce mariage ne révoqueraient pas les donations qu'il aurait faites antérieurement. La mort civile dont il était atteint, l'a dépouillé de tous ses droits, et confirmé irrévocablement tous les actes qu'il a passés précédemment.

Il en serait autrement s'il était décédé dans les cinq ans que la loi lui donne pour se représenter, ou si , s'étant représenté, il avait été absous.

Dans le premier cas, il est censé mort dans l'intégrité de ses droits.

Dans le second, il les a recouvrés par son absolution.

S'il s'agissait d'enfans nés d'un mariage affecté de quelque nullité, mais dont les enfans qui en seraient issus se trouveraient légitimés par la bonne-foi des deux époux ou d'un seul , la révocation aurait également lieu (1). Car cette révocation s'opérant en considération des enfans plutôt que du père ou de la mère, et ne dépendant que de la légitimité des premiers, elles doivent aller toujours ensemble.

La révocation par survenance d'enfans a lieu, encore que l'enfant du donateur ou de la donatrice fût conçu au temps de la donation (2).

Cette disposition est encore prise de l'ordonnance de 1731, qui avait mis fin à la diversité qu'il y avait à cet égard, dans la jurisprudence de quelques Parlemens (3).

La loi suppose qu'un enfant conçu est au nombre des hommes, quand il est question de son intérêt.

Cette fiction doit cesser lorsqu'elle lui serait préjudiciable.

Les auteurs s'accordaient assez à dire que la révocation de la donation se faisait de plein droit par la survenance d'enfans ; mais leur logique était en défaut dans les doutes qu'ils élevaient après être convenus de cette maxime. On mettait en effet en question : si, lorsque le père avait permis que le donataire continuât de jouir des biens dont il avait été

---

(1) Code civil, art. 201.
(2) *Ibid.* 961.
(3) Ordonn. de 1731, art. 40. Journal du Palais, tom. 1, p. 434.

Y 4

investi par la donation, et n'avait pas formé la demande en révocation pendant sa vie, ses enfans ou autres héritiers pouvaient la former après sa mort. Mais une fois qu'on était convenu que la donation était révoquée de plein droit par la survenance d'enfans ; que cette révocation est par conséquent l'ouvrage de la loi, sans qu'on ait besoin pour cela de l'action de l'homme, il était bien évident que la donation était anéantie, que le donateur rentrait dans la propriété des biens, et que s'il négligeait de les réclamer de son vivant, son action passait à ses héritiers, avec tous ses autres droits.

L'autre doute qu'on se formait n'était pas mieux fondé. Il consistait à savoir si, quand l'enfant dont la naissance avait donné lieu à la révocation de la donation, venait à mourir avant que le père eût fait signifier la révocation de la donation au donataire, la donation pouvait être révoquée après la mort de l'enfant.

Cette question rentre dans l'autre, et se décide d'après les mêmes principes. La donation étant une fois annullée, ne peut plus revivre, quand même la cause qui l'a fait annuller viendrait à cesser. Plusieurs auteurs, et entre-autres Ricard, étaient d'un avis contraire, et le plus grand nombre des tribunaux partageait leur erreur.

Quant à ce qui concerne la restitution

des fruits, les auteurs ni les tribunaux ne s'accordaient pas davantage. Les uns voulaient que la révocation ayant lieu de plein droit, les fruits fussent dus du jour de la donation; les autres du jour de la naissance de l'enfant; les autres du jour que le donataire en aurait été instruit; les autres enfin du jour de la demande et de la notification de la naissance de l'enfant. L'ordonnance de 1731 adopta cette dernière opinion, et le Code civil l'a consacrée de nouveau.

Après avoir établi le principe que la donation était révoquée de plein droit par la survenance d'enfans, il fallait nécessairement régler la manière dont les biens donnés retourneraient aux donateurs, et ce que deviendraient les aliénations que le donataire en aurait faites, ou les charges qu'il y aurait imposées. Nous avons déjà traité cette question pour les cas où la donation est révoquée, ou par inexécution des conditions ou par ingratitude. Nous avons vu que la règle n'était pas la même dans les deux cas, et que le retour était plus complet dans le premier que dans le second.

Quant à celui qui nous occupe en ce moment, on suit la même règle que pour la révocation qui a lieu pour cause d'inexécution des conditions; les biens retournent au dona-

____

(1) Odonn. de 1731, art. 43.

teur francs et quittes de toutes charges et hypothèques du chef du donataire.

Si la donation avait été faite en faveur du
mariage du donataire, sa femme n'aurait pas
même une action subsidiaire sur ces biens
pour sa dot, reprises ou autres conventions
matrimoniales.

On n'en excepte pas même le cas où le
donateur se serait obligé, comme caution, à
l'exécution du contrat de mariage.

La survenance d'enfans détruit ces obligations, comme elle anéantit la donation (1).

Il n'en était pas de même avant l'ordonnance de 1731, toutes ces questions étaient
diversement décidées par les Jurisconsultes et
par les tribunaux.

Le Code civil ne parle que des charges et
hypothèques que le donataire aurait pu imposer sur les biens donnés, et dont ils demeurent francs et quittes, en retournant au
donateur.

L'ordonnance de 1731, qu'il a copiée, ne
s'expliquait pas davantage sur la question de
savoir si le donateur avait le droit de déposséder les tiers-acquéreurs des biens donnés, et
de faire résoudre les aliénations qui en auraient été faites par le donataire, sauf à eux
leur recours contre le vendeur, qui ne pos-

---

(1) Code civil, art. 953.

sédait ces biens que sous la condition tacite que le donateur n'aurait jamais d'enfans.

On ne doutait point que ces aliénations ne fussent résolues par la survenance d'enfans, et que le donateur n'eût le droit de dépouiller les tiers-acquéreurs (1).

L'ordonnance le disait même d'une manière indirecte (2).

D'ailleurs le Code civil, dans le cas de révocation pour cause d'inexécution, accorde au donateur contre les tiers-détenteurs des biens donnés, les mêmes droits qu'il aurait contre le donataire lui-même (3).

Or, le cas de révocation par survenance d'enfans est un de ceux que la loi traite avec plus de faveur. On peut donc, en ce cas, exercer les mêmes droits que dans tous les autres.

Il semble que, pour éviter toute équivoque, il aurait fallu ne faire qu'un seul article pour régler les effets des diverses espèces de révocations.

Les donations ainsi révoquées ne peuvent revivre ou avoir de nouveau leur effet, ni par la mort de l'enfant du donateur, ni par aucun acte confirmatif; et si le donateur veut don-

------

(1) Ricard, des donat. part. 3. n°. 651.

(2) Art. 45. Cet article a passé dans le Code civil, art. 966.

(3) *Ibid.* art. 954.

ner les mêmes biens au même donataire, soit avant ou après la mort de l'enfant par la naissance duquel la donation avait été révoquée, il ne le pourra faire que par une nouvelle disposition (1).

Ceci n'est qu'une conséquence de tout ce qui a été dit précédemment. La donation une fois anéantie de plein droit par la survenance d'enfans, il est tout simple qu'elle ne puisse revivre que par un nouvel acte où l'on suive les formes ordinaires.

La mort de l'enfant qui a donné lieu à la révocation n'en saurait détruire l'effet, parce que, une fois la donation détruite, elle ne saurait reprendre l'existence. Un acte confirmatif ne peut aussi la lui redonner, puisque l'on ne peut confirmer ce qui n'existe pas.

Les auteurs, et entre autres Ricard, n'étaient pas de cette opinion, mais ils tombaient dans une inconséquence.

Toute clause ou convention par laquelle le donateur aurait renoncé à la révocation de la donation pour survenance d'enfant, sera regardée comme nulle, et ne pourra produire aucun effet (2).

Cette disposition était fort controversée avant l'ordonnance de 1731, et la jurispru-

---

(1) *Ibid.* art. 964. Ordonn. 1731, art. 43.
(2) *Ibid*, art. 44. Cod. civ. art. 965.

dence des tribunaux était loin d'être uniforme sur ce point (1). Il n'y a plus de doute aujourd'hui.

Le donataire, ses héritiers ou ayans-cause, ou autres détenteurs des choses données, ne peuvent opposer la prescription pour faire valoir la donation révoquée par la survenance d'enfans, qu'après une possession de trente années, qui ne commencent à courir que du jour de la naissance du dernier enfant du donateur, même posthume, et ce, sans préjudice des interruptions, telles que de droit (2).

Le Code civil, en comprenant ici parmi ceux qui ne pourront opposer que la prescription de trente ans pour faire valoir la donation révoquée par survenance d'enfans, les tiers-détenteurs des biens donnés, indique bien précisément, comme nous l'avons remarqué plus haut, qu'il entend que ces tiers-détenteurs puissent être dépouillés par le donateur, ensuite de la révocation de la donation. Il aurait peut-être mieux valu le dire d'une manière positive; mais il échappe toujours quelque chose dans les lois à la rédaction desquelles on donne le plus d'attention; peut-être même l'ordonnance copiée dans le Code civil, qui ne

---

(1) Journ. du Pal. t. 2, p. 171.
(2) Code civil, art. 966. Ordonn. de 1731, art. 45.

voulait décider que les points litigieux , ne parla pas de celui-là , parce qu'il ne formait aucun doute.

Quoi qu'il en soit, l'ordonnance changea la maxime que l'on suivait auparavant, et d'après laquelle un tiers-détenteur était à l'abri de toute recherche après le laps de dix années.

Elle éclaircit également une autre question, savoir, si, lorsqu'il y avait eu plusieurs enfans, la prescription devait courir du jour de la naissance du premier ou de celle du dernier : l'ordonnance, en se déterminant pour cette dernière opinion, a donné toute l'étendue possible à la faveur qu'exigeait cette espèce de révocation.

CHAPITRE X.

Du prêt à usage et du prêt de consommation.

Nous avons assez traité au long de la donation, parce qu'outre qu'elle présente un sujet très-étendu, c'est le plus complet et le plus entier des contrats de bienfaisance.

Nous allons nous occuper à présent des autres contrats de la même espèce.

L'effet de la donation est d'exproprier le donateur, et d'investir le donataire de la propriété de la chose donnée. Mais dans les contrats dont il va être question , l'on n'aliène la propriété que pour un tems déterminé, ou, pour mieux dire, le propriétaire la conserve et consent seulement à se dépouiller de la possession de la chose, pendant un espace de tems déterminé, pour l'avantage de celui à qui on la livre.

Alors on n'aliène pas la chose; on ne fait que la prêter.

D'autres fois c'est son tems ou son industrie, que l'on emploie gratuitement pour le profit d'autrui.

Commençons par le prêt.

Nous manquons dans notre langue de plusieurs mots par lesquels les Romains exprimaient certaines espèces de conventions que nous sommes forcés d'indiquer par des périphrases. Ainsi, nous appelons du terme général de prêt, des contrats dont la nature est bien différente, et que le droit romain désigne par les mots de *commodatum* et de *mutuum*. Nous appelons le premier *prêt à usage*, et le second *prêt de consommation.*

Le prêt à usage est une convention par laquelle l'un donne gratuitement une chose à l'autre pour s'en servir à un certain usage, pendant son besoin, à la charge de la rendre telle qu'il l'a reçue (1).

Le prêt à usage suit naturellement de la

___

(1) *Instit. quib. mod. ne contrah. oblig.* §. 2. Code civil, tit. X, liv. III. Du prêt, art. 1875.

liaison que la société a fait naître parmi les hommes. On ne peut pas toujours acheter ou louer toutes les choses dont on manque, et dont on n'a besoin que pour peu de tems. On s'en accommode l'un l'autre par le prêt à usage; et ce contrat est une source journalière de bienfaits, sinon éclatans, du moins très-utiles.

Le prêt à usage tient quelque chose de la donation. Il contient un bienfait gratuit. Mais le donateur transfère la propriété de la chose, tandis que le prêteur n'en donne que l'usage et en reste propriétaire.

Ce contrat est un de ceux qui ne sont consommés que par la délivrance d'une chose; car sans la chose prêtée, il n'y aurait point de contrat.

Toutes les choses qui sont dans le commerce, et qui ne se consomment point par l'usage qu'on en fait, peuvent être l'objet de ce contrat (1). On peut prêter à usage non-seulement des choses mobiliaires, mais aussi des immeubles, comme une maison pour y habiter.

C'est au prêteur à régler l'usage de la chose prêtée, et le tems qu'il durera; et à défaut, cet usage est borné au service naturel et ordinaire qu'on peut en tirer, et à la durée de l'usage pour lequel la chose est prêtée. Le prêteur ne peut pas la retirer avant la fin de cet

______

(1) *Ibid.* art. 1878.

usage,

usage, car autrement le prêt, au lieu d'être un bienfait, serait une occasion de tromper et de faire du mal (1). On excepte le cas où le prêteur en aurait un besoin pressant pour lui-même (2).

Celui qui emprunte est tenu de prendre soin de la chose prêtée, avec toute l'exactitude des pères de famille les plus vigilans. Il n'est pas responsable des accidens qui arrivent par cas fortuits ou par la nature de la chose, car rien alors ne peut lui être imputé (3). Il en serait autrement, s'il employait la chose prêtée à un autre usage que celui pour lequel elle lui avait été prêtée (4).

Si on a estimé la chose en la prêtant, la présomption est qu'on a voulu que l'emprunteur fût responsable même des cas fortuits (5).

Le prêt de consommation a de l'analogie avec le prêt à usage ; dans tous les deux, il faut l'intervention d'une chose, pour former le contrat. Ils renferment l'un et l'autre un bienfait, qui n'est pas aussi étendu que la donation, parce que dans les deux prêts, l'emprunteur s'oblige de rendre la chose prêtée. Mais dans le premier, le prêteur, comme nous l'a-

---

(1) *Leg.* 17. *ff.* §. 3. *ff. Commodat.* Code civil, titre du prêt, art. 1889.

(2) *Ibid.* art. 1890.

(3) *Leg.* 23 *ff. de regul. jur. Leg.* 18. *ff. commod.*

(4) Cod. civ. art. 1880.

(5) *Ibid.* art. 1883.

Tome III.   Z

vons vu, conserve la propriété de cette chose,
et c'est cette chose même que l'emprunteur
s'oblige de lui rendre. Tandis que dans le prêt
de consommation, l'un prête à l'autre une
certaine quantité de ces sortes de choses qui
se donnent au nombre, au poids ou à la mesure, comme sont l'argent monnoyé, le blé,
le vin, etc., et qui se consument par l'usage
qu'on en fait (1).

Celui qui emprunte doit rendre, non la
même chose, mais autant de la même espèce
et de la même qualité.

Par l'effet de ce prêt, l'emprunteur devient
le propriétaire de la chose prêtée, et c'est pour
lui qu'elle périt, de quelque manière que cette
perte arrive (2).

Dans ce prêt, l'emprunteur est tenu de rendre la chose prêtée au terme convenu. Si on
n'en a pas fixé, c'est aux tribunaux à le déterminer, suivant les circonstances.

L'emprunteur doit rendre les choses prêtées
en mêmes quantité et qualité que celles qu'il a
reçues. S'il est dans l'impossibilité d'y satisfaire, il en doit la valeur, eu égard au tems
et au lieu où elles devaient être rendues. Il
doit en outre l'intérêt de cette valeur, s'il ne

---

(1) *Leg.* 2, §. 1. *ff. de reb. credit.* Cod. civ. art. 1892
et suiv.

(2) *Leg.* 2. §. 3. *ff. de reb. cred. Leg.* 17. *ff. de pact.
Instit. quib. mod. re contr. oblig.* Cod. civ. art. 18.

paie au terme convenu, du jour de la demande en justice (1).

Le prêt d'argent monnoyé a des règles qui lui sont particulières. Les lois anciennes défendaient de stipuler l'intérêt de l'argent prêté, lorsqu'il était exigible à volonté et après un certain terme.

On a long-tems agité la question de savoir s'il était permis de retirer l'intérêt d'une somme prêtée. Les Philosophes, les Jurisconsultes, les Théologiens sur-tout se sont mêlés de cette discussion.

Dans le moyen âge, la maxime qui défendait d'exiger l'intérêt de l'argent prêté, sembla prévaloir. Le motif principal qu'on alléguait de cette prohibition, était que l'argent, stérile de lui-même, ne produisait pas de fruits, et qu'il était par conséquent déraisonnable d'exiger une rétribution d'une chose qui n'en était pas susceptible.

Il y a bien des distinctions à faire sur cela. Il est certain que lorsqu'il s'agit d'un simple prêt (*mutuum*), l'intérêt n'y saurait avoir lieu, puisque c'est un acte de bienfaisance, qui serait dénaturé s'il n'était pas gratuit.

Mais lorsqu'on donne son argent à intérêt, on ne le prête plus, on le loue.

Il n'est pas exact de dire que l'argent est stérile de lui-même, et qu'il n'est pas susceptible

____

(1) Code civil, art. 1902 et suiv.

Z 2

de rien produire : comme matière, cela est vrai; mais comme signe représentatif, cela est faux.

Il n'est aucune espèce de choses qu'on ne puisse acquérir avec de l'argent, qui en est le signe commun.

Une somme quelconque représente une quantité proportionnée de marchandises, d'immeubles; il est l'instrument journalier et nécessaire des échanges et du commerce. Sous ce point de vue, il a un produit réel, tout de même que les choses dont il tient la place. L'intérêt n'en est donc point illicite.

Il le devient lorsqu'il excède toutes les proportions : on l'appelle alors *usure.* La cupidité des usuriers est un des fléaux les plus redoutables d'un État; et quand elle est sans frein, elle parvient à le bouleverser. Ce fut une des plaies les plus terribles de la république romaine.

Nos anciennes lois étaient très-sévères à son égard, et elles étaient parvenues à la contenir. Les désordres de la révolution lui donnèrent toute licence; et elle en a bien profité.

Dans l'ancienne jurisprudence, il était en général défendu de stipuler l'intérêt de l'argent prêté, lorsqu'il n'était point mis à constitution de rente, et qu'il était exigible à volonté ou après un certain terme. Il y avait néanmoins quelques exceptions (1).

____

(1) Henrys, tom. 1, liv. 4, quest. 110.

Mais lors même que l'intérêt était permis, on ne pouvait excéder le taux fixé par la loi.

Une loi du 2 octobre 1789, permit la stipulation de l'intérêt dans les prêts à jour.

Le Code civil a fait de même. Il le permet, non-seulement pour le prêt d'argent, mais encore pour celui de denrées ou autres choses mobiliaires (1).

Lors même que l'intérêt n'a pas été stipulé, l'emprunteur qui l'a payé, ne peut ni le répéter, ni l'imputer sur le capital (2).

Les lois anciennes qui fixaient l'intérêt de l'argent n'ont jamais été rapportées : elles sont à-peu-près tombées en désuétude. On ne les suit plus que dans les tribunaux, lorsque l'on adjuge l'intérêt de quelque chose.

La loi du 2 octobre 1789 maintint le taux des lois antérieures, qui est le denier vingt. Elle donna pour règle dans les affaires de commerce, le cours de la place.

Le Code civil distingue l'intérêt légal et le conventionnel (3). Il ne donne pas le taux du premier ; c'est sans doute l'ancien. Quant au second, il est fixé par les conventions des parties. Il doit l'être par un autre écrit.

L'obligation qui résulte d'un prêt d'argent n'est jamais que la somme numérique énoncée au contrat.

---

(1) Cod. civ. *ibid.* art. 1905.
(2) *Ibid.* art. 1906.
(3) *Ibid.* art. 1907.

S'il arrive une augmentation ou une diminution d'espèces avant l'époque du paiement, le débiteur ne doit rendre que la somme numérique, et dans les espèces ayant cours lors du paiement.

Cette règle cesse si le prêt a été fait en lingots ou en denrées. Le débiteur doit rendre alors la même quantité et qualité (1).

CHAPITRE XI.

Du mandat, et de celui qui fait les affaires d'autrui à son insu.

Il est une infinité de circonstances qui empêchent les hommes de vaquer à leurs propres affaires, ou de remplir par eux-mêmes les commissions ou les emplois dont ils sont chargés. Il est naturel que, dans ces cas, celui qui ne peut agir choisisse une personne à qui il donne le pouvoir de faire ce qu'il ferait lui-même s'il était libre ou présent. C'est ce qu'on appelle le contrat de mandat, qui peut avoir lieu soit qu'il faille simplement gérer et prendre soin de quelque bien ou de quelque affaire, ou que ce soit pour traiter avec d'autres (2). C'est ici l'emploi de son industrie ou de son

---

(1) Code civil, art. 1896.
(2) *Leg.* 2. *ff. mandati.* Cod. civ. tit. du mandat, art. 1984.

travail, en retour du plaisir d'être utile ou d'obliger. Ce contrat est un des grands soulagemens de la vie humaine, et on le compte, avec raison, au nombre des contrats de bienfaisance.

On peut donner le pouvoir de traiter, agir ou faire autre chose, non-seulement par un acte pardevant notaire, qu'on appelle procuration, mais encore par une simple lettre, ou par un billet, ou par une tierce personne qui explique la commission. L'acceptation qu'en fait celui à qui on la donne, forme la convention par le consentement réciproque des parties (1).

La procuration est générale ou spéciale. La pemière est un pouvoir de faire généralement tout ce qui concerne les affaires et les biens de celui qui la donne ; et la spéciale est un pouvoir restreint à une affaire particulière (2).

Quelque générale que puisse être une procuration, il y a néanmoins des cas qui n'y sont compris qu'autant qu'on les y a exprimés. Un procureur fondé, quelque étendus que soient ses pouvoirs, ne peut faire un acte emportant aliénation, s'il n'en a un pouvoir spécial. Il y a des cas où ce pouvoir particulier est exigé par la loi, comme pour faire une inscription en faux et autres.

____

(1) *Leg.* 1. §. 1. *ff. mandat. Leg.* 6. §. 2. *Leg.* 18. *ibid.* Cod. civ. art. 1985.

(2) *Leg.* 1. §. 1. *ff. de procurat.*

Le procureur constitué peut ne pas accepter le pouvoir qui lui est confié, ou s'en démettre avant d'avoir agi ; mais s'il manque après l'avoir accepté de l'exécuter, il sera tenu des dommages et intérêts qu'il aura causés pour n'avoir point agi. Il n'en serait déchargé qu'autant qu'il donnerait une cause légitime de son inaction, telle qu'une maladie et autre de cette espèce.

Le mandat est gratuit de sa nature ; ce serait autrement un louage de son travail ou de ses œuvres. Mais si le procureur, à raison de la commission dont il s'est chargé, éprouvait quelque perte ou était obligé de faire une dépense qu'il n'aurait pas faite autrement, celui pour qui il a agi, en serait tenu sans contredit (1).

La volonté de celui qui donne le pouvoir a créé la procuration : elle en règle aussi les conditions et l'étendue ; le procureur doit exactement s'y conformer, et il ne peut rien faire de contraire à la volonté, ni à l'intérêt de celui qui le commet (2).

Si je charge quelqu'un d'acheter pour moi un fonds jusques à la somme de cent francs, il ne peut pas passer cette somme : s'il le fait, il n'a point d'action contre moi pour ratifier ce qu'il a fait en mon nom. Mais s'il a acheté un

___

(1) Code civil, art. 1986.
(2) *Leg.* 5, *ff. mandat.* Code civil, art. 1989.

fonds pour moins que pour cent francs, il est bien fondé dans son action de mandat contre moi.

De même, si le mandataire est chargé d'acheter par le mandant le fonds de Séjan pour cent francs, et qu'il achète le fonds de Titius pour le même prix, quoiqu'il fût d'une plus grande valeur, il n'a pas exécuté ni suivi le pouvoir qui lui était donné (1).

Le mandataire n'est pas réputé excéder le pouvoir du mandant, ou ne l'avoir pas exécuté, lorsqu'il n'a pas fait ce dont il a été chargé, mais qu'il a fait autre chose qui semble avoir été dans l'intention du mandant.

Cependant celui qui serait chargé par un autre de terminer un procès par transaction, excéderait ses pouvoirs, en compromettant ce différend à des arbitres qui le décideraient (2).

C'est une grande question que celle de savoir de quoi est tenu le mandataire, dans l'exécution de sa procuration. Ce contrat étant fait seulement en faveur du mandant, le mandataire ne doit être tenu que du dol ou des fautes grossières qu'il commet dans sa gestion.

Il en serait autrement s'il recevait un salaire pour ses peines (3). Mais ce ne serait plus alors

---

(1) *Leg.* 5. *ff. de mandat.*
(2) Code civil, art. 1989.
(3) *Leg.* 5. §. 3 *et* 4. *ff. mandati. Leg.* 13. *Leg.* 21. *Cod. eod.* Code civil, art. 1992.

un mandat, qui doit être fait gratuitement; mais un louage de son travail ou de son tems.

Le mandataire répond de celui qu'il s'est substitué pour sa gestion, s'il n'a pas reçu pouvoir de substituer, ou si en lui donnant ce pouvoir, on ne lui a pas désigné celui qu'il pourrait choisir.

Dans tous les cas, le mandant peut agir directement contre la personne que le mandataire s'est substituée (1).

Si en exécutant son mandat, il a donné une connaissance entière de ses pouvoirs à la personne avec qui il était chargé de traiter, il n'est plus tenu d'aucune garantie envers elle, pour tout ce qui a été fait au-delà, à moins qu'il ne s'y fût personnellement soumis (2).

Le mandataire ne doit pas employer à son usage les sommes qu'il reçoit pour son mandant. S'il le fait, il en doit l'intérêt du jour qu'il en a fait usage. Si après son compte rendu il se trouve reliquataire, il doit également l'intérêt du reliquat (3).

Quand il y a plusieurs mandataires établis par le même acte, il n'y a pas de solidarité entre-eux, si elle n'est formellement exprimée (4).

Le mandant doit, de son côté, rembourser au

----

(1) *Ibid.* art. 1994.
(2) *Ibid.* art. 1997.
(3) *Ibid.* art. 1996.
(4) *Ibid.* art. 1995.

mandataire les avances et les frais que celui-ci a faits pour l'exécution du mandat, et l'indemniser des pertes qu'il peut avoir faites à cette occasion (1).

Il y a une autre espèce de mandat qu'on peut appeler judiciaire, et qui se forme lorsqu'on charge de poursuivre ses affaires en justice, un des fonctionnaires qu'on appelait autrefois Procureurs, et qui portent aujourd'hui le nom d'Avoués.

Le pouvoir donné à un Avoué de poursuivre ou défendre un procès, ne s'étend pas à interjeter appel du jugement qui serait rendu, à moins qu'on ne lui en donne le pouvoir spécial. S'il fait autre chose que ce qui concerne la procédure ordinaire pour l'instruction du procès, il est sujet à désaveu.

Le mandant peut révoquer les pouvoirs du mandataire, toutes les fois qu'il le juge à propos, bien que ce contrat soit conclu par le consentement mutuel des parties. Mais étant fait pour l'utilité seule du mandant, il est juste qu'il le puisse révoquer toutefois et quantes il lui plaît, étant permis à chacun de renoncer aux droits introduits en sa faveur.

Cependant si, lors de la révocation, le mandataire avait déjà commencé d'exécuter sa

____

(1) *Ibid.* art. 1999 et suiv. *Leg.* 12. §. 9. *Leg.* 56. §. *ultim. Leg.* 15. 20. *ff. mandat.*

procuration, la révocation ne peut être faite qu'à la charge de rembourser au mandataire les frais avancés pour exécuter la charge qui lui a été donnée, n'étant pas juste qu'il reçoive du dommage, pour avoir voulu faire plaisir au mandant (1).

L'on peut révoquer une procuration en quelque tems que ce soit, et en quelque état que se trouve l'affaire pour laquelle le pouvoir a été donné ; parce qu'il serait absurde que quelqu'un pût faire les affaires d'un autre contre sa volonté. Ce qui s'entend de tous procureurs, soit des procureurs *ad lites*, qu'on appelle Avoués, ou des procureurs pour les autres affaires. Car, quoiqu'on ait donné un pouvoir à un Avoué d'un tribunal, soit de première instance, soit d'appel, pour poursuivre un procès, néanmoins il peut être révoqué en tout tems, à la charge de le rembourser de ses frais, salaires et avances par lui faites. Cependant la révocation s'exécute sans qu'il soit nécessaire de faire le remboursement auparavant (2).

Il faut observer qu'il y a cette différence entre la révocation des pouvoirs d'un Avoué, et la révocation des procurations données pour d'autres affaires, qu'au premier cas, la révocation ne se peut faire qu'en constituant par le

----

(1) *Leg.* 15. 26. *ff. mandat.* Cod. civ. art. 2004 et suiv.

(2) Loi du 3 brumaire an 2.

même acte un autre Avoué pour occuper dans l'affaire pour laquelle la révocation est faite, afin de ne pas arrêter le cours d'une instance au préjudice des parties adverses. Mais au second cas, il n'est pas nécessaire de donner pouvoir à un autre de faire ses affaires, dans la révocation de l'ancien qui en était chargé.

La mort du mandant ou du mandataire, cause l'extinction de la procuration (1). Ce qui est contre la règle commune des contrats, par laquelle l'héritier succède aux droits acquis par les conventions, et représente le défunt, pour tous les droits actifs et passifs.

Si la mort du mandant est arrivée avant que le mandataire eût commencé d'exécuter le mandat, il n'y a aucune obligation entre le mandataire et les héritiers du mandant; et le mandataire ne peut point exécuter le mandat, et les héritiers du mandant peuvent l'empêcher d'en commencer l'exécution.

Si le mandataire a commencé l'exécution du mandat après la mort du mandant, il n'a point l'action du mandat contre eux, par la raison que le mandat était éteint. On excepte néanmoins le cas où le mandataire aurait exécuté son mandat, en ignorant la mort du mandant. Ce qu'il aurait fait serait alors valable, et

____

(1) *Leg.* 26. 27 §. 3. *Leg.* 57. 58. *ff. mand. Leg.* 15. *Cod. mandat. Leg. ultim. Cod. de solut.* Cod. civ. art. 2003.

il serait remboursé de tous les frais faits depuis la mort du mandant, pour exécuter la procuration (1).

Le Code civil ajoute aux causes qui révoquent le mandat de plein droit, la mort civile, l'interdiction ou la déconfiture, soit du mandant, soit du mandataire (2).

Les pouvoirs de l'Avoué sont révoqués de plein droit, par les mêmes causes : et dès qu'il en a connaissance, il ne doit plus faire de procédures. Cependant celles qu'il aurait faites depuis le décès, soit qu'il en eût connaissance, ou non, seraient valables à l'égard de la partie adverse, dont les procédures sont aussi valables jusqu'à ce que le procureur du décédé lui ait fait signifier le décès de sa partie, après laquelle signification tout ce qui serait fait de part et d'autre serait nul; mais tout ce qui est fait auparavant cette signification est valable.

Le procureur, de son côté, peut aussi se décharger de son engagement, s'il le juge à propos. En effet, personne ne peut être contraint à faire plaisir; de même qu'on ne peut point malgré soi recevoir un bienfait. Cependant lorsqu'on a bien voulu se charger d'une procuration, il la faut exécuter fidèlement et exac-

---

(1) *Leg. penult. ff. de reb. credit. Leg.* 18 *et* 51 *de solut.* Cod. civ. art. 2008,
(2) Code civil, art. 2003.

tement, ou y renoncer en tems et lieu, en sorte que le constituant ait du tems pour faire ses affaires lui-même, ou pour en charger quelqu'autre ; et si le mandataire l'avait fait autrement, et que par ce moyen il eût causé de la perte au mandant, il serait tenu envers lui de ses dommages et intérêts (1).

Il y en a qui exceptent le cas où le mandataire n'aurait pu faire savoir assez à tems au mandant, qu'il ne voulait pas, ou ne pouvait pas exécuter sa procuration : car en cas d'excuse légitime, le mandant n'aurait aucune action contre lui pour la réparation du dommage qu'il lui aurait causé, en ne lui faisant pas savoir plutôt, qu'il n'était pas dans la résolution de faire les affaires dont il l'avait chargé (2).

Il semble que le mandataire ne devrait être tenu que de la fraude ou de la faute grossière.

Le conseil et la recommandation, qui sont exempts de fraude, ne forment point un engagement (3) ; car ils laissent la liberté de faire ou de ne pas faire ce qui est conseillé ou recommandé ; et celui à qui ils sont adressés ne s'attend point qu'on lui réponde des évènemens.

Toutes ces règles s'appliquent aux procureurs, préposés, commis, etc., à tous ceux qui

_____

(1) *Leg.* 26. 27. *ff. mandati.* Cod. civ. art. 1991.
(2) *Leg.* 23. *et seq. ff. ibid.* Cod. civ. art. 1991.
(3) *Instit. de mandat.* §. 6. *Leg.* 47. *ff. de reg. jur.* Chenu sur Papon. Liv. 10, tit. 4, art. 12. Maïnard, liv. 8, ch. 29.

se chargent de prendre soin des intérêts, ou de veiller aux affaires d'autrui.

Il y a une autre espèce de procureur, connu dans le droit sous le nom de *negotiorum gestor*, qui se charge de gérer les affaires des autres à leur insu, sans en être prié. Cette espèce de contrat ne peut guères avoir lieu que pour défendre les intérêts d'une personne qui n'en a point connaissance, ou qui ne peut avoir de communications faciles avec le pays où on les traite. L'engagement qui se forme en ce cas, vient de la présomption que celui dont on gère ainsi les affaires en aurait donné le pouvoir, s'il en avait été instruit ou s'il l'avait pu (1). Il en sera encore question ailleurs.

Les engagemens que prend ce procureur officieux, lient celui dont il a défendu les intérêts, lorsqu'ils lui sont utiles et avantageux.

CHAPITRE XII.

Du dépôt et du séquestre.

Il arrive quelquefois qu'un propriétaire ou possesseur d'une chose est obligé de la laisser en garde à une autre personne, soit parce qu'elle ne serait point en sûreté chez lui, soit pour d'autres motifs. Il la remet donc

______

(1) *Tit. ff. de negot. gest.*

entre

entre les mains d'une personne qu'il croit fidèle, et qui veut bien la garder gratuitement, à la charge de la rendre toutes les fois qu'elle en sera requise. Cette convention où le maître de la chose ne cesse point d'en être le propriétaire, s'appelle *dépôt*; et comme elle se fait le plus souvent sans écrit, il n'en est point qui exige plus de fidélité et de bonne foi (1).

Cette première espèce de dépôt ne se passe qu'entre deux personnes, l'une qui dépose la chose et l'autre qui s'en charge. Mais il arrive quelquefois que la propriété ou la possession d'une chose étant contestée entre plusieurs personnes, elles conviennent de la déposer entre les mains d'un tiers pour la remettre à celui qui en sera reconnu le véritable maître. On prévient par là les mauvaises suites des entreprises de ceux qui voudraient se rendre maîtres de la chose, au préjudice des autres. Cette seconde espèce de dépôt, qu'on appelle séquestre, est ou conventionnelle lorsqu'elle est convenue entre les parties, ou judiciaire lorsqu'à défaut de cette convention elle est ordonnée par le juge (2).

Il se fait une autre espèce de dépôt dans les gageures, lorsque ceux qui les font en dé-

---

(1) *Leg.* 29. *ff. depositi.* Cod. civ. tit. du dépôt, art. 1917 et suiv.
(2) Code civil, art. 1955 et suiv.

posent le prix entre les mains d'un tiers. Ces trois espèces de dépôt ont des règles qui leur sont communes ; elles en ont aussi, de particulières. Ce sont des choses corporelles, et le plus souvent des meubles qui sont la matière du dépôt et du séquestre. Mais des immeubles peuvent être aussi la matière, au moins du dernier.

La violation du dépôt a été de tous les tems regardée comme une action très-criminelle. Le dépositaire qui refusait chez les Romains de rendre le dépôt, était condamné au double de sa valeur. Une loi du 3 fructidor, an 3, a imité cette sévérité du droit romain, en condamnant le dépositaire infidèle, non-seulement au paiement de la somme nécessaire pour les effets de remplacement, eu égard à la valeur desdits objets à l'époque du jugement, mais encore à une amende égale à cette valeur dont la moitié au profit de la nation, et l'autre à celui du propriétaire du dépôt (1). Le Code civil n'a pas jugé à propos de conserver cette peine. Le dépositaire infidèle est seulement exclus du bénéfice de cession (2).

Le dépôt doit être gratuit ; mais si par quelque évènement le dépositaire était obligé de faire de la dépense pour garder le dépôt, le

---

(1) Art. 3. *Leg.* 10. *Cod. depositi.*
(2) Code civil, art. 1945.

déposant serait obligé de l'en indemniser (1).

Le dépôt ne se prouve que par écrit, quand il excède la valeur de cent cinquante francs (2).

Il ne peut être régulièrement fait que par des personnes capables de contracter ; mais celui qui aurait reçu un dépôt d'une personne incapable de contracter, ne serait pas moins tenu de le restituer. Mais si le dépôt avait été fait par une personne capable de contracter, à une personne qui ne le serait pas, celui qui aurait fait le dépôt n'aurait que la revendication de la chose déposée, tant qu'elle existerait dans la main du dépositaire, ou une action en restitution jusqu'à concurrence de ce qui a tourné au profit de ce dernier (3).

Mais cela doit s'entendre sans doute de l'incapacité fondée sur la faiblesse de l'âge ou de la raison, telle que celle des enfans, des fous ou des imbécilles, et non de ceux qui ne sont frappés que d'une incapacité légale, telles que les femmes, tant qu'elles sont sous la puissance de leur mari. Cette circonstance n'empêcherait point qu'elles ne fussent condamnées à restituer le dépôt, comme tout autre dépositaire, à la différence près, que si le mari avait ignoré le dépôt, celui qui l'au-

---

(1) *Leg.* 12, 23 *ff. depositi.* Cod. civ. art. 1947.
(2) *Ibid.* art. 1923.
(3) *Ibid.* art. 1925 et suiv.

rait fait, ne pourrait exécuter les biens de la femme, pour l'indemnité qui lui serait due, qu'après la dissolution du mariage.

Le dépositaire doit apporter dans la garde de la chose déposée, les mêmes soins qu'il apporte dans la garde des choses qui lui appartiennent (1).

Il ne répond en général que de sa mauvaise foi, ou d'une négligence inexcusable, à moins qu'il ne se fût offert pour garder la chose déposée ; qu'il n'eût stipulé un salaire pour la garde du dépôt ; que le dépôt ne fût fait que pour son intérêt, ou qu'il eût promis de répondre de toutes ses fautes (2). Mais dans la plupart de ces cas, la nature du contrat est changée.

Il n'est tenu en aucun cas des accidens de force majeure, à moins qu'il n'eût été mis en demeure de restituer la chose déposée (3).

Il ne peut se servir de la chose déposée, sans la permission expresse ou présumée du déposant (4).

Le dépositaire doit toujours être en état de rendre la chose qu'il a en dépôt, aussitôt qu'elle lui est demandée, et dans l'état où il

______

(1) Code civil, art. 1927.

(2) *Leg.* 1. §. 7. 16. 20 *et seq. ff. deposit. Leg.* 1. *Cod. sod.* Cod. civ. art. 1928.

(3) *Ibid.* art. 1929, 1934.

(4) *Leg.* 51. *ff. locati.* Cod. civ. art. 1930.

l'a reçue. Il ne s'acquitterait pas de son obligation, quand il rendrait la même quantité (1).

Si le dépôt est d'une somme pécuniaire, elle doit être rendue dans les mêmes espèces avec lesquelles il a été fait, soit que la valeur en soit augmentée ou diminuée (2).

Si le dépôt a été confié dans un coffre fermé ou sous une enveloppe cachetée, il doit être rendu tel qu'il est, à moins que la serrure n'eût été forcée, et les cachets détruits (3).

En règle générale, le dépositaire ne doit restituer le dépôt qu'à celui qui le lui a confié (4).

Il y a cependant plusieurs exceptions à cette maxime; tel serait d'abord le cas où la chose déposée aurait été volée et qu'elle serait réclamée par le propriétaire : c'est à lui qu'il faudrait la rendre ; ensuite si le déposant était mort, ou s'il s'était opéré un changement d'état dans la personne, comme s'il était mort civilement, ou qu'il fût tombé dans la démence ; ou si c'était une femme libre à l'époque du dépôt, et qui se fût mariée postérieurement ; dans les deux premiers cas, la restitution devrait se faire aux héritiers ; dans les deux

____

(1) *Ibid.* art. 1932. *Instit. quib. mod. re contrah. oblig.* §. 3.

(2) *Leg.* 29. *ff. déposit.* Cod. civ. art. 1932.

(3) *Ibid.* art. 1931. *Leg.* 1. §. 1. *ff. depositi.*

(4) Code civil, art. 1937.

derniers au curateur de l'insensé ou au mari (1).

Si au contraire le dépôt avait été fait par un tuteur ou par un mari, et que le mineur ou la femme à qui la chose appartient, fussent sortis l'un de la tutelle et l'autre de la puissance de son mari, c'est à eux que la restitution devrait se faire.

Lorsqu'il y a plusieurs héritiers, ils ont droit au dépôt, suivant la portion qu'ils prennent dans la succession. Si la chose déposée est indivisible, ils doivent s'accorder entre-eux pour la recevoir (2).

Le dépôt doit être restitué dans le lieu où il a été fait, à moins qu'on n'en ait désigné un autre par la convention (3).

Quand, par cette même convention, on aurait fixé un terme pour la restitution du dépôt, le déposant ne serait pas moins le maître de le retirer quand il voudrait. C'est en sa faveur que le terme a été mis ; il peut par conséquent y renoncer (4).

Il en serait autrement s'il y avait saisie ou arrêt entre les mains du dépositaire ; il faudrait en obtenir main-levée.

La personne qui a fait le dépôt est tenue de rembourser les frais que sa conservation

___

(1) Code civil, art. 1939.
(2) *Ibid.* art. 1939. 1941.
(3) *Ibid.* art. 1942.
(4) *Ibid.* art. 1944.

a occasionnés , et le dépositaire peut le retenir jusques à ce qu'il soit payé (1).

Le séquestre, soit conventionnelsoit judiciaire, sur-tout quand il concerne des biens-fonds, n'est pas toujours gratuit. Celui qui en est chargé a des frais à faire pour les cultiver ou en avoir soin. Il lui est dû un salaire pour le tems et la peine qu'il y a donnés (2).

Il n'est tenu de rendre le dépôt, que quand les parties sont d'accord ou que les tribunaux ont prononcé. Il doit alors un compte à celui qui a été reconnu le vrai propriétaire de la chose (3).

Le séquestre judiciaire est soumis aux mêmes règles que le séquestre conventionnel; et les obligations comme les droits des parties, sont les mêmes que dans le cas du dépôt (4).

Cette matière appartient spécialement au code judiciaire.

Il est encore une troisième espèce de dépôt qu'on appelle nécessaire, parce que ce n'est que dans les cas de nécessité pressante qu'on y a recours, comme dans un incendie, dans une ruine, un naufrage. On met à la hâte les choses qu'on peut sauver en dépôt chez les personnes qui sont le plus à portée de les recevoir; et ce dépôt, bien que nécessaire, est toujours une

---

(1) Cod. civ. art. 1942, 1943.
(2) *Ibid.* art. 1957 et suiv,
(3) *Ibid.* art. 1960 et suiv.
(4) *Ibid.* art. 1963.

convention expresse ou tacite, qui oblige le dépositaire à plus de fidélité encore que dans les autres cas. Car l'infortune du déposant est un titre de plus à la protection des lois. On s'écarte même pour le dépôt nécessaire de la rigidité des lois qui prohibent la preuve par témoins pour les sommes au-dessus de cent cinquante francs. Les dépôts faits en logeant dans une hôtellerie, entre les mains de l'hôte ou de l'hôtesse, sont considérés comme dépôts nécessaires, et jouissent des mêmes priviléges (1). Les aubergistes sont responsables des faits de leurs domestiques ou préposés des étrangers allant et venant dans leur auberge (2).

---

(1) Brodeau sur Louet. lett. D. somm. 33. Ordon. de 1667, t. 20, art. 3 et 4. Cod. civ. art. 1949 et suiv.
(2) *Ibid.* art. 1952.

FIN DU TROISIÈME VOLUME.

ERRATA

DU TOME TROISIEME.

Page 15, lig. 22, n'est pas malade, *lisez* n'est malade.
— 19, lig. 8, usage, *lisez* usages.
— 42, lig. 27, de l'autre, *lisez* dans l'autre.
— 44, lig. 7, les légitimaires étaient obligés de lui en demander la délivrance, *lisez* étaient obligés de lui demander la délivrance de la portion que la loi leur adjugeait.
— 45, lig. 5, sans changer, *lisez* sans rien changer.
— 46, lig. 9, appellèrent, *lisez* appelaient.
— 47, lig. 20, du père de l'aïeul, *lisez* du père ou de l'aïeul.
— 52, lig. 12, rentes, *lisez* ventes.
ibid. lig. 13, rentes, *lisez* ventes.
ibid. lig. 17, rentes, *lisez* ventes.
— 83, lig. 1, qu'il, *lisez* s'il.
— 85, lig. 10, 1731, *lisez* 1735.
— 104, lig. 1, certain, *lisez* certains.
— 110, lig. 10, exclusivement, *lisez* inclusivement.
— 112, (notes) lig. dern. veut, *lisez* verb.
— 138, (notes) lig. 1, *ajoutez* et ci-dessous, livre XXVI, Chap. VII.
— 145, lig. 3, après souvent, *ajoutez* par.
— 168, lig. 15, après grevé, *ajoutez* mineur.
— 172, lig. 7, semble, *lisez* semblent.
— 192, lig. 11 et suiv. *au lieu de* : l'héritier ne serait pas obligé de me payer la somme, mais seulement de me céder ses actions, et de me délivrer les titres de la créance : *lisez* l'héritier ne serait pas obligé de payer la somme au légataire, mais seulement de lui céder ses actions, et de lui délivrer les titres de la créance.
— 195, lig. 6, qu'on, *lisez* on.
— 270, lig. 13, acception, *lisez* acceptation.
ibid. lig. 20, après le mot acte, *ajoutez* postérieur.
ibid. (note) lig. 2, 933, *lisez* 932.
— 278, lig. 13, *supprimer* (2).
— 280, lig. 7, affective, *lisez* effective.
— 283, lig. 11, Fargole, *lisez* Furgole.
— 293 (notes) 90, *lisez* 920.
— 294 (notes) 91, *lisez* 921.
— 296, lig. 8. donation, *lisez* réduction.
— 340, lig. dernière, accepté, *lisez* adopté.
— 346, (notes) 953, *lisez* 963.
— (note) lig. dernière, 18, *lisez* 1893.
— 357, lig. 25, autre : *lisez* acte.
— 359, lig. dernière, après et autres, *ajoutez* actes de cette espèce.